KB260053

어느 원로 목사의 수기

목회자의 분복

목사 이은익

이 은 익 목사

약력

전북 김제 출생

전주신흥중고등학교 졸업

총신대 신대원 졸업

총신 목회신학원 졸업

북전주 노회장 2회

전북협의회장

호남협의회장

총회 부회록서기 2회

총회 재판국장

바울신학교 교무처장 · 이사장

총신대학 운영이사

기독신보사 실행이사 · 논설위원

총회 세계선교회 부이사장

총회 정책 실행위원 헌법수정위원

90년사 편찬위원 · 행정서식연구위원

가정예배 집필위원

전북 LMTC 이사장

전북 완주 경목 · 향목 위원장 · 군자문위원장

완주군 바르게살기 위원장

전주지방검찰청 청소년 선도위원 완주군회장

산례동부교회 원로목사(현)

저서

설교로 엮은 강해서 산상보훈(1994)

설교로 엮은 강해서 십계명(1998)

목회자의 분복

저자 이은익 목사와 서귀례 사모

1979년 가족사진

1984년 네 자매 모습 ; 보영 보라 보경 보은

1985년 보은 대학 졸업식

1987년 보은 내외가 독일 유학 중 잠시 귀국했을 때

1990년 보경 대학원 졸업식

1986년 설날 아침

어머니와 사택에서

1974년 어머니 수연 예배

어머니와 즐거운 한 때

1991년 어머니 발인 예배

1994년 이은익 목사 수연 예배

1998년 서귀례 사모 수연 예배

예전의 예배당 정면
; 1973년
    부흥사경회를 마치고

예전의 예배당 옆모습 ; 1972년 주일학교 유년부 제34회 졸업기념

본교회 경로대학 졸업 예배

교회창립 50주년 및 헌당식 예배

카이퍼 박사 자료 전시회 축사

목사관 서재에서

본교회 세례식

진중 세례식

태국 선교
10주년 기념

태국 끄라누언 교회

태국 신학교 강의

끄라누언 교회 담임목사 박가 가운 착복식

삼례동부교회 당회원들과 끄라누언 교회 방문

1992년 정승회 태국 선교사와 깐짜나 여사의 본교회 방문

1990년 독일 함부르크 한인교회 부흥회 인도 (담임 김승연 선교사)

중국 산동성 석도은익교회 설립 예배

중국 신학교에서 강의

하와이 이승만 박사 동상 앞에서

하와이 한인교회

브라질 예수상 앞에서

브라질 선교지 방문시 묵었던 방갈로식 호텔

브라질 이과수 폭포

잉카 문명 유적지

필리핀 선교지 방문시

최석홍 목사님 내외분과 함께

전국 여교역자 수련회 강사

은퇴예배에 참석해 주신 신학교 60회 동창들과 함께 당회실에서

1994년 수연 감사예배 ; 가족들과 함께

2002년 원로목사 추대 감사예배 후 네 자녀와 함께

1981년 덕진공원에서

셋째 딸 보라 결혼식

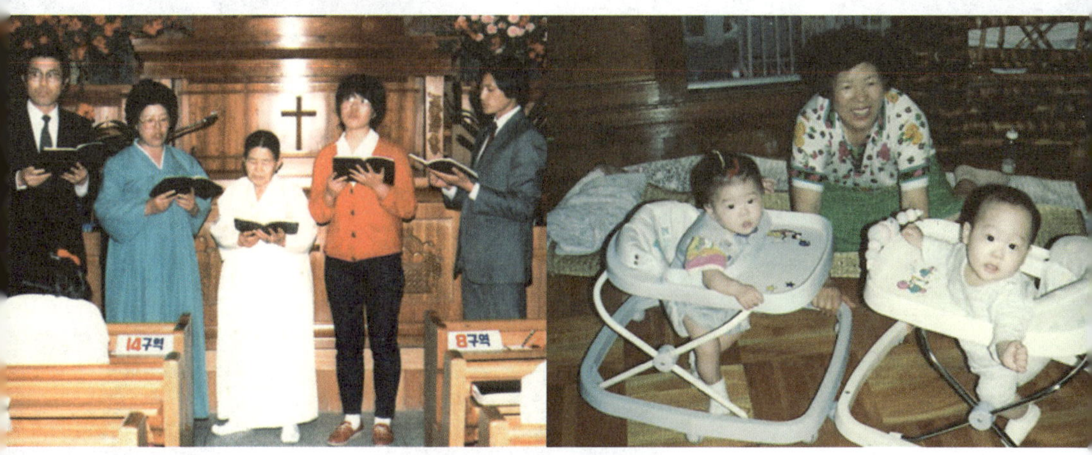

위로 세 딸은 서울로 유학하고 있던 시절의
가족찬송 ; 우리 내외, 어머니, 막내, 조카

두 달 차이로 태어난 두 손주 대언과 혜원

김제 학동의 선영에서 가족들과 함께

1994년 수연 감사예배 ; 가족들과 함께

설날 아침 3형제 가족들과 함께 예배

이은익 목사의 3형제 내외

좌 : 서귀례 사모 오빠 내외
우 : 서귀례 사모 여동생 내외와 사촌 여동생

막내 손주 황진하 돌잔치

손주들과 함께 에버랜드에서

황진하 돌잔치

개성 박연폭포

위 : 손주 강주언 유치원 졸업식
아래 : 손주 강대언 중학교 졸업식

손주 진하를 데리고 공원에 산책 나감

도라산 역 앞에서

자녀들과 함께 제주도 여름휴가 ; 자동차 박물관

미국에 거주하는 서귀례 사모 여동생이
방문했을 때 올림픽 공원에서

에버랜드 장미 광장에서

2012년 여름

2012년 10월 ; 원고를 탈고하면서

2008년 가족사진

목회자의 분복

할렐루야! 먼저 하나님 아버지께 영광을 돌립니다.

"내가 나 된 것은 하나님의 은혜로 된 것이니 내게 주신 그의 은혜가 헛되지 아니하여 내가 모든 사도보다 더 많이 수고하였으나 내가 한 것이 아니요 오직 나와 함께 하신 하나님의 은혜로라" (고전 15:10)

실제로 만삭되지 못하여 난 자였습니다. 무엇 하나 내어 놓을 것 없는 부족한 사람이었습니다. 그런데, 하나님의 은혜로 좋으신 아버지와 어머니 슬하에서 자랐고, 좋은 아내를 만나 42년의 목회 생활을 은혜롭게 마치면서 오늘에 이르게 하신 하나님께 감사할 것 뿐입니다. 그리고 하나님께서 선물로 주신 네 딸들(보은, 보경, 보라,

보영)이 주 안에서 잘 자라 아버지 목회에 큰 힘이 되어 주었습니다. 너무너무 고마운 것 뿐입니다.

진작부터 친지들과 가족들이 지나온 발자취를 기록하여 후대들에게 교훈이 되도록 남겨줌이 어떻겠느냐는 제언을 받았지만, 잘못하여 사람들의 공적을 높이고 자랑하는 오류에 빠지는 염려도 있어 망설이다가, "역사는 스승"이라는 말도 있어, 역사란 잘된 역사든 잘못된 역사든, 그것을 기록으로 남겨두는 것 또한 귀한 일이라 생각되어 이 책을 쓰기로 하였습니다.

지나온 일들을 기록하고자 하니, 사도 바울이 말한 바,
(빌 4:12)는 말씀대로, 나는 유년 시절 부요한 가정에서 태어나 자라다가 나의 아버지가 신학(장신 제1회)을 졸업하시고 채 2년을 목회하지 못하신 채 소천하시자 극한 가난 속에서 세 동생들과 함께 통곡하며 나는 결코 목사가 되지 않고 장로가 되어 목사님을 돕는 자가 되겠다고 생각하였습니다.
그러나, 하나님께서는 그런 환경 속에서 강권적으로 나를 연단하사 나를 목사로 만드신 것입니다.

목사가 되어서도 내가 지나온 과거를 돌이켜 보면, 내가 아니었습니다. 하나하나 모두가 하나님의 섭리임을 느끼면서 내 마음 속에 곱게 간직하고 있습니다. 이러한 사실들을 한자한자 기도하면서 써 보려고 합니다.

이제까지 나의 생활 속에서 기뻤던 일도 슬펐던 일도 성공한 일도 실패한 일도, 그 때 마다 하나님께서 함께 하셨음을 알게 될 때, 지금도 이 후에도, 아니 이 생의 마지막 순간까지 하나님께서 지켜 주실 것을 나는 확신합니다.

항상 내가 어려울 때마다 내가 힘을 얻었던 성경 말씀 한 구절은 "내게 능력 주시는 자 안에서 내가 모든 것을 할 수 있느니라" (빌 4:13) 는 말씀이었습니다.

오늘 이 시간까지 위로와 격려와 기도로 동역해 준 사랑하는 나의 아내 서귀례 사모와 네 자녀들, 그리고 성씨가 각각 다르면서도 친형제 이상 우애하며 든든한 버팀목이 되어주는 사위들(김유철 집사, 이정문 집사, 강인상 집사, 황우곤 집사)과, 부족한 나의 사역에 넓은 이해와 기도로 동역해 주신 삼례동부교회의 모든 성도님들에게 깊은 감사를 드립니다.

또한 이 책이 나오기까지 여러모로 애써 주신 가나북스의 배수현 장로님을 비롯 여러 임직원 여러분들에게도 감사를 드립니다.

2012년 9월

잠실의 탄천을 내려다보며

증경총회장 유인식 목사

할렐루야!

성삼위 하나님께 찬양과 감사를 드립니다.

금번 이은익 목사님께서 80회 생신 기념으로 『목회자의 분복』이란

제목하에 목회 수기를 출판하게 됨을 먼저 축하드립니다.

삼례동부교회에서의 33년 목회를 포함하여 총 42년 동안 불굴의 신앙과

끓어오르는 열정으로 하나님께로부터 받은 사명을 잘 감당하시다가 만

68세에 은퇴하시고 이제는 80 고령의 인생 황혼에 들어가셨습니다.

팔순임에도 불구하고 그간 체험하신 오랜 성역을 목회 수기로 써서

발간하게 되었으니 진심으로 축하드리며, 아울러 많은 이들에게 읽혀

지기를 바라며 추천하는 바입니다.

이은익 목사님은 복음주의 목회자입니다. 무슨 책이든지 저자의 인격과 밀접한 관계가 있습니다. 문(文)은 무(武)보다 강하다고 합니다. 초대교회 사도들이 복음서를 남기지 못했다면 어찌 되었을까요? 복음서를 통하여 예수그리스도의 생애와 기독교의 본질을 알 수 있고 사도들의 서신을 통해서 초대 교회와 사도들의 행적을 터득하게 됩니다. 구약성경에 보면 가나안 복지에 들어간 사람 중 여호수아는 글을 써서 남겼으나 갈렙은 글이 없습니다. 신약시대에도 사도바울은 서신들을 써서 천추만대에 모든 인생들의 신앙생활에 지침이 되게 했으나 같은 선교사였지만 바나바는 남긴 글이 없습니다.

호랑이는 죽어서 가죽을 남기고 사람은 죽어서 이름을 남긴다는 말이 있습니다. 신명기 32장 7절에 보면, "옛날을 기억하라 역대의 연대를 생각하라 네 아버지에게 물으라 그가 네게 설명할 것이요 네 어른들에게 물으라 그들이 네게 말하리로다" 고 하였습니다.

이런 의미에서 이 목사님이 기록으로 남기신 이 책은 한국교회 목회자들에게 좋은 사례가 될 것임은 물론, 신학생들과 장로, 집사, 권사 및 일반 성도들에게도 크게 보탬(참고)이 될 것을 믿고 자에 추천합니다.

2012년 9월 20일

대한예수교장로회 총회장
전주북문교회 **이기창 목사**

존경해 마지않는 원로 이은익 목사님께서 『목회자의 분복』 이라는
저서를 출간하심을 큰 기쁨으로 축하하고 환영합니다.

본서는 목회자의 필독서라고 여겨집니다.

경건한 목회자로서 오직 하나님 영광, 성도 양육만 일념으로, 주님의
몸 된 교회를 성실함으로 섬겨 오신 목사님의 열정과 자애로움이
묻어난 이 저서는 목회원리가 실종되고 있는 이 시대의 목회현장에
감동으로 우리 영혼을 적십니다.

본인은 목사님의 목회와 총회와 노회 섬김, 가정을 돌보심 등을
존경어린 마음으로 수십 년을 흠모해 온 바 있습니다. 한마디로

희생과 사랑의 생애였습니다.

주님 사랑함이 가슴에 가득하시고 하나님을 경외함이 반듯하셨고, 성령의 인도하심을 철저히 의존하셨던 목사님은 순도 백퍼센트 목양 일념이셨습니다.

후배후진들에게는 자애로우신 아버지, 큰형님 같은 목사님이셨습니다.

바쁘신 중에도 많은 성경묵상과 끊임없는 신학공부와 수많은 독서를 통하여 자아성숙의 길을 걸어오신 목사님의 저서에 목회의 모든 것이 녹아있습니다.

이 좋은 책을 쓰신 목사님 사모님께 감사드립니다.

2012년 9월 7일

차례

| P A R T 1 |

유소년시절

우리가 알거니와 하나님을 사랑하는 자 곧 그의 뜻대로 부르심을 입은
자들에게는 모든 것이 합력하여 선을 이루느니라 (롬8:28)

출생

산 위에서 강가에서 시원한 바람이 불어오던 어느 가을 날, 들녘에는 황금빛 오곡 백과가 무르익어 농부들의 손길이 바삐 움직이던 계절에 한 여인에게 갑자기 해산의 징조가 나타났다. 웬일일까 아직도 예정일이 한 달 이상 남았는데… 가정에서는 소동이 났다. 대농가의 가정이요, 바쁜 영농철의 농촌인지라 병원이 없어서 아버지는 긴급히 읍내에 달려가 택시를 불러 의사를 모셔왔다.

의사는 도착하자마자 간단한 기구를 갖추더니 주사를 놓고 어린 아기를 출산했으나 아기는 숨도 쉬지 않고 울지도 않았다. 당황한 의사는 진땀을 흘리며 두 다리를 잡아 거꾸로 세우더니 볼기를 서너 번 치더란다. 그러니까 "앙~" 하며 우는데, 그 때의 울음 소리가 마치 장군의 진군 명령 소리 같이 우렁찼다고 한다.

이렇게 나는 1934년 10월 11일 오후3시30분 김제시 백구면 마산리 348번지(난산부락)에서 아버지 이노수(장로)와 어머니 김진옥(권사)의 3남1녀 중 장남으로 태어났다.

그러니까 1개월 일찍 태어난 조산아였다. 그러나, 체구는 다른 아기들보다 컸으며 온 몸이 하얗고 남달리 예뻤기에 어렸을 때부터 어디에 가든지 귀염둥이였다고 한다.

출생 직후 아버지는 내 이름을 은익(은혜 恩 더할 益), 즉 은혜를 더한다는 뜻으로 지어 호적에 올리셨다. 우리 가정은 아침마다 가정예배를 드렸는데, 아버지께서는 자녀들을 위하여 항상 축복해 주셨다.

나의 어린 시절

나의 어린 시절은 실로 유복한 시절이었다. 농촌에서의 생활이었지만, 대 농가의 맏아들로서 호강하며 자랐다고 보아야 할 것이다. 그 때 우리 집은 논이 약4만여평(2백 마지기)이요, 밭이 약2천여평(10 마지기)에, 주택도 넓고 화려하였으며 사랑채가 두 채나 있어서 동네 사람들의 휴식처로 사용되었고, 머슴이 다섯이며 그 중 재산과 농사일을 총괄하는 책임자(상머슴)도 있었다.

농사철이 되면 수십 명의 일군들이 와서 일을 하곤 했는데, 점심 식사 때가 되면 그들의 아내와 자녀들까지 와서 백여 명 가까이 점심을 먹게 되는데, 이른 봄부터 초 겨울까지 계속되었고, 그 일의 총책임은 우리 어머니 몫이었다. 여름이 되면 우리 어머니는 말이 부잣집

맏며느리이지 실제는 상머슴이었다.

이렇게 해서 1년 농사를 지어 가을 추수 때가 되면 그 많은 볏단들을 들녘에서 거둬들여 집 앞뜰과 옆 텃밭에 산더미 같이 누려놓고, 동네 아낙네들을 사들여 타작하고 그 많은 벼들을 가마니에 담아 창고와 헛간과 토방마루에 수북하게 쌓아두었다가 공판날이 되면 소 달구지에 실어 공판장으로 가서 공매하는 것이다. 1년 농사 지어 하나님께 십일조를 바치고, 머슴들 세경을 떼고, 또 우리 가정 먹을 양식을 저장하고 나면 1년 농사는 끝나는 것이었다.

우리 어머니는 이렇게 일군들 먹이는 일까지 책임지시며 일생 동안 집안일을 손에서 놓지 않으시며 가정을 위해 희생하신 분이시다.

주일과 수요일 저녁예배, 금요구역예배 시에 어머니는 항상 어린 나를 데리고 교회에 가셨다.

잠시 그 때의 우리 교회 얘기를 하자면, 난산교회로서, 미국 마로덕 선교사로부터 전도를 받고 예수를 믿어 중병을 고침 받은, 당시 그 지역의 최고 갑부였던 박윤성씨(후에 장로가 됨)가 자신의 재산을 바쳐 1907년에 건축한 교회였다. 예배당을 짓되 최고로 잘 지어야 한다고, 당시엔 상상조차 못할 붉은 벽돌을 특별히 주문하고 중국

기술자를 데려와 80여평 2층집으로 건축하게 된 것이다.

이런 이야기가 있었다. 예배당을 지을 때 마침 일본인 도지사가 전군도로를 지나 군산 방면으로 가다가 시골에 큰 건물을 짓는 것을 보고 저게 무슨 공사냐고 묻자 "내하이죠(예배당)"를 짓는다고 하니 차에서 내려 약300m쯤 되는 시골길을 걸어서 구경하고 갔다고 한다. 그 공사가 당시에는 얼마나 큰 공사였는지 짐작이 갈 만 하다.

그 후에도 박윤성 장로는 미국으로 주문하여 5종의 악기(트럼펫, 트럼본, 클라리넷, 큰북, 작은북) 10여 개를 사 들여와 밴드부를 조직하여 전도에도 힘썼는데, 특히 야외예배에 나갈 때면 이 밴드부를 앞세우고 찬송가를 부르며 전교인이 행진하는 모습은 실로 장관이었다고 한다. 또한 박윤성 장로는 교회 바로 옆에 5천여 평의 대지를 매입하여 교실 4간, 교무실 1간 등 5간의 교실을 건축하고 4년제 소학교격인 난산학술강습소를 설립하여 자비로 학교를 운영하면서 교육에 기여하며 지역 발전에 크게 공을 세웠던 것이다. 그리하여 교회는 크게 부흥하였고 해방 직후인 1945년도엔 장년교인 300여명이 출석하는 교회로, 전주서문교회 다음 가는 교회로 발전하였다. 그 후 난산교회로부터 분교한 교회가 12교회나 된다고 한다.

아버지는 전라북도 최연소 장로로서 이 교회의 장로였으며, 어머니는 집사로 섬기셨기에, 나는 항상 어머니 곁에서 어머니의 기도 소리를 들으면서 자랐다. 그리고 특별히 할머니의 기도는 더욱 잊을 수가 없다. 언제나 새벽 4시가 되면 어김없이 일어나셔서 3시간 정도 드리는 기도 소리는 우렁차게 방안을 넘어 울타리 밖으로 들리곤 했다. 그런데 그 기도 중 3분의 1은 장손인 나 은익이를 위한 기도였다.

"사랑하는 장손 은익이를 건강하게 하옵소서.", "착한 사람되게 하옵소서.", "어디를 가나 모두에게 칭찬받게 하옵소서.", "웃어른을 잘 공경하게 하옵소서.", "공부 잘하게 하옵소서.", "하나님께서 귀히 쓰시는 인물되게 하옵소서." 등 세상의 좋은 일 좋은 것 다 끌어모은 기도였다.

이 기도를 귀가 시리도록 들었다. 이웃집 어른들은 내가 고향에 갈 때마다 "은익이는 큰 사람 될 거야,

난산교회 전경과 아버지

할머니의 기도로…" 이렇게 말씀하시곤 했다.

가정에서는 좋은 것이 있을 때마다 할머니께 드렸고, 할머니는 그것을 큰 손자인 은익이에게, 그래서 최후에 좋은 것 맛있는 것은 항상 내 차지였다. 나는 이렇게 어린 시절을 그 어느 누구보다도 가장 행복하게 보냈고, 또 좋은 교회, 좋은 가정, 좋은 부모님에게서 자랄 수 있었다.

초등학교 시절

이렇게 우리 고향은 일찍이 복음으로 말미암아 교회가 세워졌고, 또 학교가 세워졌으며, 새 세대의 교육이 이루어 짐과 동시에 서양 문화를 접하게 되니 새 시대의 인재가 많이 나오게 되었다. 1941년 난산학술강습소는 국가에 바쳐지게 되고, 이를 기초로 하여 난산공립국민학교(초등학교)가 설립된다. 나는 이 학교의 1회 입학생

나의 어린 시절 (만5세)

이며 1회 졸업생이 되었다. 그리고 나의 아버지는 이 학교의 설립 당시 기성회 부회장이 되셨으나 실제적으로는 주도적인 역할을 하셨고, 아버지가 일찍 세상을 떠나셨을 때 교회장과 학교장 공동으로 장례식을 치르기도 하였다.

1942년에 대동아 전쟁이 일어나게 되었고, 이 전쟁이 세계대전으로 확전이 되자, 코흘리개 우리 어린이들에게도 일제의 탄압정책이 강화되기 시작되었다. 그 첫 번째가 우리말을 못쓰게 하는 것이었다. 만일 학교에서 무의식 중에라도 우리말을 하다가 발각되면 매를 맞거나 심한 벌을 받았고, 우리말을 사용하는 자가 있을 시 서로 신고하도록 하고 신고하는 자에게는 상을 주도록 하는 등 서로를 감시하도록 하여 근본적으로 민족혼을 말살하려는 교육에 몰두하는 모습이었다.

한 때는 일본이 승리하는 듯 남양군도를 위시하여 필리핀, 싱가포르, 말레이시아, 보르네오, 사이판 등을 점령하고, "갓다소 닙본(이겼다, 일본)" 노래를 가르치며 그들이 즐겨먹는 떡(모찌)과 고무공을 전교생에게 선물로 주기도 하였다.

그런데, 1944년 전세가 일본에 불리하게 되자, 교장에 일본 군장교 (소좌로 기억함)가 취임하게 되고, 초등학생인 어린 우리들을 교육하는 방법도 더욱 강화되었다. 군복 비슷한 국민복에 센도보시라고 하는 모자를 쓰게 하고, 목총을 메고 군사훈련까지 시키더니 점점 강성훈련까지 했다. 그 뿐 아니라, 아직 초등학교 4학년에 불과했던 우리들에게 때로는 삽과 괭이를 들고 나가 노역을 하게 했는데, 당시 백구비행장을 닦는 일까지도 하였다. 일본인 교장은 술 주정이 심한 사람이었다. 별다른 이유도 없이 우리들에게 폭력을 행사하는 일이 잦았다. 공휴일도 주일도 없었다. 예수를 믿는 우리에게는 큰 문제가 아닐 수 없었다. 장로이셨던 아버지께서는 당연히 주일날 학교에 가지 말라고 하셨다. 어느 월요일 아침, 일본인 교장이 술에 취한 채 일요일에 학교는 결석하고 교회에 간 놈들 모두 나오라고 했다. 나를 비롯하여 3명이 나갔던 것으로 기억한다. 무조건 따귀를 때리는데, 이성을 잃은 사람이었다. 그 때 내 왼쪽 귀에서 펑하며 고막이 터졌다. 그 후부터 왼쪽 귀에서 자주 농이 흐르고 중이염을 앓게 되었고, 이로 인하여 60대 후반부터는 영영 들리지 않게 된 것이다.

그 밖에도 나라 없는 설움을 어찌 다 표현하리요! 1944년 12월 6일, 대동아 전쟁 발발 기념일로 기억하는데, 그 날 따라 눈이 많이 내렸다. 4학년 선원 운동상에 모이라는 명령이 떨어졌다. 어딘지도 모르고 따리기는데, 3시긴 동인 길어서 간 곳이 김제읍내의 신사었나. 일본의 승전을 위한 신사참배였다. 그 때 일본은 거의 무너지고 있던 때였다. 돌아오는 길에 우리 일행 중 실종자가 있어서 다시 찾으러 가기도 했었다.

이런 역경 중에 나에게 또 하나의 큰 시련이 찾아왔는데, 이름 모를 질병으로 약 2개월 동안 병석에 눕게 되었다. 백약이 무효라고 할 정도로 치료도 소용없었다. 죽는 줄 알고 절망 중에 있었는데, 하나님의 은혜로 곽태훈 목사님의 안수기도를 받고 기적적으로 나아서 다시 학교에 나갈 수 있게 되었다.

그런 와중에서도 시간은 흘러 1945년 4월에 우리는 5학년이 되었다. 일본은 망해갈수록 더 심하게 우리를 다루었다. 이런 일화도 있다. 만일 미군이 낙하산을 타고 우리학교 운동장에 내려온다면 어떻게 하겠느냐는 것이다. 그럴 때는 낫, 괭이, 식칼 등을 가지고 싸우라는 것이다. 어린 우리들이 생각하기에도 정말 웃기는 일이었다. 그래도 어쩔 수 없이 그러겠다고 하였다.

봄이 가고 초여름이 되자 미군 B52비행기가 한국 상공에 자주 날아다니고 있었다. 전쟁이 곧 끝난다는 신호 같았다. 어찌된 영문인지 예전 같이 노력동원은 없었다. 다소 평범한 듯한 7월이 가고 8월이 왔다. 그리고 마침내 8월 15일, 일본 천황의 떨리는 음성이 라디오를 타고 흘러나왔다. "일본이 무조건 항복한다." 는 패전의 선언이었다.

아, 이 얼마나 기대하며 원하고 바랬던 해방인가!

"동해물과 백두산이 마르고 닳도록 하나님이 보우하사 우리나라 만세 무궁화 삼천리 화려강산 대한사람 대한으로 길이 보전하세"

해방! 자유! 독립! 이를 위해 얼마나 많은 애국지사가 목숨을 바쳤던가. 이 땅에 해방과 자유를 주신 하나님께 감사드리자.

우리는 여름방학을 마치고 9월 개학을 맞아 다시 학교로 돌아갔다. 얼마나 반가웠는지 모른다. 똑같은 교정, 똑같은 교실이었건만, 그렇게 달라 보일 수가 없었다. 담임 선생님이 바뀌고 우선 교과서도 없이 ㄱㄴㄷㄹ… ㅏㅑㅓㅕ 등 다시 초등학교 1학년으로 돌아가 국어 기초부터 배우기 시작했다. 그래도 한국인으로서 우리 글을 배운다는 그 때의 그 감격을 해방 이후 세대 어느 누가 알리요! 우리가 한글을 다 배우고 나니 두 세달 이후에 국어 교과서가 나왔다. 역사 교과서도 나왔다. 한국사였다. 해외에서 독립운동을 하던 애국지사들이 소개되었다. 모두가 다 꿈만 같은 이야기였다.

이제 졸업반인 6학년이 되었다. 그 악몽 같던 시절도 서서히 잊혀지고 이젠 조국 품에서 공부에 열중해야 되겠기에 오후 늦게까지 중학교 시험 준비를 하게 되었다. 특히 내가 다니던 난산국민학교는 제1회 졸업생을 배출하는 것이었기에 정규태 선생님을 6학년 담임으로 하고 열심히 공부하여 졸업생 대부분이 중학교에 진학할 수가 있었다.

이렇게 세월은 흘러 1947년 7월 12일, 어느 덧 국민학교(초등학교) 졸업식이 다가왔다. 참으로 풍파 많던 우리의 졸업식이었다. 우리에게는 그 어느 졸업식보다도 참으로 뜻깊은 졸업식이었다. 우선 본 난산초등학교 제1회 졸업식이라는 그 의미 자체로도 그렇고, 그 혹독했던 식민지 시대에서 어린 시절을 견디며 살아야 했었기 때문이리라. 드디어 졸업식이 시작되었다. 졸업가가 제창되면서 담임 전규태 선생님과 졸업생 전체가 눈물로 범벅된 채 졸업가도 제대로 부를 수 없게 되었다. 교장 선생님도 모든 선생님들도 재학생도 학부모와 내빈들도 다 울음바다가 되고 난산국민학교의 제1회 졸업식은 그야말로 유례없는 울음의 졸업식으로서 사제간의 사랑과 열정의 좋은 선례가 되었다고 하겠다.

그 후 54년이 지난 어느 날, 난산초등학교의 교감 선생님과 동창회 서상옥 회장 및 차기 동창회장 등 3인이 나를 찾아 오셨다. 내용인즉, 며칠 후면 난산초등학교 설립 60주년 기념일인데, 나에게 대회장을 맡아 달라는 요청이었다. 나는 당황할 수 밖에 없었다. 졸업 이후 동창회나 학교 관련 회의에 사정상 한 번도 참석한 적이 없는 나에게 그 중요한 직책을 맡기다니… 몇 번이고 사양했지만, 그들의 요청에는 그 만한 이유가 있었다. 난산초등학교가 설립되기까지는 나의 아버지의 공로가 누구보다도 컸던 까닭이었으며 또한 내가 제1회 졸업생이라는 이유 때문에 몇 번이고 검토하고 검토한 결과 개교 60주년 기념 사업회 준비위원회에서 고 이노수 장로의 공적을 따라 제1회 졸업생이요 그의 아들인 나를 대회장으로 추대하기로 결의했다는 것이다. 나는 몇 번의 고사 끝에 대회장 직을 수락하고 준비에 만전을 기했으며, 소정의 장학금과 결식아동 구제금을 기부했다. 2001년 4월 14일 관계기관장 및 내빈과 지역 유지 및 동창회원, 재학생 등 이천여 명이 모여 60주년 기념식 행사는 성대히 진행되었다.

이렇게 나와 난산초등학교는 깊은 인연을 갖고 있어 지금도 그 인연으로 노은장학회(아버지 이노수의 '노' 자와 이은익의 '은' 자를 따서 지은 이름)의 이름으로 매년 졸업생 중 2인을 선발하여 소정의 장학금을 전달하고 있다.

축복되어라, 난산초등학교여!

위_난산초교 설립60주년 대회장 | 아래_난산초교 장학금 수여

나는 내 일생에서 영원히 잊지 못할 그 험난했던 초등학교 시절을 마치고, 전주신흥중학교에 입학하게 되었다. 내가 전주신흥중학교를 선택하게 된 이유는 두 말 할 것 없이 기독교 학교이기 때문이었다.

전주신흥학교는 전라북도에서는 역사가 제일 깊은 학교 중 하나로서, 미국남장로 선교회에 의해 1900년 9월 9일 전주서문 밖 레놀드 선교사의 사택에서 김창국이라는 학생 한 사람으로 근대식 교육을 시작한 것이 신흥학교의 출발이었다. 1901년 8명의 학생으로 서서히 발전되면서 1904년에는 10명, 1906년에는 회현당 옛터에 집 한 채를 지어 이전하게 되니, 학생수가 증가하여 55명이 되었다고 한다.

이렇게 세워진 신흥학교는 30여년간 수많은 인재들을 양성하면서 거듭 발전하던 차에 일제에 의해 위기를 맞게 된다. 1935년부터 거세게 일어났던 신사참배 문제였다. 드디어 1937년 9월 6일 아침에 일본 경찰들이 신흥학교에 밀려왔다. 학생들을 강제로 다가공원에 있는 신사로 끌고 가려 하자 인톤 교장이 막아 섰으나 '당신은 미국인 이지만, 학생은 황국시민이니 참배할 의무가 있다' 면서 인솔해 갔다. 이 때 인톤 교장의 눈에서는 뜨거운 눈물이 흘러 내렸다고 한다. 다가공원에는 이미 기전여학교 학생들도 강제 인솔되어 와 있었다고 한다.

그런데, 이게 웬일인가, 자랑스럽다, 신흥인이여! 경찰의 삼엄한 구령이 내려졌다. "아마데라스 오미가미 제 사이게레" 하였지만, 신흥학생이나 기전여학생 어느 하나 절하는 자가 없었다고 한다. 그 곳에는 시민들도 있었는데, 일본 경찰과 관리만 허리를 굽혔고, 학생들은 한 사람도 허리를 굽히는 자가 없이 이를 거부하고 퇴장하였으며 기전여학생들은 땅에 주저앉아 울어버렸다고 하니, 그 날의 신사참배는 엉망이 되었다. 신흥학교는 1937년 9월 22일 37년 만에 자진 폐교하게 되었다. (신흥90년사 132쪽 인용)

신흥학교는 해방이 되자 1946년 11월 26일 복교하게 되었다. 나는 이런 역사를 가진 학교에 1947년 9월에 입학하여 1학년 첫발을 디디게 되었다. 그러나, 해방은 되었으나 사회 분위기는 무척 어수선한 시절이었다. 먼저 사회적인 혼란이었고, 다른 하나는 신탁통치를 맹렬하게 반대하는 시위가 전개되고 있었고, 일부 좌익 계열에서는 신탁통치를 지지하는 시위로 학생들 간에도 대립과 혼란이 오게 되었다. 그런가 하면, 1947년 늦가을 장평화 교장 배척운동에 동맹 휴학까지 벌어지는데, 후에 주동학생을 정학 처벌하는 것으로 마무리가 되기도 하였다.

이런 혼란 중에 나는 중학교를 다니게 되었으나, 비교적 안전하게 공부할 수 있었고, 가정적으로도 부유했던지라 여유롭게 학교 생활을 할 수 있었다. 학교 정규 과목에 성경 과목이 있어서 좋았고, 체플 시간이 있어서 매일 예배드리며 교목이 계셔서 신앙적인 상담도 해 주셔서 좋았다. 우리는 이렇게 학교에 오고 가며 선후배간에 친교도 나누고 성경 퀴즈도 풀면서 신앙적인 정담도 나누며 친분과 우의를 다져가면서 공부에도 열중하였다.

이를 바탕으로 교회 학생회에서도 우리가 중심이 되어 열심으로 봉사하였다. 목사님과 교회 및 어른들로부터 칭찬이 대단했다. 그렇다고 학교 공부에 결코 소홀히 하지는 않았다. 학교 성적도 남보다 뒤지지 않았고, 부모님들에게 염려를 끼쳐드리지도 않았다. 또 동네 어른들에게도 밉게 보이지 않기 위해서 노력했다. 만날 때마다 인사를 잘하기, 동네 봉사하기, 어려운 가정 돕기, 방학 동안 초등학생 공부 가르쳐 주기 등 공동체를 위한 봉사의 활동도 하였으며, 자기 생활에도 충실했다.

이렇게 어언 3년의 중학교 시간을 마치고 졸업하게 되었다. 그러나 중학교를 졸업할 무렵 모든 상황이 달라져 있었다. 내가 중학교 3학년 1월 무렵, 나의 아버지의 병세가 몹시 악화되기 시작했다. 나의 아버지는 신학교에 다니시면서 이북에서 홀로 내려와 고생하며 공부하던 학생들을 방학이면 집으로 데리고 오셔서 몇 주씩 함께 보내곤 하셨다. 그런데, 그 중 한 사람이 폐병에 걸려 사경을 헤매고 있을 때에도 아버지는 그 사람을 극진히 간호해 주셨다. 아버지의 극진한 간호에도 그 분은 세상을 떠나셨고, 그 때 아버지도 폐병을 얻으셨던 것이다. 2월이 가고 3월이 되자 아버지의 병세는 더욱 악화되어 더 견디지 못하시고, 3월 13일 오전 5시 30분 소천하셨다. 이미 각오는 하고 있었으나, 막상 아버지가 돌아가시고 나니, 앞이 꽉 막히고 말았다. 그 때 우리 가정은 할머니, 어머니, 나, 누이동생, 남동생 3명 모두 일곱 식구. 열 여섯 살이던 내가 책임져야 할 식구들을 남겨놓고 아버지는 천국으로 가신 것이다.

이 때부터 나의 시련은 다시 시작되었다. 중학교를 마친 나는 고등학교 진학은 엄두도 내지 못하고 가정에 묻혀 버렸다. 아버지는 목회하시다 세상을 떠나셨기에 유산은 남기시지 않으셨다.

고등학교 개학이 되고 10여일 쯤 지난 어느 날, 신흥고등학교 황희영 선생님께서 학생편에 편지 한 통을 보내오셨다. 내일 속히 학교에 나오라는 전달이었다. 나는 어머니에게 이 말씀을 전해드렸다. 황희영 선생님은 아버지와 친분이 있으신 분이셨다. 다음 날 황 선생님을 만났다. 반갑게 맞아 주신 황 선생님은 "은익아, 네가 나이 많아 수염이 검게 난 다음에는 고등학교에 못 다닐 것이니, 지금 어떻게든지 고등학교 졸업장은 받아 놓아야 하지 않겠느냐?" 하고 말씀하셨다. 대학교나 신학교는 나이가 더 든 다음에도 다닐 수 있으니, 고등학교 졸업장만큼은 지금 어떻게 해서라도 따 놓으라는 말씀이셨다. 이미 입학 수속도 다 해 놓으시고 출석부에도 내 이름을 올려놓았으니, 오늘도 수업을 받고 가고, 내일부터는 정식으로 학교에 와서 공부하라시며, 교과서와 공책과, 심지어는 필기구까지 마련해 주셨던 것이다. 이렇게 나는 기적같이 고등학교에 입학할 수가 있었다.

그런데, 1950년 6월 25일, 6·25 사변이 터졌다. 북한 공산군이 새벽 4시를 기해 기습 남침하여 파죽지세로 밀고 내려와 3일 만에 서울을 점령하고, 7월 20일 전주까지 내려온 것이다. 전쟁이 일어나자 우리 신흥인 가운데서는 적지 않은 학생들이 학도병에 자원해서 나갔고, 그들 중에서는 장렬하게 전사한 자들도 많았다. 교회도 큰 변화가 찾아왔다. 교인도 다 떨어지고 불과 30여명만이 모여 예배를 드렸다. 우리 학생회도 13명이 모였다. 그래도 우리는 담대했다. 북한에도 종교의 자유가 있다고 하기에 치안대에 가서 문의하였더니 예배 드려도 된다고 하였다. 우리 13명의 학생회원들은 난산교회 하층에 모여 찬송을 부르고 성경도 교독하며 예배를 드렸다. 때마침 미국 비행기가 나타나 이웃동네 도로 교량을 폭격한 일이 있었다. 그 날 밤이었다. 누군가 와서 나를 찾기에 나가보니 모르는 젊은 청년들이었다. 끌려간 곳은 교회 뒷동산이었다. 10여명의 우리 학생회원들도 모두 끌려와 있었다.

한 사람이 정색하고 외쳤다. "네놈들은 미국 놈의 스파이들이다."고 하더니 우리들의 몸을 수색하는 것이었다. 그러자 한 사람의 몸에서 손거울 하나가 나왔다. 그걸 보더니, "봐라, 이것이 증거다!" 낮에는 거울로, 밤에는 라이터로 미국 비행기에 신호를 해 주니 비행기가 폭격을 했다는 것이다. 너무나도 터무니 없는 생트집이었다. 그러면서 앞에서부터 한 사람씩 몽둥이로 때리기 시작하였고, 비명 소리가 밤공기를 타고 산을 울리며 퍼져 나갔다. 나는 세 번째에 서 있었다. 젊은 청년들 중 한 사람이 나를 빤히 쳐다보더니, "너 이노수 아들 놈 아닌가, 이노수 이 놈 아주 잘 죽었지, 너 잘 만났다, 오늘 한 번 너도 죽어봐라." 하였다. 바로 그 때 우리 동네 모종에 있던 어르신들 몇 분이 비명소리를 듣고 오셨다. 그 분들 중에는 그 지역 면 내에 유능한 남노당원인 두태철 씨도 있었다. "애들아, 너희들 누구야? 왜 여기 와서 소란을 피우는 거야?" 하시더니 나를 보고 깜짝 놀라시며, "너 은익이 아니냐? 이 놈들아, 여기 은익이랑 이 애들이 얼마나 착한 애들인데, 이 애들한테 웬 해꼬지야, 이 나쁜

놈들, 빨리 안가고 뭐해? 다시는 여기 오지도 마라, 이 놈들!" 하며 호되게 꾸짖고 쫓아 보내 주었다. 그 후로는 다시 그 청년들은 우리 마을에 오지 않았다. 이렇게 우리는 그 날의 위기를 면할 수 있었다.

날이 갈수록 공산당들은 더욱 포악해져 갔다. 많은 우익 인사들을 붙들어다가 거의 죽을 만큼 매질을 해댔다. 나의 작은 아버지 두 분도 끌려 가셨는데, 3일 만에 데려가라는 전갈이 왔다. 얼마나 맞으셨는지, 팔목과 발목이 팅팅 부어 있었고, 온 몸에 피가 뒤범벅이 되어 옷이 달라붙어 있어서 벗겨지지 않아 더운 물로 적셔가며 가위로 조심조심 잘라서 벗겼던 일이 기억난다. 우리 교회 박종현 장로님은 밤새도록 매질을 당해 운명하시기도 하였다.

어느 날인가 석양에 들녘에서 참새들을 쫓고 있었다. 뜻 밖에 앞산에서 찬송 소리가 들려오고 있었다. "천성에 가는 길 험하여도 생명 길 되나니 은혜로다 천사 날 부르니 늘 찬송하면서 주께 더 나가기 원합니다" 아니, 이 시절에 누가 이런 찬송을 부를 수 있을까? 자세히 보니 우리 교회 집사님들 여섯 분이 끌려가는데, 그 뒤에는 총을 맨 치안대원인 듯한 3명이 따라가고 있었다. 산 넘어 간 후 탕! 탕! 탕! 총소리가 울렸다. 왜 그들을 죽였어야 했나, 그들은 우리 교회 주일학교 선생님들이셨다. 다만 예수 믿는다는 죄, 공산주의를 지지하지 않는다는 죄, 그것 뿐이었다!

이렇게 위협을 받으며 조마조마하게 하루하루를 살아가고 있던 어느 날, 우리 신흥고등학교 선생님 두 분이 찾아오셨다. 너무너무 반가웠다. 말씀을 들은 즉, 신흥학교도 학생들을 보호하기 위해 민청학련에 가입하고 학생들에게 통행증도 발급해 주고 있으니, 억울하게 불이익을 당하지 않도록 하기 위해서 순회하며 이 말씀을 전해주시고 계시다고 하셨다. 그리고 나에게 특별 통행증을 발부해 주시면서 어디라도 갈 수 있으니 곧 학교에 한 번 나오라고 하셨다. 나는 다음 날 학교에 갈 수가 있었다. 덕진에서 치안대에게 제지를 당했으나 그 통행증을 보여주고 무사 통과하여 학교에 가 보니 지하실에 비밀 교신 장치가 있어서 미국 정보를 수집하고 있었다.

"대한민국의 애국 국민 여러분, 음력 8월 15일을 기하여 전 유엔군의 총 공세가 있습니다. 음력 8월 12일부터 15일까지 위험한 기간이 오니 피해주심이 사는 길입니다."

집에 돌아와서 이 사실을 알려야 할 만한 사람들에게는 전부 알려주었다. 우리 가족도 12일 밤 들녘 깊숙이 들어가 숨어 있었고, 더러는 산 속에서 숨어 있었는데, 12일 밤에 동네마다 큰 소란이 일어나기 시작했다.

15일 유엔군이 들어왔다. 동네 동네마다 이를 환영하는 만세 소리가
들려왔다. 우리도 집으로 돌아와서 유엔군을 맞았다. 수복이 됐다.
미처 후퇴하지 못하고 주민들에게 붙잡힌 인민군들은 15~16
세에 불과한 어린 애들이었다. 아마 거의 인민군이 전멸되다 보니
어린애들까지 징집해서 일선에 내보낸 것 같다.

나의 고등학교 초기의 생활은 이렇게 암울했다. 수복된 이후 학교에
나갔다. 많은 학생들이 나와 있었다. 여기저기 수업을 알리는 공고가
나붙어 있었다. 10월 11일부터 정규 수업이 시작된다는 것이었다.
그러나, 나에게는 기쁘면서도 큰 근심이 아닐 수 없었다. 기차도
없고, 버스도 없으며 우선 당장 먹을 것도 없었다. 집에서 학교까지
무려 17Km 길을 어떻게 걸어서 다닌다는 말인가! 집에 돌아와
어머니께 이런 사정을 말씀 드렸더니 어머니께서는 나에게 힘을
주시려고 낙심하지 말고 해보자고 하셨다. 드디어 10월 11일 나의
생일이기도 한 이 날, 어머니는 새벽같이 일어나셔서 아침 밥을 지어
주셨다. 점심 도시락도 싸 주셨다. 아직 캄캄한 새벽녘에 집에서 나와
동산촌 고개를 넘어서니 먼동이 텄다. 학교에 도착하니 정시였다.
그 날 수업을 마치니 오후 3시였다. 다시 걸어서 17Km를 돌아오니
합해서 34Km를 걸어다닌 셈이다. 한 주간 동안 이렇게 다닌 나음,
나와 누이동생은 어쩔 수 없이 당시 전주에 사시던 이모집에 들러

이야기를 드렸더니, 이모께서는 흔쾌히 이모집에 와 있으라고 하셨다. 다행히 한 학년은 그렇게 마칠 수가 있었다.

2학년이 되었다. 이모님 댁에서 오라 하셨지만, 그 집도 자기 식구 살기에도 협소한데 나까지 신세를 질 수가 없을 것 같아 그냥 통학하기로 했다. 누이 동생은 중학교를 졸업하였으니 나 하나 죽으나 사나 걸어다니기로 했다. 다행히 오다가다 트럭이라도 만나 얻어 타는 날도 있었는데, 그 날은 참 행복한 날이었다.

그러나, 왕복 34Km를 걸어 다닌다는 것은, 말이 쉽지, 어린 육신인지라 너무너무 힘겨운 일이었다. 하루에도 몇 번이고 포기하고 싶은 생각이 들었다. 그래도 어머니의 얼굴을 뵙는 순간, 할머니의 기도 소리를 듣는 순간, 황희영 선생님의 말씀이 떠오르는 순간, 이를 악물고 다시 일어서곤 했던 일이 몇 번이었던고!

어머니는 바느질로, 때로는 광주리 장사로, 때로는 노동일로, 조금씩의 수입으로, 곡식 중 제일 값싼 호밀을 사서 이것을 맷돌에 갈아 죽을 쑤셨다. 이것도 양을 늘리기 위해서 콩밭에서 콩잎을 따서 이것을 섞어 죽을 쑤기도 하셨다. 이 죽을 한 뚝배기씩 가져다 주시곤 하셨다. 나는 그것도 감사히 먹었다. 그 죽을 먹고 동산촌 고개를 넘으면 벌써 배가 고팠다. 이런 일이 거의 매일 반복되며 고픈 배로 17Km를 걸어

학교에 가서 공부하고 다시 17Km를 걸어오는 것이 나의 일과였다.

이 시절, 나의 일생에 잊을 수 없는 일이 세 가지 있다.

하나는, 점심시간에 남들은 점심을 먹을 때 나는 친구 이태환 군 (후에 목사가 됨)과 함께 학교 뒷동산에 올라가 손을 마주잡고 우리 장래에 목사가 되자고 기도하던 일이다. 그러면서 신앙적 정담을 나누며 우정을 쌓았다. 또 하나는 어려운 환경에서 공부하던 나를 사랑으로 도와주었던 사람들이다. 나를 볼 때마다 "은익아, 너 또 눈이 십 리는 들어 갔구나, 점심 굶었지?" 하면서 억지로 끌고 가서 자주 빵을 사주곤 했던 당시 나의 친구였던 박관준 군, 그리고 또 한 친구 김형철 군도 자주 점심 시간에 나를 찾아 도와주었다. 두 번째로 내가 잊을 수 없는 분, 바로 이모님이시다. 어려울 때마다 나는 이모를 자주 찾아갔다. 이모는 조금도 귀찮게 여기지 않으시고 그 때마다 하얀 쌀밥에 용돈도 잊지 않고 주셨다. 어려울 때 이와 같은 사랑의 손길은 내 어린 가슴에도 큰 감명을 주신 것이다. 세 번째로 내가 잊을 수 없는 사실이 하나 더 있다. 나를 친아들보다 더 위해주신 아버지의 바로 아래 동생되시는 첫째 작은 아버지가 계셨다. 당신의 아들은 고등학교에 보내지 못하셨음에도 장조카인 나의 이런 딱한 형편을 애석하게 여기시고 중고 자전거를 하나 마련해 주셨다.

그제야말로 학교에 통학하는 문제는 해결된 것이었다. 천국에 계시는 작은 아버지, 너무너무 감사합니다!

이렇게 해서 나는 여러 사람의 도움으로 1950년 전주신흥중학교를, 또 1953년에는 전주신흥고등학교를 제2회(통상 53회)로 졸업할 수 있게 된 것이다. 그 어려운 전쟁과 극한 가난 속에서도 나를 위해 헌신하신 자애로운 어머니의 희생과 그 사랑, 그 노고는 무슨 말과 무슨 글로 표현하리요. 이 글을 쓰는 이 순간에도 눈물이 앞을 가려 글을 쓰는 손길 마저 떨려서 쓸 수가 없다. 천국에 계신 어머니, 정말 감사합니다!

어려울 때마다 나를 버리지 아니하시고 합력하여 유익하게 하신 하나님의 은혜는 더욱 감사할 따름이다. (롬 8:28)

또 하나의 시련 폐병

고등학교를 그 어려운 가운데 졸업하였으나, 또 하나의 감당하기 힘겨운 큰 시련이 찾아왔다. 농사에 묻혀 들녘에서 논일을 하는데, 소낙비가 내렸다. 비에 젖어서도 일에 몰두 하는데, 갑자기 온 몸에 열이 오르고 식은 땀이 나면서 오한이 나기 시작했다. 한동안 차도가 없어 동네 의원에 가니 큰 병원에 가 보라 했지만, 병원에 갈 형편도 못되고 또 동네 의원에서 준 약을 먹고 나니 조금 나아진 것 같아서 그런 대로 일상 생활을 하며 지내고 있었다.

그러던 중 1954년 영장을 받게 되어 군에 입대하게 되었는데, 수용 연대에서 신체검사결과 결핵성 폐병으로 진단이 되어 귀향조치되었다. 이 소식이 교회와 동네에 알려지자 동네에 아버지의 친구되시는 김형두씨가 찾아와 소개장을 주며 군산도립병원 총무과에 있는 처남에게 찾아가 보라고 하셨다. 그 분이 총무과 업무를 담당하고 있어서 모든 수속을 바로 해 주어 진찰을 받았는데, 그 결과 아직 중증은 아니어도 폐결핵 2기 정도 되니까 식구들 접촉도 주의하고 영양 보충도 잘하고 치료를 잘 해야 한다면서 의약품(기억나는 대로 적어보자면, 파스, 나이지라이 지드, 주사약, 마이신 등)과 함께 비타민 영양제까지 챙겨주었다. 그리고 무료 치료를 받도록 조치를 취해 놓았으니 호적등본 등 필요한 서류를 보내라고 했다.

온 집안이 난리였다. 그 원망이 자연히 아버지께 돌아갔다. 당시 폐 결핵은 거의 불치병으로 취급되었기 때문이다. 나는 그런 절망 가운데서도 정성껏 치료했다. 주사도 내가 스스로 내 엉덩이에 놓기도 하였다. 오직 살아야 한나는 일념에서였다. 그런데 수개월이 지난 후 오히려 병세는 더 악화되어 갔고, 온 교회가 기도하며 온 가족이 바라던 회복은 좀처럼 이루어지지 않고 있었다. 그 때 내가 거처하는 방은 석양에 햇빛이 방 깊숙이 들어오는 방이었는데, 어느 날 그 태양 빛에 손을 펴서 비추어 보았는데 내 손에 붉은 핏기란 조금도 찾아볼 수가 없었다. 아, 나도 아버지처럼 이제 죽는 모양이구나 생각했다.

그 때 나는 교회와 동네 어른들의 사랑을 많이 받았다. 교회에서는 늘 나의 완쾌를 위해 기도해 주셨고, 폐병엔 영양 보충이 최고라며 그 당시 귀한 찹쌀과 마늘 등으로 닭백숙을 해서 가져다 주는 등 수없이 많은 사랑의 빚을 진 것이다. 그 때 나는, "하나님, 지금까지 주신 그 역경이 부족해서 또 이런 질병으로 나를 연단하시나이까" 하며 부르짖었다. 그 때 내 마음 속에 와 닿는 주의 음성이 있었다. "너의 갈 길을 찾아라" 나는 일어섰다 "죽으나 사나 새벽 기도에 나가 하나님과 담판을 짓자!"

비틀거리는 걸음으로 예배당에 갔다. 간절히 기도했다. 회개했다. "이번만 살려주시면 하나님 가라시는 대로 가겠습니다." 즉, 아버지의 대를 이어 목사가 되겠다는 고백이었다. 새벽에 예배당에 가다가 돌계단에서 미끄러져 정강이에서 피가 흐르는 것도 알지 못하고 기도에 힘쓰다 보니 피가 흘러 끈끈하게 굳어 있었다.

몇 달이 흘렀다. 어느 날 다시 석양의 태양빛에 손을 펴서 비쳐보니

아, 이게 웬일인가, 손바닥에 붉은 핏기가 보이지 않는가. 아, 하나님 살려주시는 것이지요?! 새로운 희망이 떠오르고 있었다. 그 때 그 순간의 감격을 어찌 다 표현할 수 있으리요. 하나님, 감사합니다. 그 때에 감사하며 부른 찬송이 있다.

(찬송가 394장)

1 이 세상의 친구들 나를 버려도
　나를 사랑하는 이 예수 뿐일세
　(후렴) 예수 내 친구 날 버리잖네
　　　온 천지는 변해도 날 버리지 않네
2 검은 구름 덮이고 광풍 일어도
　예수 나의 힘 되니 겁낼 것 없네
3 괴로운 일 당해도 낙심 말아라
　영원하신 주 능력 나를 붙드네

나는 이와 같은 사실을 맨 먼저 어머니께 알려드렸다. 누구보다 나로 인하여 마음 고생을 제일 많이 하신 분이시다. 그로부터 나는 점점 건강이 회복되었고, 나들이도 하면서 삶에 자신을 얻게 되었다. 우리 집안은 물론이요, 온교회 온동네 어른들까지도 찾아와 격려해 주셨다. 네기 이렇게 건강을 회복할 수 있었던 것은, 먼저는 하나님의 은혜요, 주위의 여러분들의 기도와 도움이 있었기 때문이었음을 나는 감사한다.

"우리가 알거니와 하나님을 사랑하는 자 곧 그의 뜻대로 부르심을 입은
자들에게는 모든 것이 합력하여 선을 이루느니라" (롬8:28)

할렐루야!

인자의 온 것은 섬김을 받으려 함이 아니라 도리어 섬기려 하고 자기 목숨을

많은 사람의 대속물로 주려 함이니라 (막10:45)

나의 아버지는 1915년 음력 4월 2일 김제시 백구면 난산에서 이화삼과 최복순의 4남 1녀 중 장남으로 나시어 풍요로운 가정에서 행복하게 자라나셨다. 논이 약 4만여평이요, 밭이 약 2천여평이며 주택도 농촌에서는 보기 드문 대가로서 사랑채가 두 칸이나 있어 겨울이면 동네 사람들의 휴식 공간이 되었다.

나는 여기서 잠깐 나의 할머니를 소개하고자 한다.

할머니는 16세에 14세인 남편을 맞아 가정을 이루었고, 슬하에 4남 1녀를 두셨으나, 할아버지는 32세를 일기로 세상을 떠나셨다. 34세에 젊은 과부가 되신 할머니는 다섯 아이를 기르시면서 그 많은 농사를 잘 관리하시며 사신 훌륭한 여인이셨다. 할머니는 동네에서 소문난 욕쟁이셨다(그렇다고 상욕을 하시는 것이 아니요, 책망조의 욕). 동네 남자 어른들까지도 할머니 앞에서는 함부로 행동을 못할 위엄있는 분이셨다. 목소리도 남달리 위엄있고 우렁찼기 때문에 사람들을 굴복시킬 만한 장군의 목소리와 같다고 하였다. 한마디로 할머니는 그 당시 여걸이셨던 것이다.

언제나 나를 위해 기도해 주시던 할머니

참으로 할머니는 내적으로나 외적으로 그 위풍이

당당하였고 품위가 있으셨다. 그러나, 그의 또 다른 품성은 매우 온화하셨고 인정이 많으셔서 동네 애경사나 가난한 사람들의 처지를 잘 챙겨주셨다. 그래서 항상 많은 사람들이 할머니를 따르셨고, 집안에는 항상 동네의 어렵게 사는 아낙네들이 모여 있었으며, 그럴 때면 할머니는 인절미 떡을 만들어 그들을 먹이시곤 했다. 그들을 대접하는 일엔 조금도 인색하지 않으셨으니, 어쩌면 그것을 보람과 낙으로 생각하며 사셨는지도 모른다.

아버지는 이런 어머니 밑에서 엄한 교육과 사랑을 받고 자라시면서 부용보통학교를 졸업하시고 경성전문학교를 마친 다음 고향에 내려와 생활하시다가 기독교에 입교하게 되셨고, 17세에 김제군 죽산면 죽산리 김인학 씨의 장녀 18세의 김진옥과 결혼하여 인생의 새출발을 하게 되신다.

아버지는 짧은 인생을 사셨지만, 그의 일생의 역사는 참으로 험난했다. 아버지의 제1기는 왜정 말기의 압박 속에서, 제2기는 해방은 되었으나 공산 좌익계열의 난동이 난무하는 시대의 대격동기였고, 제3기는 신학전공의 성직을 선택하는 과정에서의 좌경화 신학 출현과 진리 보수라는 과제 속에 있던 시기였다. 이런 어려운 시절을 잘 극복하면서 그 짧은 인생을 의미있게 사신 그 발자취를 더듬어 기록해 보고자 한다. 그러나, 잊혀진 것이 너무 많아 다 기록하지 못함을 안타깝게 생각한다.

우선 아버지는 일찍이 예수님을 영접하고 기독교에 입문하여 난산 교회에서 갖가지 직분을 다 역임하시면서 항상 앞장 서서 충성하신 분이시다. 원래 뜨거운 분이신지라 그의 열정은 어느 분야에서든지 맡은 일에는 결코 소홀함이 없으셨다. 내가 아주 어렸을 때 주일학교 부장을 맡으신 것으로 기억하는데, 그의 설교시간이나 동화시간은 아주 재미있었으며, 우승반이 정해지면 우승기를 앞세우고 각 반 사이사이를 행진하며 특별한 축하를 해 주는 등, 주일학교를 아주 잘 운영하여 주일학교가 크게 부흥되었으며 토요일이면 자주 동네에 다니면서 전도하여 어린이들을 교회로 데려오기도 하셨다. 그리고 주일이면 십 리 밖에서 찾아오는 교인들을 위해 30~50여명을 우리 집으로 초청하여 위 아랫방, 사랑채, 마루와 마당에 멍석을 펴고 점심을 대접하였다. 이렇게 우리 가정에서 부담하는 점심 식사 대접은 매주일 계속되었는데, 당시의 어려운 시절에는 결코 쉬운 일이 아니었다.

그리고 교회에 바치는 헌금에 대해서는 아직 믿음이 약하셨던 할머니와는 자주 다투시는 일도 있었다. 아버지는 가정보다 오직 교회, 가정보다도 교회에서 시간을 보내시는 일이 더 많으셨다. 가정에서는 그 어깨에 지게를 져 본 일이 없으셨으나, 교회에서는 기꺼이 지게를 지시며 일하셨다. 가정에서는 화장실 청소는 고사하고 빗자루 한 번 잡아보지 않으신 아버지셨으나, 교회에서는 화장실 청소까지 도맡아 하셨다. 이렇게 교회를 사랑하신 아버지께서는 1941년 4월에 난산교회에서 26세의 약관의 나이로 장로장립을 받으시니 전라북도 최연소 장로로 널리 알려진 분이시다.

나의 아버지

아버지는 교회 관악단에서 클라리넷도 부셨다. 우리교회는 밴드부가 있어서 가끔 로방전도를 나가곤 했었다. 그 때마다 아버지는 밴드부를 리드하시면서 늘 주도적인 역할을 하시며 앞장 서서 나서기도 하셨다.

1942년 12월 대동아 전쟁이 일어나고 이 전쟁이 세계 제2차 대전으로 이어져, 처음에는 일본이 이기는 듯 하더니 1944년 폐색이 짙어지자 일본의 입박이 너 서세지기 시작했다. 어느 날 갑자기 아버지는 동네 이장을 맡는다고 하셨다. 모두 나 반류하였고, 동네 사람들은 이상하게 생각하였다. 그러나 아버지는 그 이유가 뚜렷하셨다. "오직 동네를 위해서"라고 하셨다. 아버지는 관이나 법조계나 세무서 등 아는 이가 많았다. 동네의 어려운 사람이나 억울한 사람이 있으면 그냥 지나치는 성격이 아니셨다. 도와주어야만 직성이 풀리는 성격이셨다. 특히 약자들 편에서 그들을 도와 그 억울함을 풀어주기 때문에 본의 아니게 아버지를 비방하는 사람들도 있었던 것 같다.

아버지에 대한 일화 하나를 소개하고자 한다. 아버지는 해가 서산으로 기울어져 가는 석양녘이 되면 자주 뒷동산에 오르셨다. 뒷동산에서 내려다 뵈는 동네를 동쪽에서 서쪽까지 각 가정을 살펴보신다. 어느 집의 굴뚝에 연기가 나지 않는가 살펴보신 후 집에 돌아와 바로 이웃집 최영기(외조카)를 부르는 것이다. "야, 영기야, 이리와 봐라." 바로 창고로 데려가서 이미 준비해 둔 봉투에 쌀 한 되, 보리 석 되를 담아 자전거에 싣고 동네 한 바퀴를 돌며 가난하여 먹을 게 없는 집에 가져다 주는 구제사업!

이런 일들을 수시로 하시고, 때로는 이런 가정의 노인들을 직접 집으로 초대하여 위로회를 베풀어 드리기도 하셨다. 그리고 동네에 어려운 문제가 닥쳐오면 이장인 아버지 선에서 해결하는 일도 많았다. 그래도 비방을 일삼는 사람은 아버지를 친일파로 매도하기도 했다.

8·15 해방 이 후에 아버지는 교회일에 동네일에 사회일에, 더욱 분주해지셨다. 자주 전주에 다녀오시고 서울에 다녀오시고 해서, 지역에서는 아마 아버지가 중앙에서 무슨 벼슬이나 하는 것으로 알고 있었다고 한다.

어느 날, 어둠 속에서 한 괴한이 나타나 아버지를 업어치기로 넘어뜨린 후 발길로 차고 달아나는 일이 일어났다. 아버지는 예기치 않는 폭행을 당해 뼈가 부러지는 부상을 입으셨다. 범인은 주조장의 사무장이었던 맹진섭으로 밝혀졌는데, 이유인즉, 일본 사람이 운영하던 난산주조장 재산(건물 세 동, 동산 2만여평)을 아버지가 난산교회의 유치원 몫으로 임대차 계약을 하게 되자, 본인이 계속 주조장을 운영할 욕심을 가지고 있었던 맹씨가 거기에 앙심을 품고 저지른 일이라는 것이었다. 형사처벌 받게 된 것을 아버지는 직접 경찰서에 탄원서를 제출하여 면하게 해 주었다. 이 후 아버지는 몇 차례 맹진섭 씨를 찾아가 양해를 구한 것으로 알고 있다.

이렇게 마련한 난산교회 부설 유치원이 드디어 개원식을 하게 되었다. 김제군수와 군단위, 면단위의 모든 기관장과 수많은 내빈이 참석하였고, 유치원 원아들과 부모들 사이로 맹진섭 씨도 초대되었다. 더욱 아름다운 장면은 맹진섭 씨의 아들도 유치원에 입학하였다는 것이다. 개원식 순서 중 아버지가 인사 말씀을 하시는 중에 "오늘 이 유치원이 있기까지 맹진섭 선생님의 적극적인 양보와 협력이 있어 이루어진 것"이라고 언급하시자 모인 모든 사람들이 뜨거운 박수갈채를 보냈다고 한다.

이렇게 하나님께서는 아버지를 통하여 교회와 지역사회에 많은 일을 하게 하셨다. 그 후 맹진섭 씨는 그 동네에 큰 집을 사서 새롭게 수리하고 난산주조장을 계승하여 많은 재물을 모아 지역사회에 적지 않게 공헌한 것으로 알고 있다. 그리고 세 자녀들을 교회 주일학교에 착실하게 보내 주었고, 그 아들 맹양길은 음악에 소질이 있어 독창대회에 나가 입상도 여러 번 하는 등 교회 생활도 아주 잘 한 것으로 알고 있다.

이렇게 세워진 난산유치원에서는 이 지역 기초 교육에 매우 중요한 교육 기관으로 지역 발전에 크게 기여함은 물론 이 후 이 건물에서 오늘의 번영로제일교회로 발전하게 된다.

이 후에도 아버지는 서울에 자주 다녀오셨는데, 이 즈음 아버지는 세상일 다 접으시고 목회자의 길로 가시기를 결정하신 것 같다. 어느 날 서울에서 내려오신 직후 가족회의를 소집하셨다. 작은 아버지들까지 다 모인 가족회의였다. 이 자리에서 아버지는 "나 신학교에 입학하고 왔다. 목사가 될 것이다"고 하셨다. 얼마 동안 침묵이 흐르다가 작은 아버지 중 한 분이 대답하셨다. "형님 일이시니 형님 하시고 싶으신 대로 하시지요."

아버지는 1946년 9월에 서울 조선신학교에 편입하셨다. 이후 우리 집의 모든 농사 관리는 주상복 씨가 맡게 되었다.

해방 후 신학교가 개교하자 많은 학생들이 모여들었다. 그 중에는 이북에서 홀로 내려온 학생들도 많았다. 한 학기를 마치고 방학 동안 다시 북한의 자기 고향으로 돌아갔던 학생들 중에는 다시 나오지 못한 사람들도 많았고, 또한 방학 동안에 가지 못한 학생들은 영영 돌아가지 못하는 처지가 되어 경제적으로 큰 곤경에 처하게 된 경우가 많았다. 이 때부터 아버지는 이들을 돕기 시작하셨다. 매학기 시작할 때마다 아버지는 논 몇 자락씩을 비밀리에 팔아 학교로 올려가곤 하셨다. 방학 때면 집에 가지 못하는 신학생 10여명과 함께 우리 집으로 내려와 사랑채와 집 안채 등을 비우고 거기에 유숙하게 하면서 주일이면 주위의 미자립 교회에 보내어 예배를 인도하게 하였다. 그렇게 두어달 넘게 지내다가 개학이 되면 배낭에 쌀을 가득 채워 소달구지에 실어서 기차역까지 바래다 주면 신학교 기숙사에서 몇 주 동안의 식량으로 활용하게도 하셨다. 그 때 일부 학생들의 등록금도 부담해 주신 것으로 알고 있다.

아버지가 서울에 계실 때에도 가끔씩 우리 집안의 관리인 주상복 씨에게 아버지의 편지가 전달되었다. 또 우리 집안의 논 어느 자리 얼마 만큼을 팔아 급히 서울로 가져오라는 말씀이셨다. 도대체 노수씨가 얼마나 호화롭게 공부를 하기에 이렇게 큰 돈을 자주 가져오라 하는가 하고 신학교 기숙사에 가 보니, 어느 방에서 대야에 붉은 피 섞인 물을 받아 나오시더란다. 깜짝 놀란 주상복 씨가 보니, 이것은 틀림 없이 폐병 환자가 쏟아 놓은 피물인 것 같아서, "이봐요, 노수씨, 큰일납니다. 폐병을 고칠 약이 없어요, 이 병은 전염성도 강해서 노수씨 뿐만 아니라 식구들한테까지 옮길 수 있어요." 했더니, "괜찮아요, 아무도 이 일을 맡아 할 사람이 없어요." 하시면서 본인은 건강하니 본인 밖에 도와줄 사람이 없다고 하시더란다. 그 환자는 최윤칠 전도사로, 얼마 후에 소천하셨다. 우리 집에도 몇 차례 왔던 분인 것으로 기억하고 있다. 그 때 아버지는 폐결핵에 감염된 것 같다.

그 당시 조선신학교에는 문제가 생겼다. 해방 후 혼란 속에서 조선 신학교는 보수 신학에서 벗어나 자유주의 신학을 확립하기 위한 새로운 정책을 수행하기 시작한다. 조선신학교는 서서히 자유주의

목회자의 분복

신학으로 점령당하고 있었다. 심지어 학우회에서까지 이를 용납하는 무리들이 일어나게 되고, 학생들 간에 찬반 양론으로 갈려 격론이 일어나기도 했다. 이런 상황 속에서 정통 신학과 정통 신앙을 수호하기 위해 정통 보수 신학을 사랑하는 신학생 대표인 정규오를 중심으로 일련의 학생들은 일생을 동지로 공생공사(共生共死)하자는 맹약을 하게 되었고, 모인 51 신앙동지회가 조직되어 조선신학교 자유주의 신학의 문제성에 대한 진정서를 총회에 제출하게 되었는데, 그 때 아버지는 회계로서 재정의 총책을 맡아 적지 않은 재정을 부담한 것으로 알려져 있다. 그 당시는 신학교도 제대로 설립되어 있지 않았고, 신학생 개개인의 경제적 형편도 넉넉지 못했다. 신앙동지회 회비도 누구하나 낼만한 회원이 없었을 것이다. 그러나, 총회에 진정서를 제출하기 위해서 위원들을 파송하고, 또 회지인 "불기둥"을 발간하는 등 그들의 거마비, 숙식비, 출판비 등 모두가 재정 담당인 회계의 몫이었으리라.

참고로, 당시 51 신앙동지회 임원명단을 기록해 보도록 한다.

회장 : 정규오   부회장 : 이성권
총무 : 엄두섭
서기 : 조원고   부서기 : 박창환
회계 : 이노수   부회계 : 이양배

그 후 아버지는 1948년 7월 9일 장로회 신학교 제1회 졸업생이 되었다. 졸업생은 아버지 이노수를 비롯, 정규오, 김준곤, 박요한, 신복윤, 최석홍, 차남진, 정희찬 등 25명이었다.

어느 날인가 우리 집 농사 관리인인 주상복 씨가 할머니께 아버지의 자금 조달 문제에 대해서 이야기를 한 적이 있었다고 한다. 왜냐하면, 논이 적어지니 농사가 적어지고 당연히 수확량이 적어지니, 말씀을 드릴 수 밖에 없었다고 한다. 할머니는 한숨을 쉬시며 '이 재산이 어떻게 모은 재산이며 또 어떻게 지켜온 재산인데…' 하시면서 눈물까지 훔치셨다고 한다. 그러나 그 해 겨울에도 어김없이 신학생 10여명이 우리 집에 도착했고, 마침 할머니께서는 몸져 누워 계셨다. 10여명의 신학생들은 할머니 주위에 둘러앉아 예배를 드리고, 간절히 기도를 드렸다. 그러면서 10여명의 신학생들이 모두 "어머님, 어머님 감사합니다. 이제 우리는 신학교를 졸업하게 되는데, 어디 가든지 이 은혜 기억할 것입니다." 했다. 그러자 조용히 아버지께서 입을 열고 말씀하셨다. "어머님, 어머니께서 청상 과부로 그 고생 다 하시며 지켜주신 생명 같은 재산을

아버지의 신학교 졸업사진

거의 다 썼습니다. 아니, 하나님 나라에 심은 것입니다. 여기 이 분들에게 복음으로 심었습니다. 이제 열매를 맺어 30배, 60배, 100 배까지 맺힐 것입니다. 그것도 전국적으로 아니, 하늘나라에서도 맺힐 것입니다. 다 어머니의 상급입니다."

할머니는 조용히 듣고 계셨다. 상당히 신중하신 것 같았다. 사실 세상에 두면 동록이 생기고 도적이 구멍을 뚫고 가져갈 수도 있으며 썩어질 수도 있는 것을, 얼마나 거룩하고 보람되게 사용되었는가? 아마 할머니는 이 날에 거듭나신 것 같다. 이 날부터 새벽기도를 시작하셨고, 이후부터는 새벽 4시부터 기도를 시작하여 7시까지, 무려 3시간 동안 기도하셨다.

신학을 마치신 아버지는 남은 재산 중 논 19마지기(약 3천8백평)와 우리가 살던 주택은 막내 작은아버지께 드리고, 우리는 논 12마지기 (약2천4백평)을 가지고 교회 사택으로 이사하게 되었다. 아버지께서는 목회할 사람으로 이 정도면 됐지, 동료 학생들의 굶주림을 보고도 도와주지 못하면서 무슨 목회자의 자격이 있겠느냐는 생각이셨을 것이다. 신앙적 결단으로 사유재산을 드려 저들을 도왔을 것이라고 생각해보았을 때, 참으로 훌륭하신 아버지셨다.

목회현장으로

1948년 7월, 아버지는 신학을 마치시고 첫 목장으로 전주시 동산동 동산교회 초대 교역자(강도사)로 부임하신다. 동산교회는 일본 신사당터로 역시 아버지가 관청에 가셔서 특별히 임대차 계약을 받아 개량하여 세운 교회였다.

그 즈음 본교회인 난산교회에서는 이상한 기류가 일기 시작한다. 당회가 결의하고 제직회가 이를 만장일치로 받아들여서 아버지를 본교회 교역자로 청빙한다는 것이었다. 아버지는 절대 반대셨다. 그럴 수 밖에 없는 이유는, 그 때 난산교회에는 담임 목사로 최의종 목사가 엄연히 시무하고 있었기 때문이었다. 최 목사는 당시 김제노회의 지도급 목사였다. 교회가 이 상황에 이르자 최의종 목사는 김제노회 죽산교회로 떠나게 되었고, 난산교회는 1949년 4월 첫주일 공동의회로 모여 "이노수 강도사를 목사 안수 후 담임목사로 청빙한다는 청빙 청원의 건"이란 제목의 청빙 청원을 노회에 하게 된다. 그러나 아버지는 소위 괘씸죄에 걸려 노회에서 "목사 안수는 1년간 보류"라는 결정을 받게 된다. 그렇지만, 강도사로서의 시무는 허락받았다.

이렇게 해서 아버지는 34세에 당신이 나서 자라며 섬기던 교회에

1949년 4월에 부임하게 된다. 그런데 무엇이 하나님의 뜻이었을까? 이럴 땐 어떻게 받아들임이 옳을까? 부임하신 지 불과 4개월 만인 8월의 어느 주일날, 아버지는 강단에서 설교하시던 중 정신을 잃고 쓰러지셨다. 병원으로 모셔서 진찰한 결과 폐결핵 말기라는 사형선고를 받은 것이다. 육신적으로는 절망이었다. 우리 가정은 일시에 무너지는 것 같았다. 교회 당회와 온교회 성도들도 말을 잊지 못했다. 이후 우리는 우리의 모든 것을 다 드려서라도 아버지를 살려보겠다는 일념에서 최선을 다해 보았다. 특별히 첫째 작은 아버지는 모든 일을 제패하고 이에 매달리기도 하였다. 우리 집 농사일을 보던 주상복 씨는 아버지를 찾아와서 눈물을 훔치며 말하기를, '노수씨는 남은 알지 자신은 모르는 자요, 남의 식구는 알되 자신의 식구는 모르는 자' 라면서 신학교에 갔을 때 봤던 장면들을 이야기 하면서, '참으로 우리 노수씨 같은 자가 세상에 또 어디에 있을까' 하면서 매우 안타까워 했다.

그 후 7개월이 흘렀다. 아버지는 이미 이생을 포기하시고 내생을 준비하고 계셨고, 나에 대해서는 퍽 미안해 하신 듯 하다. 병세가 악화되자 아버지는 교회 사택에서 본가로 옮겨 오셨다.

아버지의 소천

1950년 음력 2월 7일 오전 5시 30분, 염원하셨던 목사 안수를 1개월 앞두고, 아버지는 하나님의 부르심을 받으셨다. 그 시간 나 혼자 교회 사택에서 자고 있는데, 누군가 급히 문을 두드렸다. 아버지가 세상을 떠나셨으니 빨리 오라는 것이었다. 집에 가보니 벌써 교회 분들이 와서 예배 중이었다. 예배 후에 하시는 말씀이, 새벽 예배가 막 끝나자 우리 집에서 환하게 빛이 떠 오르더란다. 아아, 이 장로님(아버지)이 세상 떠나시나 보다고 그 분들이 집에 와서 사람들을 깨워서야 아버지 방에 가 보니 막 숨져계시더라고 했다. 아버지 병은 전염성이 강해서 특히 어린 우리들은 아버지 방에는 얼씬도 하지 못하게 했었다. 그렇게 혼자 주무시다가 하나님의 부르심을 받으셨다. 6시 10분쯤 이리(익산)에 사시는 고모가 우시면서 들어오셨다. "우리 노수가 하늘 나라에 갔지?" 말씀인 즉, 새벽녘에 꿈을 꾸는데, 아버지가 옅은 재색의 한복을 입고 나타나서 "누님, 나 하늘나라로 가요, 누님도 예수 믿고 하늘나라에서 만나요" 하시면서 손을 흔들며 환하게 웃으시면서 하늘로 올라 가시더란다. 그래서 바로 일어나 우리 집으로 오셨다고 하셨다. 고모의 말씀을 듣고, 우리 가족에게도 교인들에게도 큰 위로가 되었다.

장례식이 있기까지 그렇게도 많은 조문객이 찾아올 줄은 미처 몰랐다. 본교회를 비롯한 원근 각처에서 많은 분들이 찾아와 위로해 주셨다. 미처 연락을 받지 못해 조문을 오지 못한 분들은 장례식이 모두 끝난 뒤에도 계속 찾아 주셨다.

장례식은 김제노회장과 난산초등학교장 공동 장례식으로 치르기로 하였다. 주례를 맡은 김응규 목사님은 성경 딤후4:7~8절을 봉독하고 "의의 면류관"이라는 제목으로 "이 장로님은 젊은 장로로서 우리 보수 신학 수호를 위해 많은 일을 하셨다"고 말씀하시고, "강도사로서 목사 안수를 한 달 남겨놓고 떠나게 되어 안타깝지만, 분명히 하늘나라에서 의의 면류관의 주인공이 되었을 것"이라고 말씀하셨다. 신학교 동창생을 대표한 최석홍 목사님은 조사에서 "주의 일을 많이 하셨는데, 이제는 천국에서 편히 쉬시라"고 하셨다.

발인식을 마치고 난산초등학교에 도착하니 이사장, 학교장 및 교사들, 학생들, 지역 유지 등 많은 사람들이 기다리고 있었다. 학교장이 학교를 대표하여 또한 이사장이 지역 주민을 대표하여 조사를 낭독했다. 이사장은 조사를 통하여 "우리학교 구석구석 어느 곳 어느 모퉁이 하나 이 장로님의 손끝이 닿지 않을 곳이 없다"면서, "모다 더 많을 일을 해 수실 줄 믿었는데, 이렇게 짧은 생을 사시고 떠나시니 몹시 아쉬운 마음"이라고 했다.

이렇게 장례식을 마치고 아버지의 유해는 김제군 백구면 학동리 선영에 안장되었다. 아버지가 즐겨 읽으셨던 성경 구절은 "우리 중에 누구든지 자기를 위하여 사는 자가 없고 자기를 위하여 죽는 자도 없도다 우리가 살아도 주를 위하여 살고 죽어도 주를 위하여 죽나니 그러므로 사나 죽으나 우리가 주의 것이로다"(롬 14:7~8) 이었고, 아버지가 즐겨 부르시던 찬송은 88장 "내 진정 사모하는 친구가 되시는 구주 예수님은 아름다워라" 이었다.

PART 3

군생활과
파탄된 가정

고난 당한 것이 내게 유익이라 이로 말미암아 내가 주의 율례들을 배우게

되었나이다 (시119:71)

나는 1954년 11월 만 20세가 되던 해에 1차 군 입영 영장을 받고 입영하였으나 폐결핵 환자로 진단되어 귀향 명령을 받았다. 2년여 기간 치료를 받고 재차 입영 영장을 받고서 군에 입대한 것이 1956년 11월 13일이었다.

어머니와 동생들 네 식구(당시 할머니는 둘째 작은집에 계셨고, 여동생은 결혼했었다)는 내가 함께 생활할 때는 빚도 있었지만 그런 대로 생활을 할 수는 있었다. 그러나 내가 군에 입대하게 된 후 어머니 홀로 이자까지 감당하면서 가정을 꾸려 나가시기에는 힘겨웠을 것이다.

입대하던 날, 백구면사무소에서 김제군청으로 또 전주 병무청에 집결하여 전주역에서 기차로 논산 제2훈련소로 떠나게 되었다. 어머니와 헤어질 때 나는 어머니 손을 꼭 붙잡고, "어머니, 우리의 마지막 고비입니다. 이 때만 잘 넘기시면 됩니다." 하고 말씀드렸더니, 어머니께서는 "염려하지 말아라, 나도 잘 견디며 기다릴 테니…" 하셨다. 기차가 출발하는데, 멀리서 보니 어머니가 몇 분의 다른 어머니들 틈에서 나를 바라보고 있는 모습이 보였다. 잘 다녀오겠다고, 어머니도 걱정마시라는 뜻으로 손짓을 하며 나 역시 어머니를 바라보고 있는데, 한없이 슬픔이 복받쳐 왔다.

훈련소에 입소하여 신체검사를 마쳤다. 갑종 합격. 군번은 10146606. 비로소 당당한 육군이 되니, 내 나이 만 22세 때였다. 2년전 폐결핵 진단으로 귀향 조치 되었다가 다시 입대하게 되니, 이 때 나는 다시 건강을 주신 하나님께 감사드렸다. 부대 배속은 제28연대, 직책은 교육계 조수를 맡았고 숙소는 본부석 바로 옆 작은 내무반이었다. 주일이면 교육계에서 기독교 신자를 파악하고 교회로 인솔하게 되어 있었는데, 바로 내가 할 일이어서 좋았다. 교회엔 군종사병이 있었지만, 내가 오르간도 연주하고 찬송인도도 하였다. 어느 때는 군목이 서울에 간다고 나에게 설교를 맡기기도 하여 훈련병인 내가 설교를 한 날도 있었는데, 장교들도 예배에 참석하여 은혜 받았다고 얘기해 주기도 하였다.

어느 날, 아침에 교육장에 가는데, "은익아" 하며 나를 부르는 소리가 들렸다. 얼굴을 돌려보니, 최재영(목사, 초등학교 동창)이었다. 어머니가 면회를 오셨다고 했다. 어머니와 동생 영자가 어린 조카 선화를 업고 면회를 와서 하루를 즐겁게 보냈다.

이렇게 신병훈련소의 8주간의 훈련을 마친 후, 이등병의 계급장을 달고 광수 포병학교에 입교하게 되었다. 포병학교에 입교하니 훈련소의 規律과는 전혀 날랐다. 너무나 엄격하였다. 첫 째는 걸음걸이부터

각을 재서 방향을 바꿔야 했고, 그 다음은 가슴을 펴야 하는데, 그러기 위해서는 엄지 손가락 만한 나무 토막을 깎아서 등허리 양쪽 뼈 사이에 넣고 그것이 떨어지지 않도록 하라는 것이었다. 폭탄을 다루기 때문에 규율이 엄할 수 밖에 없다고 했다. 나는 이곳에서도 군인교회 생활을 열심히 감당했다. 주일 외출은 자유로웠다. 주일 날 광주중앙교회 정규오 목사님을 만나 내가 이노수 장로의 아들이라고 인사하니 반갑게 맞아주셨다. 나는 정규오 목사님께 포병학교에서 8주간 훈련 중인데, 군종 사병이 제대한다고 하니 할 수 있으면 내가 그 일을 했으면 좋겠다는 말씀을 드렸었다. 다음 주일 군인교회에 나갔더니 나를 특별히 찾으시고 신상명세서를 쓰게 하시더니 기도 많이 하라고 말씀하셨다. 사실 나는 이곳에서 군종사병으로 근무할 수 있게 된다면 광주신학교 야간에 재학할 수 있을 것 같아서 좋은 기회라 생각했었다. 그러나 그것은 나의 꿈으로 끝나고 말았다. 우리는 육군본부의 특명으로 전원 의정부 어느 보충부대로 발령을 받게 되었다. 교육을 마친 후 군인교회 군목과의 작별인사를 마치고 트럭에 몸을 실었다. 목사님은 많이 섭섭해 하셨다.

송정리 역에서 기차에 몸을 실은 나는 다음날 아침 7시가 되서야 의정부 보충부대에 도착했다. 간단한 점호를 마친 다음 아침 식사를 했고, 다시 하루가 지난 후 이제는 제대할 때까지 근무하게 될 부대에 배치되는 과정이었다. 육군본부 관할 사단 포병 사령부의 각 부대에서 기관병들이 수십 대의 트럭을 몰고 연병장으로 속속 들어오고 있었다. 소집 나팔 소리가 들리자 2,000여명의 신병들이 연병장에 모였다. 나도 그 중 하나다. 한 중위가 우리 대열 앞에 서더니, "귀관들, 그대들은 오늘부터 육군 제28사단 포병 사령부에 발령되었다."고 하였다. 우리 부대에 배속되는 신병은 200여명으로 트럭 10대에 나누어 타고 어느 곳인지 비포장 도로로 한 시간쯤 달려서 부대에 도착했다. 조금 있으니 소령과 중위 두 사람이 오더니 "이은익이 누구냐?"며 나를 찾았다. 나는 무슨 영문인지 몰라 멍하니 바라보았다. 신상 명세서의 사진과 대조해 보더니, "너 IQ가 몇이야?" 했다. 그 때서야 무슨 영문인지 알 수 있었다. 입대 후 제2 훈련소에서 우리는 IQ 검사를 받았었는데, 그 때 내 IQ가 144가 나온 것이었다. 나는 그 날부터 사령부 작전과로 발령이 되었고, 제대하는 날까지 그 자리에서 근무하다가 군생활을 마치게 되었다.

작전과에서 근무하던 군생활

나는 일선 군 생활 속에서도 교회 봉사 활동은 나의 소명으로 알고 감당하였다. 의정부 지방에서 얼마 후에 철원군 대광리 지역으로 이동하였을 때, 대광중앙교회를 설립하고 그 교회를 설립하면서 야간중학과정의 성경구락부를 만들어 운영하면서 많은 학생을 모아 가르치기도 했었다. 어느 주일 오후에 이 교회에 나가서 기도하고 있는데, 누군가 내 뒤에서 열심히 기도하는 군인이 있었다. 뒤돌아보니, 아, 이럴 수가 있는가, 그 군인은 바로 나의 둘도 없는 고등학교 친구 이태환(목사)이었다. 뜻밖에 여기서 만날 줄이야…… 나는 28사단, 그는 25사단, 바로 길 하나 사이에 두고 양편에서 근무하고 있었던 것이다. 얼마나 반가웠는지 모른다. 후에 그와 나는 고등학교 때 기도하면서 약속한 대로 목사가 되었다.

부대 배속 받고 4개월이 지난 후 고향에서 소식이 왔다. 내가 군대에 간 이후에 가정적으로 큰 변화가 있었다는 것이다. 온 식구가 도저히 살 길이 없어서, 할머니는 둘째 작은 댁에서 모셔갔고 막내 동생은 결혼한 영자 동생이 데려갔지만, 둘째 동생이 아직 결정이 안돼서 아마도 작은 댁이든 어디든 가서 농사일을 도와주며 살면 되지 않겠느냐는 것이었다. 그리고 어머니는 며칠 전 전주 이모의 소개로 서울 어떤 목사님 댁의 가정부로 가셨다는 소식이었다. 내가 초두에 기록한 대로 아버지께서 돌아가신 후 집과 논과 밭은 빚으로 모두

처분했었기 때문이었다.

앞이 캄캄하였다. 예측한 일이지만, 막상 당하고 나니 한숨이 절로 쉬어지는 대목이었다. 15일간의 휴가를 받고 고향가는 길에 먼저 서울 어머니가 계시는 곳을 찾았다. 뜻밖에 아들을 만난 어머니는 내 손을 붙잡고 뜨거운 눈물을 흘리시며 말씀하셨다. "차라리 모르는 집으로 가서 있도록 하는 것이 좋겠다"는 것이었다. 그 목사님은 아버지를 잘 아시는 김○○ 목사님이신데, 어머니를 종보다도 못하게 취급하셨다는 것이다. 나는 바로 전주 이모 집에 가서 이 사정을 말씀 드렸다. 부대에 귀대한 후 다시 소식이 왔을 때, 전주 덕진에 있는 육군병원 취사장에서 환자들 식사를 담당하는 취사병들을 지도하는 자리로 옮겨드렸다는 소식이었다. 그러나, 그 때 그 서울 생활에서 어머니가 받았을 상처를 생각하면 나는 지금도 눈가가 촉촉해진다.

시간이 흘러 내가 군생활에서 고참이 되자, 작전 행정도 이젠 내 손으로 움직이게 되었고, 또 내게 II급 비밀인가가 되어 내 손길이 더욱 바빠졌다. 우리 부대의 모든 작전 계획이 내

휴가 나왔을 때 최근팔 목사님과 함께

손으로 작성이 되고, 교육계획이나 정훈계획도 역시 내가 다 관여하게 되었으니 내 아래 조수가 4인이 배속되기도 하였다. CPX 계획, 행군 계획 등도 내 몫이었다.

또한 이 때 나는 나의 복무기간이 1년이 남아 있으니, 이 기회에 주의 일을 할 수 있는 일이 무엇일까를 생각하고 있었다. 군종사병을 오라 해서 의논한 적이 있었다. 그는 두 말 없이 요즘 예하부대 주번 하사들이 협조해 주지 않는다고 했다. 다음 주일 나는 예하부대 작전과 작전 담당 병장들에게 부탁해서 자세한 사항을 설명하고 특별히 신자들을 조사해서 그 명단을 보고하도록 했고, 그들을 주번 사병에게 명해서 교회에 보내도록 조치했다. 효과가 나타났다. 교회에 사병들이 가득했다. 특이한 것은 ST[1]병이 많았다.

이 일이 계기가 되어 나는 그 때부터 이들과 특별한 인연을 갖게 되었고, 그들에게 갖가지 애로 사항을 듣고 해결해 주곤 하였다. 그들이 원하는 것은 주로 주일날 교회에 나올 수 있게 해 달라는 것이었다. 예하부대 작전과를 통하여 부대에 특별한 일이 없는 한 교회에 나올 수 있도록 배려해 주었다. 예배를 마치면 그들과의 대화를 위하여 간단한 다과를 준비하기도 했다. 보급과에 부탁하여 건빵을 몇 봉지씩 받아놓기도 했었다. 별 거 아닌 것 같지만, 그 당시

---

(1) ST는 학도병으로, 당시 대학 재학생은 특별법에 의해서 6개월만 군복무를 하고 제대하는 특례로 입대하였다. 그래서 군생활 동안 다른 사병들로부터 많은 고난을 받기도 했다.

이것들은 그들에게 좋은 선물이 되었다.

이 밖에 특별히 활동한 내용 중 기억나는 몇 가지를 기록해 보자면, 아래와 같은 내용들이 있다.

   (1) 제2훈련소 신병 시절 기독교방송국 좌담회 출연

   (2) 광주포병학교 수료시 종합시험에서 종합 1위

   (3) 군생활 중 문학작품 공모전에 출품하여 3번 입선

      – 육군신문에 보도

- 어머니 날의 수필 : "오늘은 어머니 날입니다."
- 제대할 날을 앞두고 : "유니폼 벗을 때"
- 꽁트 : "언덕 위의 백합"

(4) 군생활 중 부대장의 모든 연설문, 주례사 등을 모두 나에게 부탁하여 작성해 주었으며, 군인교회 군목 대리 역할을 하면서 군목 결원시 설교도 하였다.

(5) 대광중앙교회에 성경구락부를 조직하고 학생들을 모아 중학교 과정의 교육을 하였다.

(6) 본부포대장 박OO 대위가 있었다. 안식교인이었다. 내가 기독교인이요, 당시 군인교회에서 중요멤버로 활동하는 줄 알고

자주 내게 찾아오곤 했었다. 토요일 오후나 주번사령관이면 어김없이 저녁 시간 대에 찾아와 신앙적인 문제, 성경적인 문제, 교리적인 문제 등 질문도 하고 배우기도 하며 친근해진 편이었다. 그러던 중 은연 중에 나를 존경하는 마음이 있었던 것 같다. 어느 날부터 나를 '이 선생님'이라고 부르기까지 했으니까…

내가 복무하고 있던 동안은 본부포대 내에는 단 한 번도 연대 단체 기합이 없었다. 그런데, 내가 휴가 중에 큰 기합이 있었다고 했다. 그 단체 기합의 이유는 총기분실사고였다. 그런데, 그 총기분실사고는 내가 휴가 가기 전에 일어난 일이었음에도 그 때는 일부러 단체 기합을 주지 않았을 것이라는 것이다. 바로 이상병(나) 때문이란다. 내가 휴가 떠나기를 기다렸다가 연대 단체 기합을 주었다고 생각할 정도로 포대장은 나를 아껴주었으니, 나는 예수님의 이름 그 은혜를 많이 힘입고 살아온 사람이었다.

(7) 어느 토요일 저녁에 노크 소리에 문을 열어보니, 한 중위가 들어와서 나에게 경례를 하였다. 그 때 병장이었던 나는 당황하였다. 사단 마크를 보니, 이웃 25사단의 장교였다. 그는 기독교 신자로서, 그의 부인은 대광중앙교회의 충성된 집사였다. 제대 며칠 전인지라 자신의 부인이 나에게 식사 한 번 대접하고 싶어 한다는 것이었다. 떠나기 전 초대하겠다고 하여 다음 날 저녁 친구와 함께 가서 잘 대접 받고 왔던 일이 있는데, 정말 잊지 못할 일 중의 하나다.

(8) 이렇게 나는 군 임기를 마치고 제대하는 날 군인교회에서 송별예배를 드릴 때, 특별히 학도병들의 눈물을 잊을 수가 없다.

목회자의 분복

이 밖에도 군대에 있는 동안 일개 사병에 불과함에도 군가보급강사로, 군정훈강사, 상담강사, 어느 때는 군목을 대리한 설교자로, 심지어 나팔수가 휴가 중에는 이를 대행하는 역할까지 다 감당하면서 3년의 군 생활을 마치게 되었다.

이렇게 나의 군생활은 참으로 보람되게 보낸 내 일생의 한 토막이었다. 그러나 이는 모두, 일개 미미한 존재에 불과한 나이지만 어디를 가든지 존귀함을 받고 한 생을 살게 하신 하나님의 그 크신 은혜임을 나는 고백하지 않을 수 없다.

나는 1959년 11월 19일자로 명예롭고 보람되게 만기 제대하여 사회로 돌아왔다.

무에서 시작한 제 2의 인생

여호와는 나의 목자시니 내게 부족함이 없으리로다 그가 나를 푸른 풀밭에
누이시며 쉴 만한 물가로 인도하시는도다 내 영혼을 소생시키시고 자기
이름을 위하여 의의 길로 인도하시는도다 (시23:1~3)

군에서 제대하고 고향에 돌아왔으나 갈 곳이 없었다. 잠시 작은댁에 머물면서 무엇을 어떻게 계획하고 나아갈 것인지 생각해 보았지만 엄두조차 나질 않았다. 당시 영상교회 최근팔 목사님이 오라 하셨다. "이집사의 갈 길은 아버지의 뒤를 이어야 할 길이니, 기도하고 준비하라."고 하셨다. 그러나 나는 교역자 되기를 주저했다. 너무너무 고달픈 나의 과거가 있었기 때문이었으리라.

그러자 마침 공무원 모집공고가 있다는 소식을 전해주는 사람이 있었다. 탐문해 본 즉 자격은 대졸이며 고졸은 1차 시험에 합격 한 후 2차 시험을 치르도록 되어 있었다. 모든 서류를 갖추어 제출하고 시험에 응시한 결과 다행히 1차 시험에 합격했다. 그러나 2차 시험에서 낙방하고 말았다.

겨울이 가고 2월까지 3개월 동안 방황하게 될 때의 심정, 이런 심정을 속된 말로 한다면 미칠 것만 같다고 하는 것일까. 그 동안 목사님은 물론 장로님과 권사님, 집사님들과 심지어 초등학교 교사로 우리 동네에서 자취하고 있는 분들까지도 나를 초대하여 식사를 대접해 주셨지만 조금도 위로가 되지 않았다.

그러던 3월 첫 주일 예배를 마치고 최 목사님이 저녁을 같이 하자고 청하셨다. 식사 후에 하시는 말씀이, "내일 아침에 나와 함께 갈 곳이 있으니 준비하고 교회로 나오라.”고 하신다. 그렇게 해서 나는 1960년 3월 어느 날, 김제고등성경학교 제3학년에 편입하여 목회자의 길로 새 출발을 하게 되었다. 너무나 급작스러웠다. 단돈 1원 하나 없는 무일푼의 새출발이었다. 본 교회에서 입학금과 등록금으로 2,000원+2,000원=4,000원을 지원해 주었고, 매월 기숙사비 쌀 2말과 약간의 생활비는 김제중앙교회에서 충당해 주기로 하고 나에게 주일학교에서 봉사하고 찬양대 지휘자로 임명하기로 하였다고 한다. 최 목사님은 나에게 공부할 수 있는 학용품과 생활용품 등을 사 주시고 용돈까지 챙겨주시면서 말씀으로는 여전도회에서 마련해 주신 거라고 하셨지만, 실제로는 최 목사님 개인이 마련해 주신 것이었다. 당시에는 고등성경학교를 졸업해야만 전도사가 될 수 있었기 때문이었다.

3학년 1학기 개학일이 되었다. 3학년 전체 7명 중 재학생이 4명이요, 나와 같이 고등학교를 졸업하고 편입한 학생이 3명이었다. 나는 교장 박영로 목사님으로부터 기숙사 사감으로 임명받아 사감실에 거처하며 학생이면서 학생들을 지도하는 신분이 되었다. 그리고 김제중앙교회에 부임하여 첫 주일 예배에 참석했다. 찬양대에서 인사하고 첫 번째 찬양 준비에 임했다. 그 당시에는 피스곡이 별로 없고, 대부분 찬송가에서 찬양곡을 선택하는데 그들에게 곡을 택하라

하였다. 261장을 택했다. 그들은 비교적 겸손한 분들로 시골에서 찾아온 볼품없는 사람인데도 나의 지휘에 잘 따라 주었다. 주일학교 교사들도 좋았다. 대학 졸업자도, 재학생들도 잘 협조해 주었다.

당시의 여러 특수 사업 중 특별히 주일학교 확장사업이 기억에 남는다. 지역에서 전도하여 주일학교 학생들을 모아 동화도 들려주고 동요와 찬양도 부르며 주일학교를 확장하기 위해 주력하였는데, 주일학교 학생이 가득 모여 대성황을 이루게 되었다. 여름 행사를 마치면 주교 교사와 찬양대원 연합으로 야외 소풍을 가곤 했는데, 전체 교사와 대원들이 다 참석하여 매우 큰 행사가 되었다. 나는 이들과 함께 침목을 도모하여 많은 것을 배웠다. 열정을 배웠고 친절과 사랑을 배웠다. 겸손을 배웠고 협동심을 배웠다.

나는 또 한 구역을 담당하고 구역예배를 인도하기도 했다. 그 안에서 성경을 배우고자 하며, 은혜를 사모하는 모습을 찾을 수 있었다. 목회에 자신이 없었던 나는 무에서 제2의 인생을 시작하는 첫 걸음인데, 너무너무 큰 용기를 얻게 해준 곳이 바로 김제중앙교회요, 김제고등성경학교가 아닌가 생각한다. 물론 그 원천은 나의 교향, 나의 모교회인 영상교회요, 나의 신앙의 아버지 격인 최근팔 목사님이시다.

이렇게 새 출발을 하게 된 나는 1960년 11월 25일 김제노회 고시부의 전도사고시를 거쳐 정식 전도사로 인허를 받고 김제노회 여전도연합회(회장 김은례 권사)의 파송을 받아 김제시 봉남면 도장교회에 부임하게 되니, 이것이 나의 첫 사역의 시작이요, 목회의 시작이었다.

김제중앙교회에서의 불과 9개월간의 짧은 시간이었지만, 지도자로서가 아니라 오히려 피지도자로서 내가 더 많은 것을 배운 것 같다. 박영로 목사님을 비롯한 모든 장로님 그리고 주교 교사, 찬양대원들 그들의 따뜻한 사랑에 진심으로 감사한다.

나는 도장리 교회에 11월 끝 주에 부임하여 초가 5칸 되는 예배당 옆에 달린 방 한 칸 주택에서 홀로 잠자고 있는데, 동네 깡패들의 습격을 받았다. "전도사 나와라!" 소리치며 발길로 문을 차고 난동을 부리는 것이 아닌가. 일어나 무릎을 꿇고 엎드려 기도드릴 수 밖에 없었다. 30여 분간 난동을 부리더니 사라졌다. 다음 날, 낮 예배시간에 장년 교인 남 3명, 여 4명, 모두 7명이 모여 예배를 드렸다.

하나님은 이렇게 새 인생 새 사역의 출발도 고난 속에서 시작하게 하셨다. 어제 저녁에 있었던 일들을 집사님들에게 이야기 했더니, 전임 교역자(남상열 전도사)가 부임하자, 소도둑놈 같은 전도사가 어디서 왔느냐고, "나와라, 죽이겠다." 며 매일 같이 문을 발길로 차고 소란을 피워서 두 달을 못 견디고 떠났다고 했다. 나는 다음 날 여전도회 연합회 회장에게 이 사실을 말씀 드렸다. 회장님 말씀이 더 인상적이다. 교회가 깡패들로 인해서 너무 어렵기에 힘이 세다고 하는 남상열 전도사님을 파송했었는데 오히려 더 견디지 못하고 쉽게 철수 했다는 것이다. 그래서 교회를 포기하려던 차에 이전도사님을 보고 한 번 더 파송해 보자고 결의한 것이니, 기도하시면서 잘 맡아 주시라고 하신다. 그 말씀을 듣고 나는 감당하기로 하였다.

다음 날, 나는 동네 이장의 집을 찾았다. 마침 네 분의 어른들이 함께 있었다. "내가 금번 이 교회에 새로 부임한 전도사 이은익" 이라고 인사하고, 그 동안 교회에 어려웠던 일들과 내가 첫날 겪었던 일들을 말씀드리고 "어르신들, 이런 일들이 도장리교회에서 일어나고 있음을 아십니까?" 라고 물었더니, 묵묵부답이었다. 한참 동안 침묵이 흘렀다. 그 중 한 어른이 대답한다.

"전도사님, 미안합니다. 부끄럽습니다. 전도사님 같은 점잖으신 분이 이곳에 와서 수고하시는데, 협력해 드리지 못해서 정말 미안합니다."

"그러시다면 좋습니다. 앞으로 협조해 주시겠습니까? 그렇게 해 주신다면 저도 힘써서 이곳 복음화를 위해서 함께 하고, 그러지 못하시겠다면 저 쪽 새 동네로 옮겨가겠습니다.”

옮긴다는 말이 나오자 네 어른 모두가 깜짝 놀라면서 옮기지는 말아달라고 하며 절대 협력하겠다고 다짐했다. 이렇게 해서 나는 어떤 어려움이 있더라도 이곳에 묻혀 열심히 내 사명을 감당하기로 하였다.

그 후부터 조금은 형편이 나아진 것 같았다. 동네 이장이랑 어른들이 가끔은 교회를 들여다 보기도 하셨다. 이전에는 전도사가 찬송 성경 옆에 끼고 동네 거리로 심방하노라면, 동네 청년 서넛이 길을 막고 섰다가, 전도사가 길을 뚫고 지나가면 전도사가 사람을 친다고 시비를 걸고 싸움을 하려 하였다고 한다. 심지어 동네 애들까지도 팔뚝을 치켜세우며, “전도사야, 이 놈 먹어라.” 하며 욕하고 소리치며 놀려댔지만, 어른 누구 하나 꾸짖는 일이 없었다고 한다. 그런데 이제는 좀 달라진 듯 싶다.

그 후, 나는 전주에 계시는 어머님을 모셔왔다. 군인 병원 사무장이 상사에게 명하여 군 트럭에 살림 도구 일부를 싣고 모시고 왔다. 실로 4년 만이었다. 너무나 감격스러운 순간이었다. 그 때의 생활비로는 여전도 연합회에서 백미 7말, 켐퍼슨 선교부에서 미화 15불, 그리고 교회에서는 청년들이 하모(땔감)을 마련해 주는 정도였다. 나는 어머니와 다시 만나던 날 밤, 어머니께 세 가지 질문을 드렸다.

첫째! "아버지 많이 원망하셨지요?"

"아니다, 절대로 원망하지 않았다." 하시고 "너는 지금도 원망하고 있느냐?"고 나에게 되물으셨다.

"아니요. 지금은 원망하지 않습니다."

"절대로 원망해서는 안 되지, 네 아버지가 얼마나 훌륭하게 사셨는데…"
어머니는 그래도 아버지를 감싸신다.

둘째! "4년 동안 힘드시지 않으셨어요?"

"조금은 힘들었지만, 아들같이 생각하고 사랑하니까 재미도 있었단다. 군대에 가 있는 너를 많이 생각했지."

셋째! "이 못난 아들 때문에 마음 고생 많으셨지요?"

"아니다. 처음엔 네가 그 고생 다 하면서 고등학교 마치고도 목사 되기를 피하기에 걱정을 많이 했었지만, 지금은 이렇게 목회자의 길로 가고 있으니 감사할 것뿐이다."

지난 날에 나는 어머니가 보는 앞에서 아버지의 신학교 졸업 사진을 벽에서 끌어내려 찢어 버린 일이 있었다. 아버지가 돌아가신 후 빚 때문에 논을 팔았었는데, 재산을 쉽게 없앴다고 작은댁들과 심한 다툼이 있었던 것 같다. 작은아버지들도 아버지 병 치료를 위해 많은 수고를 하신 분들이었다. 그때 나는 아버지가 너무 원망스러웠었다.

그 때 일이 생각났다.

"어머니, 그때 일로 얼마나 섭섭하셨어요. 정말 잘못했습니다."

어머니는 눈물을 흘리셨다. 감격의 눈물이요, 감사의 눈물이요, 사랑의 눈물이셨을 것이리라. 나도 역시 눈에서 뜨거운 눈물이 흐르고 있음을 깨닫게 되었다.

이렇게 어머니와 아들, 아들과 어머니는 하나님께서 예정하신 그의 기쁘신 뜻이 무엇인지 마음 속에 깊이 깨닫고 있었다. 이제는 달려갈 길을 힘차게 달려가면 된다. 아직도 갈 길은 멀었으나, 나는 어머니를 모시고 이렇게 처음 목회자의 길을 출발하게 된 것이다. 그래도 어머니는 매우 만족해 하셨다.

그리고 나에게는 아직 학업이 남아 있었다. 남은 학기 마치기까지 열심히 공부에 임해야 한다고 생각했다. 3학년에 편입한 3명은 이형재 군(후에 목사가 됨), 김우중 군(장로), 그리고 나 이렇게 세 사람이었는데, 그들은 젊고 아직은 시무하지 않은 사람들이었다. 나는 그들과 경쟁중이었고, 반드시 1등을 해야만 했었다.

그런데 노회에서 특명이 내려졌다. 전도사가 된 학생은 의무적으로

월 성경학교(노회가 겨울방학 동안 운영하는 성경학원) 3소를 이수하라는 것이었다. 나는 바쁜 일이 있었음에도, 성경학교에 입소해서 성경공부를 하고 있었는데 또 나를 본부에서 호출했다. 사무를 맡으라는 특명이었다. 성경 배우랴, 500여명 학원생들의 사무 정리하랴, 교회사역하랴, 고등성경학교 졸업시험 준비하랴, 월 성경학교 성경공부에, 또 시험준비 등, 몸은 하나인데 무려 다섯 가지 일을 감당해야 하는 실로 분망한 한때를 살아야 했다. 그래도 하나님의 은혜로 월성경학원 500여명 전체에서 1등의 영광을 차지하였고, 고등성경학교 1등의 졸업생이 되었다.

이렇게 나는 1961년 2월에 김제고등 성경학교를 졸업하였고, 전도사로서 목회의 첫 발을 내딛게 되니, 이제 내 목표에 한 걸음을 나아간 셈이 되었다.

어머니와 함께

김제시 봉남면 도장리라는 곳은 민가가 약 200호 쯤 되는 비교적 큰 동네로 교회가 잘될 만한 지역이었다. 그러나 그 당시에는 동네가 원래 좌익 사상이 심했던 곳이었고, 깡패가 많아 자주 폭력 사건이 일어났던 곳이었다. 버스 유리창이 파손되는 일은 예사요, 지나가는 젊은이들까지도 때때로 폭행당하던 곳이라고 한다. 이런 곳에 김제 노회 여전도 연합회에서 십 수 년 전에 큰 초가집을 매입하여 교회를 세우고, 그 동안 여러 번 교역자를 파송했으나 실패하고, 교회를 폐쇄하려다가 나를 전도사로 청빙하여 파송한 것이다. 나도 몇 개월 동안 체류하면서 수차례 습격과 수모를 당하고 지금까지 견디어 오고 있는 터에 앞으로 또 어떤 일이 있을지는 미지수였다.

얼마 후 나의 사촌동생(문익)이 김제에 왔다가, 잠깐 다녀가려고 동네에 들어오는데, 이발소에서 청년 두 명이 나와 "야, 이 새끼야. 여기가 어디인데 고개를 뻣뻣하게 들고 지나가는 거야. 고개 숙여!" 하더란다. 그 후 그 동생은

고등성경학교 졸업

광주에서 주먹으로 유명한 조폭 두목격인 친구를 데리고 왔다. 석양녘에 바로 동네 앞산에 올라가 윗옷을 벗어놓고 둘이서 권투하는 모습을 하고 있었다고 한다. 7~8명의 동네 청년들이 몽둥이를 들고 오더란다. 그런데, 광주의 그 친구의 얼굴이 너무나 험상궂게 생겼기에 감히 대항하지 못하더란다. 그 친구가 험상궂은 손목으로 소나무를 치니, 소나무 껍질이 벗겨지더라고 했다. 그러면서 "이 놈들, 우리 형님이 이 교회 전도사님인데 니들이 많이 괴롭힌다면서?! 다시 한 번만 괴롭히면 내가 광주에서 내 부하 한 트럭을 몰고 와서 이 동네를 쑥대밭으로 만들 것이다. 그리 알아!" 하고 한마디 하니까 입을 딱 벌리고 달아나더란다.

그 후부터 불량했던 그들의 소행이 진정되었던 것 같다. 물론 그렇다고 완전하게 사라진 것은 아니었지만, 그 후에 나는 이들을 교회에 이끌기로 다짐하고 열심히 전도하였다. 그 때 그 동네는 김제 금성여중(미션계통) 학생들이 많았다. 우선 그들을 모아 교회로 이끌고 그들 부모들을 접촉했다. 그러면서 청년들도 부지런히 사귀었다. 주일이면 김제중앙교회 교사들이 가끔씩 찾아와 주일학교도 도와주었고, 토요일 오후엔 최기철 집사(목사), 김의중 선생(장로), 문용언 집사(장로), 최군자 선생 등 다수가 찾아와 함께 축호 전도도 하며 도와 주셨다. 그리고 고등성경학교 학생들도 가끔씩 찾아와서 봉사해 주었기에 70여명이 모이는 교회로 성장하게 된 것이다. 또, 나의 동생 명익이가 함께 며칠씩 살면서 이찬주군 등 청년들과 사귀며 청년전도에도 많은 도움을 주었다.

예배당 건축을 위해 벽돌 찍기가 시작되었다. 이때, 동네 청년들이 많이 나와서 도와주었다. 참으로 기적 같은 일이라 생각한다. 물론, 그 후에 군에 갔다 제대하고 돌아온 사람들이 이를 모르고 술에 취해 예배당 창문을 파괴하는 등 난동을 부리다가 경찰에 끌려가는 사건이 두어 차례 있었으나, 비교적 교회는 평화롭게 부흥되어 가고 있었다. 특히, 김제고등성경학교 동기 동창 중의 한 분인 김재석군(후에 서울 성서대학과 총신 신대원을 졸업하고 목사가 되어 목회를 성공적으로 마치고 정년 은퇴하였음) 등의 노고를 이야기하지 아니할 수 없어, 여기에 기록하여 둔다.

나의 목회에 잊을 수 없었던 일들 – 고점진 집사

도장교회에 부임한지 4개월 후 3월의 어느 날로 기억이 된다. 대심방을 하게 되었다. 대 심방이라고 하지만 첫 해 대심방은 반나절이며 끝날 7가정 뿐이었다. 교인들은 모처럼 심방을 받겠다는 심정으로 들떠 있는 것 같았다.

7가정 중 여집사의 가정이 두 가정이었는데, 그 중의 고점진 집사 집에서 식사를 대접한다고 다른 한 여집사도 아침 일찍부터 고집사 집에서 봉사하고 있었다. 두 가정 모두가 가난한 가정들이다. 그런데 젊은 전도사를 잘 대접하겠다고 시장에 가서 전도사님 민물고기 좋아하신다고, 민물고기도 사오고 또 귀한 쌀도 사고 반찬거리를 사서 정성을 다하여 점심을 마련한 것이다.

예배를 드릴 때 전도사인 나도 이들의 가정에 실망이 되지 않도록 기도하는 가운데, 정성을 다해 말씀을 잘 강론하고 마음껏 축복해 주었다. 이제 점심상이 들어오는 것이다. 엄청난 대가였다. 밥상에는 반찬거리가 열 두 가지나 되는데, 수북이 쌓여 있었다. 물론 민물고기는 숫자에 넣지도 아니하고서다. 그러나 그보다 더 엄청난 것은, 밥그릇과 그 밥그릇에 담겨진 밥이었다. 이것은 내가 준비하여 증거한 말씀과 축복한 기도의 대가보다 더 엄청난 것 같다. 밥그릇은 옛날 농촌 일군들이 쓰던 지금의 밥공기의 세 배 정도는 되는 듯한 그릇이었는데,

도장리교회 강단

또 그 그릇에 담긴 밥 또한 엄청났다. 그릇 안에 담겨있는 밥 말고도 그 위에 또 한 그릇 정도의 밥이 고봉으로 얹혀 있었다. 밥은 쌀 반 보리 반 섞인 밥이었다. 가난한 가정에서는 먹기 어려운 밥이었다. 또 한 번의 축복 기도를 드렸다.

막 수저 들고 식사를 시작 하려는데, 집사님의 말이 또 한 번 엄청나다. "전도사님 맛있게 다 잡수세요. 만일 조금이라도 남기시면, 가난한 집이라 반찬 없어 남기는 줄 알고 섭섭해 할 것입니다." 라고 한다. 절반쯤 먹게 되니까, 배가 불러 터질 것만 같다. 그래도 억지로 먹고 또 먹었지만, 먹다가 4분의 1쯤 남겨놓고 물을 말아 남은 부분을 먹어 보려고 노력했다. 고 집사도 바로 앞에서 함께 식사를 하면서 만족해하는 모습이었다. 억지로 거의 다 먹을 무렵, 고 집사는 자기의 수저를 입으로 쪽쪽 빨고는 자기가 먹던 밥을 크게 한 숫갈 더 떠서 내 밥그릇에 집어넣고는 질근질근 이겨준다. 더 잡수시라는 것이다. 고집사의 입을 보니 그의 이는 누렇고 드문드문 빠져 있었으며, 숟가락에는 먹던 밥풀들이 그대로 붙어 있었다. 그래도 그 순수한 사랑이 너무 고마워 나는 이 일을 지금까지도 잊지 못한다.

그 후로 나는 부흥회에서 이 일을 간증하고 많은 사람들에게 알렸다. 이 사랑이 내가 받은 첫 사역의 처음 사랑이기에 여기서도 밝혀두고 싶어 기록하는 것이다.

나는 이렇게 교역자로서 처음 사역지에서 1960년 11월 26일 부임하여 1963년 2월 30일 부로 정든 도장교회를 떠나, 총회 신학대학에 입학하게 된다. 친애하는 도장교회여, 주님의 은혜와 사랑으로 충만할지어다!

동역자요 동반자인 아내와의 만남

마음의 염원은 열매가 되어 128

그러나 내게는 우리 주 예수 그리스도의 십자가 외에 결코 자랑할 것이 없으니 그리스도로 말미암아 세상이 나를 대하여 십자가에 못 박히고 내가 또한 세상을 대하여 그러하니라 (갈6:14)

1959년 11월 19일 육군에서 만기 제대한 후 고향에 내려와 잠시 동안 영상교회를 섬기고 있었다. 영상교회(현 번영로 제일교회)는 난산교회에서 분리된 교회로서, 해방 후 조선신학교가 중심이 되어 김재준 교수의 자유주의 신신학의 출현으로 인한 교단의 분열로 기장에서 예수교 장로회 영상교회로 당시 유치원 건물을 인수하고 자연스럽게 분립하여 부흥 발전하고 있었다.

그 해 성탄절 행사를 마치고 연말연시 주일학교 교사 전체 사진 촬영을 한 바 있었다.

그 후 며칠이 지난 어느 날, 본교회 출신 김정애 전도사가 나를 불렀다. 김정애 전도사는 전주한일신학대학교 전신인 한예정 신학교에 재학중이었다. 내용인즉, 우리 신학교에 믿음 좋고 성품 좋은 서귀례라는 학생이 있는데, 그 학생에게 주일학교 교사 전체가 찍은 그 사진을 보여주면서 나를 소개하며 곧 총신에 입학할 것 같다고 하였더니 상당한 관심을 갖는 것 같더라는 것이었다. 그러나, 그 때의 나는 결혼은 생각조차 할 수 없는 형편이어서 듣는 둥 마는 둥 했었다.

이후 나는 김제고등성경학교에 편입하였고 또 김제중앙교회에서 찬양대 지휘자로 봉사하게 되었다. 그러던 중에 그 해 가을 김제노회

영상교회 교사일동(맨 왼편에 성경책을 끼고 서있는 이가 필자)

주교 연합회가 주최하는 교사 찬양대회가 김제중앙교회당에서 열리게 되었는데, 당시 김제중학교 음악교사였던 최창선 선생과 내가 심사를 맡게 되었다. 그런데 공교롭게도 가실교회 서귀례 선생팀이 우승을 하게 되니, 나는 그에게 자연스럽게 관심을 보이게 되었다.

그해 겨울 김제노회 월 성경학교가 개교가 되고, 나는 성경학교 사무를 담당하게 되어 노회 목사님들과 함께 사무실에서 생활하게 되는데, 목사님들이 모이면 자기네 교회 처녀총각들의 중매 이야기로 꽃을 피우곤 하셨다. 그러는 중에, 가실교회 서기선 목사님이 자기교회 좋은

19세의 서귀례 사모

여선생 하나 소개한다면서 이름은 서귀례요, 지금 전주 한예정 신학교에 재학중인데, 한 가지 조건은 꼭 목사가 될 사람이라야 한다고 말씀하셨다. 그 순간 내 귀가 한 번 번쩍 트였다. 어떤 목사님 한 분이 자기교회 장로님 아들 하나 있는데, 서울대 나와 내무부 근무한다면서 한 번 중매해볼까 하자, 우리교회 최근팔 목사님이 나서서 서귀례 선생은 천하 별 사람이 다 말해도 소용없고, 꼭 목사될 사람이어야 한다고 하셨다. 그 때 내 마음 속에는 서귀례라는 그 이름이 영상으로 새겨졌는지도 모른다.

봄이 가고 여름이 왔다. 주교 교사 강습회가 개최되었다. 나는 주교 연합회 부회장이었기에 임원 숙소에 머물게 되었고, 마침 가실교회 여교사들의 숙소는 임원 숙소 안쪽에 있어서 서귀례 선생이 임원 숙소 앞을 지나가게 되어 있었기에 만날 수도 있는 좋은 기회라 생각하며 내심 기대하고 있었다. 그러나 강습회 기간 내내 내게 얼굴 한 번 돌려주지 않고 지나가는 가 하면, 대부분 대화할 분위기를 얻지 못하고 강습회는 끝나고 돌아갔다.

내가 바라는 것은 다른 게 아니었다. 장차 목사의 아내로서의 사명을 감당하겠다는 각오로 신학을 전공하는 여인이기에 서로의 포부를 대화로 열어가며 교재라도 나누면서 사귀어 볼까 하는 마음에서였다. 그 후에 김제시내에서 두어 차례 만났지만, 그의 어머니와 함께 동행하고 있었기에 대화할 수가 있는 형편이 되지 못했다.

그래도 나는 이미 목사가 되기로 결심한 이상 포기할 수가 없었다.

그래서 어느 날, 나는 용기를 내어 나의 의사를 편지로 전달하겠다고 결심하였다. 그런데 내가 서귀례에 대하여 아는 바는, "그는 오직 예수 밖에 모르는 인물" 이라는 것이었다. 그가 이 편지를 받고 행여 전도사라는 사람이 거룩하지 못하고 속되게 연애편지나 쓴다고 비난하면 어쩌나 하고 신중에 신중을 기울여 조심조심 한자한자 써 내려갔다. 우선 서두만 몇 자 소개해 본다.

서귀례 선생님께

그리스도의 이름으로 문안드립니다.

신앙인으로서 이런 편지를 보낸다는 것이 큰 실례인 줄 알지만, 그리스도 안에서 한 형제요, 자매인 지희들로서 피차의 의견을 글로 써서 주 안에서 교환할 수 있는 것은 큰 잘못이 아니라고 판단되어 몇 이렇게 서두를 쓰고, 다음에 나의 과거 교회 봉사 생활과 전도사가 된 동기, 또 신학교에 갈 계획과 목사가 된 후의 목회 계획 등, 간략하게 적는다는 것이 편지지 앞 뒤로 해서 5매 정도가 되었다. 그리고 결론으로는 우리가 결혼할 수 있다면 함께 십자가를 지고 주님의 영광을 위하여 한 평생을 바치자는 내용이었다.

우체국에 가서 발송하려고 하는 순간, 또 한 번 망설이기 시작하였다. 용기를 다해 편지는 썼지만, 왜 또 용기가 나지 않는지… 인간 서귀례인데, 내가 너무 과대하게 생각하고 있는 것은 아닌지… 만일 이 편지를 보냄으로써…? 주저하고 있을 때 우리교회 김재석 군이 들어와서 '전도사님!' 하고 부르지 않는가. 발각되고 만 것이다! 결국 그것마저 포기하고 말았다.

같은 해 11월 말경에 나는 어린이 찬송 몇 곡과 성탄 준비에 필요한 동요를 모아 조그마한 책자로 발간하였다. 당시에는 시중에 뚜렷한 자료가 없었던 탓에 성탄 준비에 요긴한 자료가 될 수 있었다. 노회내 각 교회에 발송하면서 특별히 서귀례 선생과 서인순 선생(서귀례의 사촌언니, 후에 이은수 목사의 사모가 됨) 두 분에게는 별도로 보내

주었다. 그런데, 받았다는 답신이 없는 것이다. 그 때 나는 '아, 이게 나에게 관심이 없다는 증거가 아니겠는가' 하고 생각했다. 그 때 만일 답신이 있었다면 나는 다시 용기를 내어 편지를 발송했을 것이다. 그렇다면 좀 더 일찍 교재도 이루어졌을 지도 모른다. 그러나, 나중에 알게 된 사실이지만, 답신을 고등성경학교로 보냈다는데 나에게는 전달되지 못한 것이었다.

이후 나에겐 시험이 많았다. 여러 곳에서 청혼이 있었다. 또 많은 여성들이 우리교회에 찾아왔다. 심지어는 신학교 전체 모든 학비를 전담하겠다는 제언도 있었다. 그렇지만 한 번 서귀례라는 인격자가 내 인격 속에 깊숙이 새겨져 있어서 좀처럼 지워지지 않고 있었다. 아마 이미 마음과 마음은 연합되어 있었는지도 모를 일이었다. 왜 그렇게 그리움에 복받쳤을까… 그럴 때마다 나는 하나님께 간절히 기도했다. 하나님의 뜻이 어디 있는지, 그 뜻을 구해야 하기 때문이었다. 그 분의 뜻이 아니면 속히 이 마음을 지워주시기를 기도했다. 그러나 기도하면 할수록 마음의 그리움은 더욱 쌓이고 쌓였다.

그러던 어느 날, 최근팔 목사님을 만났다. 최 목사님은 내가 서귀례 선생을 못잊어 한다는 사실을 알고는 지금 서선생과의 관계가 어떻게 되어가고 있느냐고 물으셨다. "만일 서선생과 결혼하고 함께 목회한다면 반드시 성공할 수 있을 거야” 하시며 격려해 주셨다. 나는 이 때 더 용기를 얻고 “목사님, 기도해 주세요.” 하고 협조를 구했다.

어느 날, 가실교회 서기선 목사님을 강사로 모시고 부흥회를 개최하려고 가실로 가는 길목에서 서귀례 서인순 두 분을 만났다. 마침 서 목사님께서 출타 중이라기에 함께 되돌아 나오면서 잠시나마 신앙적인 대화를 나눌 수 있었으며, 마음적으로나마 다소 가까워질 수 있는 기회가 되어 좋았다. 한 버스에 올랐다. 버스는 이미 만원이었다. 비포장 도로였으니 버스가 크게 흔들리고 있었다. 서 선생은 내 바로 앞에 서 있었으며, 버스가 흔들릴 때마다 두 몸은 살짝살짝 부딪치고 있었다. 시간은 약 30분 정도. 좋았을까? 나는? 서 선생은?

겨울이 가고 새싹이 돋아나는 봄이 왔다. 그 이후 소식을 들으니 서귀례 선생이 서울로 이사를 갔다는 것이다. 그 때의 나의 심정이란……

그러나 나는 절대 포기하지 않고 하나님의 뜻이면 언젠가는 이루어 주실 줄 믿고 기다렸다. 이미 내 마음에는 그를 늘 곁에 두고 있었다.

그 해 나는 김제노회 주일학교 연합회 회장이 되었다. 그 때 내 나이 28세였다. 당시 김제노회는 전국에서 유일하게 단일 군(郡)으로 구성된 노회로서, 아주 큰 노회 중에 하나였다. 강습회가 열리면 500~700명씩 모이는 노회였다. 오시는 강사마다 이렇게 많이 모인 강습회는 처음이라고 하며 감탄을 했다. 그리고 많이 모이는 것 뿐만 아니라, 그 열정도 대단하여서 예배시간부터 찬송의 열정, 기도의 열정, 말씀의 열정이 매우 뜨거웠고, 율동, 동화, 특별활동 등 얼마나 은혜롭고 축복된 기간이었는지 모른다. 많은 주일학교 교사들은 이 기간에 큰 은혜를 받고 이 때 배운 것으로서 1년을 보람되게 봉사한다고 할 만큼 매우 중요한 집회였다.

나는 봄에 회장이 된 직후부터 이 일을 100 퍼센트 잘 수행하기 위하여 자주 실행 임원(서기, 교육부장 등)을 불러 계획을 수립하기 시작했다. 그런데, 우리 총회는 왜 그렇게 늦장을 부리는지… 공과가 적어도 3~4월에는 출판되어야 하는데, 강습회 일정인 6월 초에나 출판이 되곤 했다. 그것도 부실하기 그지 없었다. 표어는 "예수님처럼 자라자" 인데, 주제곡은 표어와 거리가 멀기 일쑤였다. 우리는 서툰 솜씨지만, 표어에 맞추어 노래를 작사 작곡하여 보급하기로 하고, "예수님처럼", "어린 목수 예수님" 등 우리가 만든 곡들과, 이미 제작되어 있는 곡들 중 "누가 만드셨나"와 같은 교육에 유용한 곡들을 골라서 준비에 만전을 기했다. 그리고 이러한 노래에 율동까지 만들어서 우리가 직접 앞에 서서 가르치기도 했다.

그 해의 강습회는 성황리에 마칠 수 있었다. 그런데, 나의 마음은 그렇게 허무할 수가 없었다. 꼭 있어야 할 사람이 없었기 때문이었으리라. 강습회는 마쳤어도 후속조치로서 취약한 교회를 파악하여 자원봉사자들과 고등성경학교 학생들을 최대한 활용하여 지원하였으며, 연합회에서는 자료를 프린트하여 각 교회에 발송하며 지원하기도 하였다.

마음의 염원은 열매가 되어

그 해 9월 전국주일학교연합회 정기총회가 서울청암교회에서 열렸다. 우리 노회에서는 회장인 나와 서기였던 최기철 집사가 총대로 참석하게 되었다. 총회를 마친 다음, 당시 대 성황리에 상영되던 영화 "벤허"를 관람하기 위해 대한극장을 찾았다. 영화가 길어서 중간에 휴식시간이 있었다. 화장실을 다녀오겠다고 말하고 극장 내 앞쪽으로 천천히 한 바퀴 돌아 온 일이 있었다. 왜냐고 묻는 사람이 있을까? 물론 이유가 있었다. 그 곳은 서울이었다. 서귀례 선생은 서울로 이사를 갔다고 했다. 사랑엔 눈이 먼다고 누가 말했던가. 마음도 생각도 이성도 모두 막혔나 보다. 행여나 지금 이 순간 혹시 관객들 가운데 서귀례 선생이 앉아 있을 수 있지 않을까 하는 생각에서였다.

혹시 나를 발견하고 우연히라도 만나질 수 있는 건 아닐까 하는 막연한 생각에서 그랬던 것 같다. 그리움은 그렇게 사람을 어리석게 만들고 마는 것이다. 나도 그렇게 어리석은 자가 되어가고 있는 것은 아닌가?

그러나 어리석은 일만은 아니었다. 온 들녘이 황금 물결로 넘실대는 결실의 계절에 나의 염원은 헛되지 않고 열매가 되어 결실하게 된 것이다. 하나님이 예정하신 뜻인지라 그 뜻대로 이루어 주신 것이다. 1962년 10월 24일 주일예배를 마치고 오후에 잠시 쉬고 있는데, 서인순 선생이 찾아왔다. 순간 내 뇌리에는 분명히 서귀례 선생의 소식이겠지 하는 생각이 들었다. 기도를 마친 다음 첫마디가 "귀례가 왔어요." 했다. 그 한 마디가 내 귀에 드릴 때 나는 꿈꾸는 것 같았다. 그리고, "전도사님 마음 있으시면 내일 11시에 김제 중수원 중국음식점에서 만나자고 했다" 는 것이었다. 이야기인 즉, 가문에 일이 있어 집안이 다 모였는데, 집안 어른들이 귀례에게 "너는 목사가 될 사람에게 시집간다면서 이은익 전도사 만한 사람이 어디 또 있어서 망설이느냐" 고 강권하였다는 것이다.

다음 날 나는 11시 조금 전에 약속된 장소에 도착했다. 서 선생이 먼저 와서 기다리고 있었다. 그런데, 왜 그렇게 떨렸을까? 또 서

선생의 얼굴을 보니 벌겋게 상기되어 있지 않은가! 이런 현상을 보고 홍당무 같다고 표현하는 것이리라. 컵에 물을 따르는데 컵 밖으로 물이 넘쳐 흐를 지경이었으니, 나도 상황은 다르지 않았으리라!

잠시 침묵이 흘렀다. 불가능할 것 같았던 일이 이루어진 현실 앞에서 참으로 꿈만 같았고, 이런 생각은 결혼한 후에도 몇 년간 계속 지워지지 않았던 것 같다. 내가 먼저 입을 열었다. 첫 마디로, "십자가를 같이 질 수 있겠습니까?" 하고 물었다. 그러자 두 말 없이, "예." 하고 대답하는 것이다. 이 말을 시작으로 우리는 장래에 우리가 수행하고자 하는 그 방대한 성역들을 거침없이 이야기 하면서 서로의 의견을 나누었다. 질문도 하고 답변도 하였다. 그리고 과거와 현재의 우리 삶의 이야기들도 숨김없이 말했다. 장래의 포부까지도 이야기 했다. 그런데, 장래의 포부까지 조금의 차이도 없이 어쩌면 그렇게도 꼭 맞을 수가 있을까? 이를 가리켜 사람들은 천생연분이라고 하는 모양이다. 서 선생도 조금의 의심 없이 아멘 하며 만족하게 받아들였다.

우리는 결혼을 약속하고 하나님께 감사기도 했으며, 점심을 함께 나누었다. 다음 날 아침 서

금산사로의 첫 데이트

선생 아버님을 만나 인사를 드린 후 결혼 허락을 받고 금산사로 교재의 첫 소풍을 갔다. 그 다음 날 도장리에 들려 어머님께도 인사드렸다.

우리는 10월 31일 서울에서 약식 약혼 형식으로 처가댁 식구들을 만나 인사를 나누었다. 그리고 스카라 극장에 가서 "솔로몬과 시바의 여왕"이란 영화를 관람하고 다음 날 집에 돌아왔다. 결혼 날짜를 정하고, 주례를 맡아주실 가실교회 서기선 목사님을 찾아가 인사를 드렸다. 만나자마자 서 목사님은, "이 전도사, 이제 이 전도사는 목회에 성공하게 되었네." 하시며 흐뭇해 하셨다. 나는 그 말씀 한마디가 매우 감사했다.

드디어 1962년 12월 13일 오전 11시, 김제시 진봉면 가실교회 예배당에서 서기선 목사님을 주례로 모시고 최근팔 목사님의 축도로 결혼 예배를 드렸다.

아무에게도 알리거나 청첩하지 않았다. 본 교회 교우들 몇 분과 친지들, 그리고 김제고등성경학교 직원들과 학생들이 찾아왔고, 가족들 몇 분들만 모시고 조촐하게 결혼식을 올렸다. 이제는 둘이서 한 몸되어, 나의 달려갈 길을

약혼

달려가게 된 것이다. 할렐루야.

우리는 결혼식을 마치고 고향으로 가서 첫날 밤을 할머니와 함께 할머니 방에서 잤다. 할머니는 너무너무 기뻐하셨다. 밤새도록 한숨도 주무시지 않으시고 우리의 얼굴을 번갈아 바라보시며, 한 손으로는 나의 손을 다른 한 손으로는 아내의 손을 붙잡고, 조용히 기도하시면서 축복해 주셨다. 전날에 장손인 나를 위해 축복하며 기도하셨던 그 손길 같이 그렇게도 따뜻할 수가 없었다. 나를 향한 할머니의 무한한 사랑이었다. 우리 내외에게는 이렇게 할머니의 축복을 받으면서 할머니와 함께 첫날 밤을 지내게 된 것이 잊혀지지 않는 좋은 추억으로 남아 있다.

결혼사진

신학교로 인도하신 하나님의 역사

일을 행하는 여호와, 그것을 만들이 성취하는 여호와, 그의 이름을 여호와라

하는 이가 이같이 이르시도다 너는 내게 부르짖으라 내가 네게 응답하겠고

네가 알지 못하는 크고 은밀한 일을 네게 보이리라 (렘33:2~3)

내가 목사가 된다는 것은 하나님이 예정하신 것이요, 나의 아버지의 기도의 열매요, 어머니의 소원의 성취이며, 본 교회 최근팔 목사님의 사랑의 꽃이요, 특별히 51신앙동지회 여러 목사님들의 후원과 임창희 목사님의 끊임없는 수고의 결과라고 하겠다. 그러나 가장 큰 내조는 사랑하는 아내에게 있었다.

나의 아버지는 나의 이름을 은익(은혜 恩, 더할 益)이라고 지어 주셨다. 즉, "은혜가 더하라," 라고 지어 주시고 매일 같이 가정 예배를 드리면서 기도드릴 때마다 "은익이는 장자입니다. 하나님께 드리오니 좋은 목사 되게 하옵소서!" 하였다. 나는 이러한 기도와 함께 자라 왔고 엄격한 종교 교육과 사랑의 손길을 통해 다듬어 졌다.

그러다가 아버님이 신학을 졸업하시고 불과 2년도 못 채우시고 세상을 떠나시자 많은 시련을 겪게 되었고, 철없는 나는 그 고통 중에 한때 방황하게 된다. 51신앙동지회에서도 권면하고 특히, 임창희 목사님의 수차례 "은익이는 신학교만 가면 학비 걱정 할 것 없으니, 가기만 해라." 하시는데도 마음이 없었고, 어머님의 간절한 소원 이였지만 그래도 나는 웬일인지 마음 문이 열리지 않는다. 하나님께 굳게 약속도 했었다. 내가 고등학교를 졸업하고 폐병이 걸려 죽음의 문턱에 이르렀을 때, 이번만 살려주시면 반드시 목사가 되겠다고 하였다. 그래놓고도 하나님께서 병을 고쳐 주셨는데, 그 약속 또 어기려 하고 있었다. 그저 선한 장로가 되어, 목사님 잘 돕고 교회에 충성하면 될 것이라고 생각하고 있었다. 그런데 하나님은 나를 강권적으로 인도하셨다. 나를 놓아주지 않으신다.

이제 여기서 전도사로서 종결짓고 총신에 진학하기로 결심을 하게 된 것이다. 그런데 요구되는 것은 역시 돈이었다. 내 수중에는 아무것도 없다. 한해가 가고 1963년 2월 총회신학교 입시가 공고되고 지방 입시생을 위하여 광주 신학교에서 입학시험이 시행됐다. 그리고 3일 후에 서울 본교에서 면접이 치러졌다. 교장 박형룡 박사와 당시 후암교회 당회장이요, 아버지와 51신앙동지회 회원인 조동진 목사님이 앉아 계셨다. 나의 입학원서와 서류들을 살펴보시더니, 나의 얼굴을 보시며, "이노수 장로님의 아드님? 박 박사님, 이노수 장로님의 아드님이 왔습니다." 하신다. 이때, 박형룡 박사님이 반갑게 맞아 주시며 잘 왔다고 격려해 주시고 조 목사님도 가정 형편을 물으신 후 염려말고 기도하라 하신다. 나는 그 분들의 격려에 큰 위로를 받으며 면접시험을 마치고 집으로 내려왔다. 며칠 후에 합격 통지를 빌었다.

입학의 기적

총회신학교로 인도하신 하나님은 당시 익산 성락교회에서 시무하신 임창희 목사님을 통하여 나를 항상 인도하여 주셨다. 임창희 목사님은 장신 2회 졸업생이셨지만, 51신앙동지회원으로 나의 아버지를 대신해 주셨다. 임 목사님은 나에게 늘 "은익이는 신학교만 가라" 하셨다. 가면 자연히 공부하게 될 것이란다. 아버지에게 도움받은 목사가 몇 명인데, 그들이 한 학기씩만 도와주어도 될 것이라고 하셨다. 나는 입학시험을 마치고 와서 임 목사님께 보고해 드렸다. 개학 전에 오라 하신다. 사실 나에게는 신학교 학비에 대한 아무런 대책도 없었다.

임창희 목사님과 함께

입학시험으로 모든 것은 끝났다. 임창희 목사님만 믿고 가는 것이다. 입학 전 날 임 목사님 댁을 찾았다. 설상가상 임 목사님은 경상남도 마산 지방으로 부흥회 강사로 출장 중이셨다. 큰 문제가 첫 출발부터 터진 것이다. 집에 돌아오니, 나의 아내는 이불 봇짐 다 챙겨 놓고 기다리고 있었다. 나의 늘어진 모습을 보고 벌써 짐작이라고 한 듯 염려 말라고 위로한다.

아무런 대책도 없이 우리는 기도만 하였다. 그러자 다음날 아침, 본 교회 김재석군의 어머니가 찾아오셨다. "전도사님, 서울 가신다는데 가셨습니까? 우리 재석이가 돈 2,000원만 보내달라 하였는데, 좀 가져다 주세요." 라고 부탁하신다.

이렇게 하나님은 우리를 버리지 아니하셨다. 우리의 차비를 예비하신 것이다. 짐 보따리를 싣고 김제역으로 달렸다. 기차에 몸을 싣고 우리는 서울로 행했다. 서울에 도착하여 아내는 친정집으로, 나는 기숙사로 들어갔다. 그리고 그제서야 김재석군에게 전화로 양해를 구했다. 고맙게도 김군은 염려하지 마시고 여유가 되거든 갚아 주시라고 했다. 김군은 당시 성서대학에 재학 중이었다.

일주일이 지난 후 아내에게서 긴급한 연락이 왔다. 설교 준비하고 수요일 오후에 집으로 오라는 전달이었다. 그날 저녁 청량리제일교회(담임목사 김윤수, 장신 3회 졸업하신 분)에서 수요일 밤 예배 설교를 하게 되었다. 다음 날 아침 임창희 목사님께 바로 전화를 올렸다. 전화를 받은 임 목사님은 "아, 윤수 목사야 내가 아주 잘 알지, 내가 바로 전화할게." 하셨다. 다음날, 청량리제일교회에서 연락이 왔다. 다음 주일부터 부임하라는 것이었다. 이렇게 나는 총회신학교에 무일푼의 입장에서 기적적으로 입학하게 된 것이다. 왜

기적이라 하는가. 당시 지방에서 서울에 올라와 전도사로 등용되는 예는 아무도 없었다. 청량리제일교회에서도 15번째까지 불합격이요, 내가 16번째라 하였다. 이것이 기적이 아니고 무엇이란 말인가.

나는 그 교회에서 다양한 직책을 수행하면서도 큰 어려움없이 잘 감당 할 수 있었음이 또 하나의 기적이었다. 주교 교육 분야에 전도사 두 분 중 한 분이 유초등부를 담당하였고, 나는 중·고·대학부를 담당하였다. 교사들도 잘 따라 주었다.

재학 중에서의 기적

입학은 하였으나, 솔직히 무일푼이었고, 등록금 대책은 전혀 마련되어 있지 않았다. 청량리제일교회 전도사로 채용이 되었어도 명색이 전도사이지, 예우관계는 거마비 정도일 뿐 생활비는 턱도 안되는 수준이니, 등록금을 마련한다는 것은 상상도 못하는 수준이었다. (당시 모든 교회들의 경제 사정이 넉넉지 못한 때였다.) 다행히 나는 처가에서 적지 않은 식량의 도움을 받을 수 있었고, 아내가 유치원 조보모로, 또 가정교사로 활동하면서 많은 보탬이 되었지만, 그래도 등록금 문제까지는 해결할 수가 없었다. 그런데 이상한 일이다.

등록한 일이 없는데 내 이름이 출석부에 등재되어 매일 호명하고 있는 것이다. 나는 혹시 다른 사람이 등록한 것을 내 이름으로 잘못 등재된 것 아닌가 하고 생각도 해 보았으나, 중간고사 때까지 침묵하고 지내다가, 중간고사 마친 후 서무과장 박형만 집사에게 문의했다. 분명히 말하기를 어떤 목사님이 등록하고 갔다 하시면서 절대로 비밀이란다.

나는 바로 임창희 목사님께 전화로 문의했다. 임 목사님은 그런 것 알려고 하지 말고 공부만 열심히 하라고 하신다. 왜냐하면 아버지에게 도움 받은 사람이 많은데 돕지 못하는 사람도 있어서 그들이 미안해하지 않도록 비밀로 하였다고 하셨다. 감사한 일이다. 아버지가 심은 씨앗의 열매를 아들인 내가 거두는 것이다.

그 시대는 정말 어려운 시대였다. 우리 학우들 중에는 굶는 자들이 너무도 많았다. 점심은 대부분 먹지 못했고, 아침 식사도 주방에 가서 국물 정도 얻어 마시고 학교에 오는 학우들도 있었다. 시험 기간 중 밤새워 시험 준비하고 구두끈을 졸라매다가 피를 토하고 쓰러져 죽은 학우도 있었다. 이런 일에 비하면, 나는 얼마나 행복하게 신학 시절을 지나고 있는 것인가.

하루 일과가 끝나면 어떤 학우는 풀빵 틀을 메고 시장 통으로, 또 어떤 학우는 아이스케키 통을 매고 시내 거리로, 어떤 학우는 구두닦이 틀을 매고 직장 사무실을 찾아나서는 모습을 보며, 나는 깊은 감상에 젖어보기도 한다. 어느 날인가 점심시간이었다. 도시락을 풀고 있었다. 도시락 가져온 학우는 불과 3분의 1 정도라 그때 정ㅇㅇ 전도사가 옆에 와서. "야, 이 전도사, 너는 아침이라도 먹었지, 나는 아침도 못 먹었다."고 한다. 그 말은 그 도시락 나에게 양보해 달라는 말이 아니겠는가! 나는 기꺼이 내주었다. 내 마음은 기뻤다.

다음 날 나는 내 아내에게 두 개의 도시락을 부탁했다. 이것이 당시의 상황이다. 그러나 하나님은 나를 이런 상황에서도 공부 하는 일에 열중할 수 있도록 때를 따라 모자람이 없도록 채워 주신 것이다. 모자랄 때 쯤이면 또 보내주신다. 어떤 때는 아버님의 친구인 하종관 목사님이 청량리에 찾아 오셔서 격려해 주시고 봉투도 주신다. 차남진 박사도 찾아 주셨다. 크리스마스 경축 예배 설교에서 나의 아버지에 대해 말씀해 주셔서 교회 성도들은 우리 가정 사정을 어느 정도 알게 되어, 여러 번 큰 사랑을 받게 되었다.

김제노회 학우일동

나는 신학교에 재학하면서 잊지 못할 일 두 가지만 말해 둔다.
첫째는, 배구 선수로서의 활약한 일이다. 그때 체육 부장은 최승강
전도사였다. 전국 신학교 대항 배구대회가 열렸다. 전국에서 6개 팀이
출전하여 최후 결승전으로 우리 총신과 감리교 신학교가 대결하게
되었다. 상황은 그들에게는 유리한 입장이지만, 우리에게는 불리한
입장이었다. 경기는 시작되었고, 한 게임, 한 게임, 피 말리는 스코어가
올라가는데 막상막하였다. 양측 학교 응원단은 극도로 흥분되어
있었고, 응원의 함성은 천지를 진동시켰다. 첫 세트는 감신대가
21:17로 승리, 2세트는 총신대가 21:19로 승리, 이제 마지막 세트가
이어지고 있는데, 10:10, 15:15 등 엎치락뒤치락 하며 20:20, 21:21
듀스가 되었다. 대회는 흥분에 흥분, 함성에 함성, 선수는 선수대로
한 번의 실수만 하여도 패하는 판이다. 극도로 긴장된 상태로 눈을
부릅뜨고 또 기도하고 있다. 이젠 실력이 아니라, 실수하면 지는
것이다. 그런데 이게 웬일인가. 상대자 감신대 수비수가 두 번이나
거듭 실수하는 것이 아닌가. 스코어는 24:22. 우리는 간신히 이겼다.
승리의 함성이 울렸다. 영원히 잊지 못할 일이다.

또 하나는 내가 학우회 전도부장이 되어서, 보람된 일 중의 하나
소개하면서 또 반성하고자 한다. 당시 어려운 시기에 가끔은
서울시내 교회 여전도회에서 기숙사를 찾아 식사를 대접하는 일이

있었다. 나는 이왕 같은 일을 조금 확대해서 다른 방향으로 더 유익한 방법이 없을까 생각해 보았다. 그러던 중, 우리 학우회 전도부 주최로 헌신 예배가 매월 한 차례씩 드려지는데, 이를 서울 시내 큰 교회로 순회하면서 드리면 교회와 신학생 간의 교류가 될 수 있고, 교회 목사님들의 목회 계획도 배울 수 있어서 좋은 교제가 될 것 같아서 이를 추진하여, 매월 첫 째 월요일 11시로 교섭한 결과 교회가 쾌히 승낙해 주는 것이었다. 다만, 교회는 여전도회를 통하여 점심 식사만 대접해 주는 정도였다. 그때 신학생 전원은 예과까지 약 400여명, 이 예배에 참석하는 인원은 약 200 여명 정도였다.

먼저 충현교회에서 모이게 되었다. 11시 예배는 시작되었고, 전도부장인 나는 사회를 맡았다. 김창인 목사님이 설교를 시작하려 강단에 서셨다. 정색하며 말씀 하신다. "학생들 모두 성경·찬송 들고 오른손을 들어봅시다. 책이 없는 손도 모두 드세요." 그러나 책을 손에 들고 있는 손이 5분의 1에 불과했다. 눈을 부릅뜬 김창인 목사님이 손가락질로 학생들을 향하여, "요것들이 신학생들이야? 요것들이, 앞으로 한국 교회를 지도할 것들이 요모양이야? 성경 찬송이 천근이야, 만근이야. 이 성경·찬송 옆에 끼고 다니기 부끄러워?" 잠시 침묵한 다음 김 목사님은 음성을 낮추시고, "여러 학우들 용서하시오. 적어도 지도자는 항상 성도들의 모범이 되어야 합니다. 어디를 가든지, 이 성경 찬송은 내 곁에서 떠나지 않게 하셔야 합니다." 이 때 참여했던 우리 학우들은 부끄럽기도 하였지만, 큰 교훈을 받았다.

총회신학교에서 다져진 나의 보수적 신앙과 목회의 기초는 튼튼한 칼빈주의 보수신학에 기초를 둔 교수님들에게 교육을 받고 그들의 영향을 받았으므로, 흔들림이 없는 목회자가 된 것 같다. 세계적으로 조직 신학의 대가 박형룡 박사와 주경 신학의 박윤선 박사는 전무후무한 교수인 것 같다. 그러나 나는 그들에 관한 기록을 생략한다. 나는 목회에 가장 큰 영향을 주신 분은 차남진 교수(박사)시다. 그는 실천 신학 교수셨다. 성품은 정서적이셨고 사랑이 있어, 신학생 중 그분의 영향을 받지 않은 자가 별로 없다.

그 분이 우리에게 주시는 성경은 "빌립보서 4장 13절" 이셨다. 만날 때 마다 인사도 "빌립보서 4장 13절" 이다. 한 번은 나와 친구가 신학교를 졸업하고 기도원에서 임지로 내려가려고 서울역에서 차 박사님을 만났다. 인천에 가신다 하셨다. 시간에 쫓겼음인지, 인사만 받고 급히 가시더니 저만큼 가시다가 되돌아 뛰어오신다. 웬일인가 했더니, "빌립보서 4장 13절!" 하고 또 바삐 뛰어가신다 편지의 답신에도 넓은 백지에 단 한마디 빌립보서 4장 13절 말씀이 기록되어 있을 뿐이다.

그리고 그 분의 실천 신학 강의에서 늘 강조된 내용은 삼방목회(三方牧會) 이다. (1) 골방(기도) (2) 책방(성경) (3) 심방(상담) 이었다. 나는 목회 현장에서 항상 이 세 가지를 꼭 활용하였고, 현대 목회에서도 적용할 수 있는 좋은 방법 이라고 생각한다.

그런데 나는 신학교에 재학 중 2년을 앓아오던 허리 디스크가 악화되면서 3학년이 되자, 걸음걸이조차 크게 불편하게 될 뿐 아니라, 통증이 더욱 심해졌다. 이런 몸을 이끌고 청량리에서 서울역까지, 서울역에서 숭실대 정문 앞까지 만원 버스에서 시달리다가 사당동 그 험한 고개를 걸어서 넘어 학교에 도착하면 온 몸이 땅 속 깊숙이 빨려 들어가는 것 같은 고통이 찾아왔다. 그러한 괴로움을 견디면서 3학년을 보내고 있었다. 병원에서 입원하여 수술을 받아야 한다고 하는데, 나에게는 그럴 만한 경제적인 여유가 없었다.

11월 어느 날, 졸업 후 시무할 교회를 구하려고 임창희 목사님의 소개로 전서노회 평교교회에서 주일예배 설교를 하고, 그 교회에 부임하기로 결정이 되어, 다음 날 무리하게 비포장도로인 원거리를 버스로 달려가 당회장 목사를 찾아 인사하고 서울까지 돌아오니, 디스크가 상하여 통증이 더욱 심하게 되자, 긴급하게 서울대학병원에 입원하게 되었다. 수술은 받아야 된다는데, 수술비를 전혀 감당할 수가 없었다. 마침 담당자가 기독교인이었다. 나의 신분을 이야기하고 사정을 말했다. 기적같이 허락을 받았다. 단, 수술이 좀 지연될 것이라는 조건이었다.

다음날 오후 1시에 수술실에 들어간 나는 저녁 8시가 되어도 나오지 못했다. 나의 아내와 누이동생은 애가 탔을 것이다. 수술실에 가보니 이게 웬일인가. 내 몸둥이를 수술대에 엎드려 놓고, 의대 실습생들 10여명을 둘러 세워놓은 채 강의하면서 수술을 하고 있더란다. 그러니까 내 몸둥이가 강의 실습용이 된 것이다. 이렇게 3시간이면 되는 것을 8시간 만에 수술을 마치게 되었고, 그 덕에 수술비를 80% 감면 혜택을 받게 되었다.

퇴원 후 3일 만에 졸업 시험을 치르게 되었는데, 허리 보호대를 두르고 만원 버스에 시달리며 숭실대 앞에서 사당동 고개를 넘어 두 친구의 부축을 받으면서 학교에 갔다. 내가 그런 어려움을 극복하고 무사히 졸업시험을 마칠 수 있었던 것도 기적 중의 기적이었다. 당시 재시험을 보는 자가 30%이상이었는데도 나는 하나님의 은혜로 한 과목도 과락(科落) 없이 무사히 끝낸 것이다.

졸업

얼마나 많은 분들이 기도하고 후원하며 바라던 일인가. 1966년 12월 15일, 서울승동교회당에서 어머니와 아내의 축복을 받으며 졸업장을 받았다. 고맙게도 고향에서 첫째 작은아버님과 처가의 김형자 집사가 가족 대표로, 그리고 청량리 제일교회 유신숙 집사 등 여러분이 참석하여 축하해 주었다. 또 내가 시무할 평교교회 김갑선 집사가 교회 대표로 멀리서 참석하여 더 없는 힘이 되어 주었다. 이 졸업장을 손에 드는 순간 그 감격과 기쁨을 무엇으로 표현하리오. 나는 사각모와 졸업장을 존경하는 어머님과 사랑하는 아내에게 씌워 주었다. 그리고 마음으로 존경하는 임창희 목사님에게 한없는 감사를 드리며 이 모든 영광을 하나님께 돌렸다.

졸업기념

PART 7

평고교회
(현,백산중앙교회)

특기 : 믿음의 동역자 158

너희가 거저 받았으니 거저 주라 (마10:8)

이렇게 나는 총회신학교를 졸업하고 전북 부안군 백산면 소재, 평교교회에 부임하여 첫 사역을 시작하게 되었다. 우리 다섯 식구 (어머니, 아내, 두 딸)가 신태인 역에 도착하니 김갑선, 김정길 두 분 집사님이 반갑게 영접하며 맞이한다. 다시 교회에 도착하니 많은 성도들이 모여 박수를 치며 환영의 뜻을 표해 주어 우리 가족은 너무 감사했다. 정성 들여 마련한 저녁 식탁에서 제직들과 함께 애찬을 나눈 후, 예배를 드리며 성경 로마서 13:8, "피차 사랑의 빚 외에는 아무에게든지 아무 빚도 지지 말라 남을 사랑을 하는 자는 율법을 다 이루었느니라"는 말씀을 봉독하고 "나는 여러분들에게 사랑의 빚을 갚으러 왔습니다." 메시지를 전한 후 기도하고 예배를 마쳤다. 첫 날 새벽예배에 어느 여자 성도 한 분이 나와 기도한다. 그런데 이상한 것은 새벽마다 어디선가 목탁소리가 들리는 것이다. 나는 이 근처에 사찰이 있겠지 생각했다. 그러던 중, 어느 땐가 분명하게 예배당 안에서 들려오는 것이 아닌가. 다음날 교회 아래 거주하는 김정길 집사에게 문의했더니, 이전에 이 건물 주인이던 일본 사람이 독실한 불교신자였는데 새벽마다 목탁 치며 불공을 드렸다고 한다.

첫 주일 낮 예배를 드렸다. 전체 교인 34명이 출석하였다. 그런데 예배당 중천장 위에서 박쥐들이 소란을 피웠다. 예배 분위기가 산만하여졌다. 건물이 오래 되어서 중천 위에 박쥐가 많이 산다고 하였다. 그 다음 주간은 대심방 주간이었다. 성도들 가정을 살펴보니, 생활이 넉넉한 가정보다 가난한 가정이 너무나 많았다. 그 중에 최복례(배낙규) 집사의 집은 방 한 칸 부엌 반 칸 아주 작은 집인데 지붕에 풀이 나 있었고, 몇 년 동안이나 이앙을 하지 못하였음인지 여러 군데에 골이 나와 있었다. 심방을 마친 후 청년 회장을 불러, "짚 몇 단만 가져도 이 집을 이앙해줄 수 있었겠는데, 그걸 못하고 이렇게 방치해 두어 세상 앞에 어떻게 빛이 되겠느냐?"고 책망하였더니, 다음 날 아침부터 손수레에 짚단을 모아 손수 짚단을 엮어 지붕을 이어주었다고 한다.

나는 다음 주간에 지역에서 유력하다 하는 지역 어른들을 찾아 인사와 대화를 나누었다. 그리고 첫 날엔 장년 대표 김갑선, 김정길 집사를 다음 날엔 배성현, 박병문, 이성재 집사 등을 만나 교회 정황을 파악했다. 그리고 다음은 여 성도들 노진남, 이복남, 김정애, 최복례 집사 등을 자연스럽게 만나 대화도 나누면서 1967년도의 목회 계획에 참고 하기로 했다.

목회의 근본 방향은 교육, 선교, 봉사(마 4:23)요, 시행 방법은 역시 삼방목회(三方牧會) (1)골방 (2)책방 (3)심방 이지만 세부계획은 그 교회의 실정에 맞는 계획이어야 하기 때문이었다. 나는 교회

청년들을 접하면서 그들이 상당한 수준이 있는 청년들임을 알게 되었다. 그들은 전서노회가 매 해마다

개최하는 월 성경학교에 참석하여, 3년 혹은 5년씩 수학한 것으로 파악되었다. 나는 이들을 위해 토요일마다 특별 성경공부를 시작하여 초급 신학에 해당하는 교육을 실시하였고 좋은 호응을 얻게 되었다.

이른 봄이 왔다. 밤이 지나 먼동이 트면 수많은 박쥐가 밖에서 예배당 중천에 돌아와 찍찍거리며 잠자고 있다가, 저녁이 되면 다시 찍찍거리면서 밖으로 나가는 것이었다. 그럴 때면 교회당 하늘엔 박쥐로 가득했다. 더 큰 문제는 예배시간에 쥐에서 떨어지는 쥐이(쥐에 붙은 벌레)가 사람에게 올라 가려워서 여 성도들이 온 몸을 긁기 시작했다. 의자도 없이 바닥에 앉아 있는 교인들의 그런 모습을 강단에서 바라보고 있노라면 딱하기 그지 없었다. 그 뿐 아니라, 또 봄이 되자 수많은 뱀들이 여기저기서 기어 나와 들녘으로 나가고 있었다. 이런 상황을 보고 나는 기도하는 중에 결심하게 되었다. 바로 교회당 건축 3개년 계획이었다.

그 다음 주일 제직회를 소집하고 그 취지를 장구하게 설명했다.

(1) 이 건물이 불교인의 건물이요, 강단 중심에 부처상이 있었던 곳이요,

(2) 뱀과 박쥐로 인한 불결한 현실이며, (3) 내가 부임하던 새벽에 몇 날 동안 예배당 안에서 목탁 소리가 들린 일도 있었다고 하였다.

제직회에서 만장일치로 가결이 되었다. 건축 시기는 3개년 계획으로 준비하기로 했다. 건축 위원회가 조직되었다. 일단 결의한 다음 교회 재산(부동산)에 대한 문서 확인이 필요하였다. 그런데 확인할 만한 아무 서류도 없었다. 그 때 들리는 소문에 백산중학교 이사장이 우리 평교교회 재산을 욕심 낸다는 말이 있었다. 백산여중과 우리 교회는 인접해 있었다.

나는 우리교회 이길수 집사 동생이 김제경찰서 간부급 경찰관이란 말을 듣고 그날 즉시 경찰서로 향했다. 그 분을 만나 교회 사정을 이야기 하니, 자기 하던 일을 멈추고 세무서에 갔다. 서류를 살펴보니 옛날 관제서 시절 우리 교회가 임대차 계약만 해놓고 몇 달 분 임대료만 납부한 뒤 10여 년간 미납 상태라서 실상은 실효된 거나 다름이 없었다. 이를 알아챈 백산 재단 이사장이 욕심을 낸 것 같았다. 그날 즉시 미납된 자금을 완납하였으며, 신속하게 등기까지 완료했다.

건축 계획을 교회 앞에 광고하고 그 즉시 청년회가 중심이 되어 벽돌을 만들기 시작했다. 때마침 정복현 집사가 김제에서 이주해

왔다. 경운기를 소유하고 있었다. 그 경운기에 모래를 실어 날랐다. 전 교인에게 명했다. 매번 교회에 올 때 마다 돌멩이 하나씩 들고 오도록 했다. 벽돌과 돌멩이는 날이 갈수록 쌓이기 시작하여, 2년 후엔 산더미처럼 높게 쌓였다.

그런데 웬일인지 삼남지구에 2년 동안 가뭄이 심해 농촌에는 대흉년이 들게 되었다. 그러나 성전 건축은 하나님과의 약속인지라 시행하기로 하고 건축 헌금을 작정한 결과, 백미 70가마가 되었다. 1969년 4월에 기공 예배를 드리고 착공한 후 9월 1차 공사를 마치게 되었다. 공정률은 약 70%. 온 성도들 전체가 몸을 바쳐서 자기 사명을 잘 감당한 것이다. 이 건축 과정에서 한 알의 소금이 된 것은 최복례 집사였다(뒤쪽에 '특기'로 자세히 기록함).

우리 교회는 중고등부가 중심이 된 소년회가 있었다. 약 30여명의 회원 중에는 중학교를 졸업하고 진학하지 못한 학생들이 많아 소년회라 하였다. 대부분의 가정은 가난한 편이었다. 토요일이면 교회에 모여 청소도 하고 성경공부도 하였는데, 이를 주도하는

신축중인 평교교회

학생이 김원선 군이었다. 그래서 나는 이들 가운데 몇 명을 골라 고등성경학교에 보내어 교육에 힘썼다. 그 중에 김 군은 고등학교를 마친 후 교회 여전도회 후원으로 한국성서대학에 보내 근로장학생이 되어 공부를 하게 하였다. 후에 그는 총신대학 신학대학원을 졸업하고 목사가 되어, 서울 강서구 염창중앙교회를 개척하고 큰 교회로 부흥시켜, 군 선교와 세계선교 등 다방면에서 크게 활동하고 있다.

그 밖에 예배당 건축 과정에서 나와 함께 수고한 이성재 집사(장로)와 정복현 집사, 박병문 집사, 배성현 집사(목사), 김종구 집사(목사), 김문영군, 그리고 노진남 집사(권사), 김정애 집사, 이복남 집사, 최복례 집사(권사), 김영순 선생(권사) 등 여러분들과 총체적으로 함께 기도하며 지도해 주신 김갑선 집사, 김정길 집사(장로)에게 감사드린다.

이렇게 나는 1966년 12월 16일 평교교회에 부임하여 1970년 3월 30일까지 시무하였다.

특기 : 믿음의 동역자

나의 일생 목회에서 잊을 수 없는 믿음의 동역자들이 있어서 이를
기록해 남겨 보존하고자 한다.

최복례(배낙규 장로)권사: 자녀들(배일현 목사, 배수현 장로
포함 6남3녀)

평교교회 성도들은 대부분 가난했다. 그런데 그 중에서 제일 가난한
가정은 최복례 집사 가정이었다. 가장으로부터 어린 자녀들까지
돈벌이를 위해 가정을 떠나서 객지에 살고 있었다. 그 때 살고 있던
집은 방 한 칸 부엌 반 칸, 그나마 그 초가집도 제대로 이앙하지 못해
지붕 여러 곳에 골이 패여 있었다. 그러나 그의 신앙만은 제일 부요한
자이다. 내가 부임하던 첫날 새벽 여인 홀로 와서 기도하고 있었는데,
그가 바로 최복례 집사였다. 토요일과 수요일마다 예배당 내부 청소,
새벽종 치는 이가 바로 최복례 집사였다. 너무너무 가난하다 보니까,
임금을 앞당겨 받아먹고 보니, 1년 내내 쉬는 날이 없이 계속 남의
일만 하는데도 가난 밖에 남는 것이 없다고 했다.

하루는 최복례 집사가 밭에서 일하다가 아이를 낳아서 치마에 쌓아
왔다는 소식이 들려오기에, 교회 아랫집에서 사는 황집사에게 교회

청소를 맡겼었다. 그런데 ‘목사님’ 하고 밖에서 부르는 소리가 있어 문을 열어 보니, 최복례 집사가 아닌가. 해산한 지 3일만인지라 얼굴이 조금은 부어 있었다. 주택 마루에 앉자마자 굵은 눈물을 쏟아내며, “목사님 유감입니다. 나는 돈도 없고, 바칠 것 없어 몸뚱이 하나로, 예배당 청소는 평생 내 몫이라고 여기도 있었는데 내 의견은 들어보지도 않고 어떻게 황집사에게 맡길 수가 있습니까?” 하는 것이 아닌가. “최 집사님, 내가 잘못했습니다. 최 집사님이 아이를 낳았다 하기에 청소하기 어려울 것 같아서 그리한 것이니 이해해 주세요.” 그래도 그칠 줄 모르고 한없는 눈물만 흘리는 것이었다. 너무너무 감동적인 순간이었다. 교회당 내부 청소와 새벽종 치는 일은 아무도 손댈 수 없었고 오로지 최 집사만 감당해야 하는 일이었다.

그 이후 교회당 건축을 위한 헌금을 실시하게 되었다. 그러나 삼남 지방의 2년 동안의 대 가뭄으로 인한 대 흉년 인지라 건축을 연기하자는 이들이 많았으나, 하나님과의 약속이니 믿음으로 시행하기로 하고 헌금을 작정하는데 대답하는 이가 아무도 없자, 이 때 최복례 집사가 “목사님, 제가 쌀 다섯 가마 할께요.” 한다. 나노 삼싹 놀랐지만 온 회중이 다 놀랐다. 그 때 최 집사의 친정 작은아버지 되는 최 장로가 “복례야, 네가 뭘 가지고 다섯 가마나 한다는 거냐?” 그 때 나는 크게 감동받은 마음으로, “장로님, 꾸짖지

마십시오. 하나님께서 하시겠지요." 하였다. 그러자, 그 때 하나 둘씩 한 가마, 두 가마씩 작정하여 도합 70여 가마가 되었다.

그 일이 있은 지 5일 후에 소달구지에 쌀 다섯 가마를 싣고 최복례 집사가 들어오는 것이었다.

"집사님, 어떻게 된 거에요?"
"집 팔았어요. 텃밭까지 합해서 꼭 다섯 가마 받았어요."
"아니, 어디로 갈려고?"
"아무데나 하나님이 가라는 데로요."
"가족과는 의논했어요?"
"아니요."

참 어린애같이 귀엽기도 했지만, 통이 큰 여자 같기도 하였다. 그날 밤 나는 밤새워 기도했다. 최 집사도 기도하고 있었다. 다음날 저녁 최 집사가 뛰어왔다. 벙글벙글 웃으면서 "목사님, 목사님, 나 부자 됐어요!" 아니, 지금 최 집사가 돌았나, 이상하다고 생각했다. 그러나 기적이 일어난 것이다. 교회 바로 앞산 넘어 최씨 문중의 선산이 있었다. 4칸 겹집 큰 기와집이 있었고, 그 집에 속한 비옥한 텃밭 2,000여 평이 있었는데 때마침 그 곳 산지기가 떠나게 되어 최씨 문중 회의에서 복례에게 맡기기로 결정하였다는 것이다.

며칠 후 최복례 집사는 그 집에 이사하게 되었다. 궁궐 같은 집이요, 그 지역에서 보기 드문 주택이었다. 정확하신 하나님, 한 치의 오차도 없으신 하나님! 믿음으로 바친 자에게 백배 천배 보답해 주셨다. 그 후 최집사는 객지에 나가있는 아들(배일현, 배선현)을 불러 들여 텃밭에 수박을 심었다. 그 해 수박 농사가 잘 되어, 그 때 20만원(쌀150가마)의 수익을 올렸다고 한다. 그리고 목사인 나에게는 최신형 삼천리 스테인레스 자전거를 사주어 교인심방에 유용하게 사용할 수 있었다.

"내가 어려서부터 늙기까지 의인이 버림을 당하거나 그의 자손이 걸식함을 보지 못하였도다 그는 종일토록 은혜를 베풀고 꾸어 주니 그의 자손이 복을 받는도다" (시37:25~26)

최복례 권사의 가문에는 남편 배낙규 장로, 아들 배일현목사, 아들 배수현 장로, 아들 배성현 안수집사, 딸 배현순 권사를 비롯 9남매가 한 사람도 주님을 떠나 세상에서 방황하지 않고 영, 육간의 축복을 많이 받았으니, 이것이 바로 하나님의 축복임을 증거하고 있다.

그의 장남이었던 고 배일현 목사는 비록 이른 나이에 하나님의 부르심을 받았으나, 그의 생애는 빛났다. 그가 다른 사업에 실패하고 가족과 함께 삼례에 왔을 때는 맨손이었다. 그것도 그의 어머니

최복례 권사가 권고하기를, "너는 삼례 이은익 목사님께 찾아가야 산다."고 하셨단다.

"아시는 바와 같이, 사모님을 통해 사글세 방 한 칸 얻고 행상을 하는 중에도 너무 장사가 잘됩니다."

삼례로 나를 찾아왔을 때 아내가 잘 소개해 주어 방 한 칸을 얻고 새로운 장사를 시작했다. 사업이 기적적으로 잘 되었다. 하나님의 부어주심이 역력하였다. 단기간에 많은 소득을 얻어서 하나님께 십일조 드림은 물론이고, 담임 목사인 나에게 신형 포니2 승용차까지 사 주었다. 얼마 후에는 고향의 부모님께 논 두 필지까지 사드려서 생계에 지장이 없도록 해드린 것이다. 어릴 적부터 출석하는 교회에서 신실하게 봉사하여 담임목사와 성도들에게 인정받게 되었다. 장로가 되고 전국CE연합회 회장을 비롯, 그가 일하는 곳마다 기적 같은 일들이 벌어졌다. 생업에도 열정을 다했다. 고창군 내에 넓은 토지를 매입해 농장까지 경영하면서 큰 뽕밭을 가꾸며 양잠업을 하여 나라의 표창까지 받은 바가 있다. 그러던

배일현 장로가 기증한 승용차

중 하나님의 뜻이 계셨는지 신학교를 졸업하고 목사로 장립 받은 후, 전주에서 자신이 모은 돈으로 친히 교회를 개척하여 목회를 잘 하고 있었다. 그런데, 한 불쌍한 청년의 처지를 듣고 그를 데리고 있게 되었는데 어느 날, 새벽기도를 마친 후 갑자기 그 청년이 죽는다고 나갔다는 이야기를 듣고 달려가 보니, 그 청년이 큰 도로 한 복판에 누워있었다고 한다. 배 목사는 차의 불빛을 보면서도 뛰어 들어가서 그를 끌어내려다가 애석하게도 함께 차에 치어 하늘나라에 간 것이다. 국가는 배 목사의 죽음을 높이 인정하고 의사자로 선정하여 표창하였다. 그의 부인 김영순 사모님은 안산의 큰 교회인 안산동산교회 권사가 되었고, 자녀(딸 셋)들은 출가해서 하나님의 축복속에 행복하게 아주 잘 살고 있다.

그리고 셋째 아들인 배수현 장로(현, 안산동산교회 시무장로)의 이야기를 해야겠다.

평교교회 시절, 어린 유년주일학생이었던 배수현 군이 청년이 되어 찾아왔다. 서귀례 사모가 지혜서림에 취직을 시켜 주었는데, 배수현 군이 들어와 얼마나 열심히 일하는지 이 후 그 서점이 예상과는 달리 너무너무 잘 된다는 것이다. 그 가게 주인이 사모에게 어디서 이렇게 좋은 사람을 소개해 주었느냐며 좋아했다는 것이다. 창세기 39:2

에 "여호와께서 요셉과 함께 하시므로 그가 형통한 사람이 되어", 3절에 "그 주인은 여호와께서 그와 함께 하심을 보았더라" 하였다. 그리고 5절에 "여호와께서 요셉을 위하여 그 애굽 사람 집에도 복을 내리셨다"고 기록하고 있다. 하나님은 배수현 군을 위해서 그 집에 복을 주시는 것이다. 이는 결코 우연이 아니요, 살아계신 하나님께서 약속하신 대로 그의 어머니의 심은 열매를 거두게 되는 것이리라.

어느 날 배수현군이, 모르는 어떤 사람과 함께 나를 찾아왔다. 무슨 일로 왔느냐 물으니 "형님이 사드린 차 이제 낡았으니 제가 바꿔 드리려고요" 나는 깜짝 놀랐다. 그리고 전혀 생각지도 못한 일이기에, 배수현 군의 제의에 답변을 할 수가 없었다. 왜냐하면 당시 배수현 군은 우리교회에 출석하여 교사로 봉사는 하고 있지만 아직 집사도, 장로도 아니고 더군다나 결혼도 안한 총각이기에 그 제안에 받아들일 수가 없었다. 솔직히, 차를 사주겠다고 하여 덜컥 받기라도 하면 교회 장로님들과 성도님들이 목사인 나를 어떻게 생각할까 염려도 되었다.

그래서 거절할 수밖에 없었다. 그런데 배 선생은 막무가내였다. 목사님 마음에 드시는 색상을 정하기 위해 왔으니 색깔만 정해달라는 것이다. 나는 그 말에 아무런 대답도 못했다. 답답했는지 배 선생은

"여기 홍보 책자에 나와있는 쥐 회색으로 할께요" 하며 사택현관을 빠져 나가버렸다.

며칠 후 짙은 회색의 프레스토 승용차가 교회 사택 앞에 번호판까지 달고 들어와 있는 것이 아닌가? 어쩔 수 없이 주일날 교회주보에 광고를 하고 성도들에게 사실을 알렸더니 온성도가 감동하게 되었다. 그 후 4년 뒤, 배 선생이 나와 사모에게 이런 간증을 들려주었다. "목사님, 사실은 목사님에게 차를 사 드리려고 간 그 열흘 전에 제가 사업을 본격적으로 시작하기 위해 마련한 봉고차12인승을 도난 당했어요. 그래서 그 차를 찾으러 전주근교에 있는 저수지를 비롯하여 골목골목 안 가본 데 없었고 택시기사들에게 현상금을 걸며, 전북 5가 1848의 뿌리교육사 전화 75-4456 이라고 쓰여있는 봉고차를 찾기 위해 할 수 있는 모든 방법을 동원해 봤지만 찾지 못하고 결국 포기하고 말았어요. 그 시점에 현대자동차 직원이 포니2 이후 프레스토 승용차가 출시되었는데 나에게 차를 팔기 위해 제 가게에 와서 홍보 팜프렛을 나에게 보여주는 순간, 목사님 차를 그 차로 바꿔드려야겠다는 생각을 나도 모르게 하게 되었어요. 그래서 목사님을 찾아가게 되었는데 목사님을 뵙고 나오던 그 때, 부목사인 권순철 목사님이, '배 선생님, 어제 배 선생님 차가 이리 원대 병원 앞에 있던데요.' 하시는 거예요. '뭐라고요? 제가 그토록 찾기 위해

헤매고 다녔었는데…' 하고서 현대자동차 영업직원 차를 타고 달려가
보니 정말 제 차가 먼지에 쌓인 채 길가에 그대로 버려져 있는 거예요.
그렇게 제 차를 찾아오게 되었어요." 한다. 이 뿐 아니라, "서른이
넘었는데도 장가도 못가고 있었는데 이듬해 결혼도 하게 되었고요,
승용차를 사 드린 이후 장사가 잘 되어 결혼 만4년 만에 전주여고
옆 2층 양옥집을 주셨어요. 근데, 희한한 건 등기부등본에 부동산
이전등기된 날짜가 4월 8일이예요. 이 날짜는 제가 4년 전 목사님 차를
사드린 날짜와 같아요. 날짜가 뭐 그리 중요하고 의미가 있겠는가
지나쳐 버릴 수도 있겠지만, 저에게 느껴진 것은 하나님께서 〈네 차는
잃어버린 상태였지만 목사님을 생각한 너의 마음을 안다, 너의 마음을
내가 받았다, 그날을 기억하마, 너도 기억하며 살아라〉라는 음성으로
받아들이게 되었어요." 라고 간증하는 얘기를 듣게 된 것이다.

이것도 기적이요, 저것도 기적이라 할 수 있겠다. 그 후에도 복을
받아 "가나북스"라는 상호로 도서유통과 출판업계에서 미래의
유망주로 인정받아 큰 사업체를 경영하면서 "어릴 적 유별나게
가난했던 시절 배고픔과 굶주림에 시달려왔던 경험이 있기에 재벌이
되어 〈굶주리고 배고픈 자들에게 빵과 복음을 전하는 자로 살겠다〉
는 일념으로 일평생 자식들과 교회를 위해 기도로 일관하여 살아오신
어머니의 삶을 상기시키며, 세상을 향하여 그리스도인으로서의

영향력을 실천하며 살아가겠다” 는 간증도 듣게 되었다.

삼례동부교회

나는 선한 싸움을 싸우고 나의 달려갈 길을 마치고 믿음을 지켰으니 이제
후로는 나를 위하여 의의 면류관이 예비되었으므로 주 곧 의로우신 재판장이
그 날에 내게 주실 것이며 내게만 아니라 주의 나타나심을 사모하는 모든
자에게도니라 (딤후4:7~8)

삼례동부교회와 나, 나와 삼례동부교회는 하나요, 한 생애이며 따라서 한 운명체였다. 어쩌면 "나의 나 된 것은 하나님의 은혜로 된 것"(고전 15:10)이지만, 다른 말로 말한다면 "나의 나 된 것은 삼례동부교회로 말미암아 된 것이다." 라고 하여도 지나친 말은 아니라고 생각한다.

돌이켜보면, 나의 목회생활 42년이지만, 전도사와 강도사 사역의 7년을 제하면 35년의 목사로서의 목회 생활 중 33년(35세~68세)을 삼례동부교회에서 사역하였고 단 1회의 위임식으로 은퇴할 때까지 시무하였으니, 내 목회의 전 생을 다 바친 곳이다.

삼례동부교회에서 나는 많은 보람과 즐거움을 누리면서, 많은 고통과 눈물로 하나님을 향하여 기도하며 또한 많은 위로를 받은 교회였다. 아마 이 곳에서 나는 목회자로 다듬어지면서 사용된 주님의 도구가 아니었나 싶다.

청빙서를 받은 그 날부터 부임하던 날, 위임식하던 날, 그 후 목회하던 하루하루, 아니 은퇴하던 그 날까지 희와 비가 교차하며 사역한 곳, 그곳이 바로 삼례동부교회였다.

내가 삼례동부교회로 가게 된 동기는 이러하다. 1970년 1월 어느 날,

대전 유성에서 총회신학교 제60회 동기동창회가 있었다. 그 모임에서 당시 이우종 목사님이 제의하기를, "지금 삼례동부교회 교역자가 공석 중인데, 우리 동창 중에서 적당한 사람을 추천하여 소개하여 보자"고 하여, 여러 면에서 적당한 사람을 모색한 결과, 이은익 목사가 제일 적합하다고 얘기한 것이다. 그 이유로는 전북출신이요, 그리고 전주신흥중고등학교를 졸업하였고, 전북지역에서 전도사로 수년간 시무한 바 있으며, 또 전주지역에 이 목사와 친분이 있는 목사님들이 많이 있다는 것이었다. 이를 이우종 목사님이 맡아 소개하도록 한 것이다.

청빙서를 받고

1970년 3월 초, 삼례동부교회로부터 청빙서를 전북노회 서기에게 접수했다는 연락이 왔다. 그 후 전서노회 서기 유흥철 목사에게서 정식 통보를 받았다. 3월 13일 임원 정치부회의로 모이는데, 사직서를 가지고 참석하라는 것이었다. 이렇게 하여 1970년 3월 13일부로 나는 전서노회 평교교회 담임목사는 해임이 되었고, 전북노회 삼례동부교회 담임 목사가 된 것이다. 그런데, 평교교회에서는 3월 30일을 이사 날로 정해 놓고 있었다. 평교교회 교인들은 "목사님,

떠나시면 어떻게 합니까?” 하면서 매일같이 사택으로 찾아와 울면서 애원하였고, 일부 교인들은 어린 아기를 들춰 업고 나와서까지 철야기도를 하기도 했다. 사택을 비워줄 처지도 못되는 마음 약한 우리 내외에게는 이런 상황에서 보름이 넘도록 기다린다는 것이 여간 고통스러운 일이 아니었다. 나는 위장병까지 발병하기도 했었다.

아내는 이런 상황을 볼 수가 없다며 잠시 서울 친정에 가 있었다. 그러던 어느 날, 어머니와 함께 잠을 자고 있는데 늦은 밤에 많은 사람들이 예배당에 모여서 찬송을 부르는 소리가 들렸다. 어머니가 나가보니 예배당 안에는 아무도 없었다. 이상한 일이었다. 이게 무슨 뜻일까? 더욱 고민이 커질 수 밖에 없었다. 그 다음 날 새벽이 되자 평소보다도 더 많은 교인들이 새벽 예배에 참석했다. 조금 전에 들렸던 찬송, “달고 오묘한 그 말씀 생명의 말씀은 귀한 그 말씀 진실로 생명의 말씀은~” (찬송가 200장) 바로 그 찬송을 부르면서 모인 이들이 모두 눈물을 흘리며 함께 기도했던 기억이 생생하다.

우리 내외는 목사로서 교회와 이별하는 것을 처음 당해보는 일이기에 더욱 어려운 기간이었다.

부임하다

3월 30일에 삼례에서 집사 두 사람이 왔다. 삼륜차에 짐을 실었다. 이삿짐이라고 하지만 하숙생의 짐 보따리라고 해야 마땅할 것이다. 이부자리 몇 채와 백 여권의 책에 불과했다.

떠나는 시간, 전교인들이 다 나온 것 같았다. 눈물마저 말랐던가, 정을 떼고 가는 목사에게 원망스러움의 표출이었던가, 바라보는 눈망울이 몹시 서글퍼 보였다. 나도 마지막 기도를 드릴 때 왜 그리 눈물이 나던지, 펑펑 쏟아지는 눈물을 가릴 수 없었고 떨리는 입술을 움직일 수 없어서, 그만 내가 먼저 울음을 터뜨리고 말았다. 참고 있던 우리 평교교회 교우들, 내 곁에 한 번도 와 보지 못했던 저들이 부끄럼도 모르고 내 옷깃을 붙잡고 언제 한 번 오시느냐고 물으며 자꾸 눈물을 흘렸다. 어떤 이는 아내에게, 어떤 이는 어머니에게, 또 아이들에게 다가와 손목을 붙잡고 연신 눈물을 흘렸다. 우리는 이들을 뒤로 하고 택시에 올랐다. 한없이 그리움만 남긴 채 말이다.

삼례로 오는 길은 고달팠다. 이별하는 과정에서 많은 눈물을 흘리며 기운을 뺀 탓인지 차 멀미를 심하게 했다. 견딜 수가 없었다. 쉬고 또 쉬어 가며 삼례에 도착하니 멀미 기운에 정신이 하나도 없었디. 택시 기사가 "이리 모시라고 했습니다." 하고 내려준 곳에 들어가보니 정영규 장로님 댁이었다. 잠시 누어 쉬었다가 최공순 권사(당시 집사)의 인도를 받고 교회에 도착하니 분위기가 싸늘했다. 우리의 실수였다. 도착했으면 당연히 먼저 교회에 들러서 감사기도를 드리고 우리를 환영하기 위해 모인 이들에게 인사하는 것이 너무나 당연한 도리가 아니겠는가. 교회 마당에는 꽃들이 찢기어 여기저기 널려 있었고, 모였던 제직들은 모두 다 집으로 돌아갔다고 했다.

저녁이 되니, 30여명의 제직들이 모였다. 환영예배를 드렸다. 그 때 나는 롬 13:8, "피차 사랑의 빚 이외는 아무에게든지 아무 빚도 지지 말라 남을 사랑하는 자는 율법을 다 이루었느니라" 라는 말씀을 봉독하고 "사랑의 빚" 이란 제목으로 강론한 후 예배를 마쳤다.

저녁식사 시간이 되었다. 새 목사를 모시는 첫 식탁이었다. 그런데, 콩나물국에 찬거리는 오징어 무침이 최고라 할 정도로 식탁은 초라했다. 우리 내외야 상관없지만, 그 때 그 자리에는 이리중앙교회 부목사로 시무하고 있던 이은수 목사와 천서교회 권봉진 목사가 찾아와 있었고, 고향 작은아버지 내외분과 또 익산의 여동생 이영자 권사(당시 집사) 내외도 와 있었다. 내가 평교교회보다 더 큰 교회로 옮기게 되었다고 축하해 주러 온 친지들이 모인 자리에서 내 심정은 정말 이루 말할 수 없었다.

물론 나는 나의 처지를 잘 알고 있었다. 나의 전임이었던 윤목사와는 비교조차 되지 않는 처지였다. 윤목사는 나의 4년 선배였고, 살림살이나 책 등 이삿짐도 많았다고 한다. 그러나 그 때의 내 모습은 보름 이상 전임 교회에서 맘 고생을 하고 있었고, 책이며 살림살이 등 삼륜차 하나도 다 채우지 못하는 모양새였으니 얼마나 비교가 되었겠느냐 말이다.

식사 후 작은어머니께서는 조카 목사가 측은히 여겨졌는지 나를 조용히 부르시더니, "이 목사, 이리 와 보소. 기도 많이 해야겠어. 어떤 귀부인 같은 여자분이 와서 몇 마디 묻더니만 꽃다발을 찢으면서, 우리가 목사를 모신 것이 아니라 애기를 데려왔네, 하면서 화를 내며 갔다네." 하셨다.

나의 미숙한 탓도 있었으나, 첫 날부터 이러한 과정을 겪으며 나는 새 임지에 부임하게 되었다.

사역의 시작

4월 1일로 기억한다. 수요일 저녁 예배, 첫 강단에 섰다. 빌3:13~14절 말씀에서 "전진" 이라는 제목으로 강론하였다. 4월 5일 첫 주일

대예배에서는 행20:17~24절을 봉독하고 “교역자(나)의 고백”
이란 제목으로 첫 예배를 드렸다. 말씀의 중심은 “내가 받은 사명을
마치려 함에는 생명을 바쳐(행20:24) 달려가겠다(빌3:14)” 는 각오를
선포한 것이다.

부임한 첫 주일인데, 교인은 110명이 모였다. 농촌에서 계절적으로
많이 모이는 때요, 또 새 목사를 모신 첫 주일이기에 많이 모인 숫자일
것이다. 6월 농번기가 시작되자 최하 84명에 이르기도 했다. 나는
주일 후 첫 월요일부터 한 주간 대심방을 실시했다. 전체 구역이 6
개 구역이었다. 그러나, 1개 구역이 20개 가정이 넘는 구역이 있어서
조금은 피곤하기도 했다.

나는 열심히 사역에 임했다. 새벽예배엔 4시에 나가서 7시가 넘도록
기도하고 돌아와 말씀을 읽었고, 주일 새벽예배 후에는 장년 공과를
가르치는 장로님들을 만나 대화도 나누면서 격려했다. 당회의 운영
상태와 재직회의 각 부서의 활용 및 구역운영관리 등 제반 문제 등을
살펴보았는데 비교적 잘 되고 있었다. 나는 교회의 구석구석을 살펴
71년도 목회 계획을 세우는데 이를 참고하고 반영하고자 한 것이다.

그러나, 잘 되고 있는 중에도 개선할 점이 2가지가 있었다. 하나는
재정관리 문제요, 다른 하나는 구역관리 문제 즉, 여전도사의

심방이었다. 첫 생활비를 교회 회계가 가지고 왔다. 열어보니 액수가 모자라기에 그 이유를 물었다. 그 동안 집에서 시외 전화한 전화비와 미처 준비하지 못한 장롱을 서울에서 부쳐왔는데 그 운송비를 빼고 지급하는 것이라고 했다. 아무 말도 하지 않고 다음 날부터는 시외전화할 일이 있으면 우체국까지 가서 거기서 이용했다.

봄이 가고 농번기로 바빠지던 6월 어느 주일 아침이었다. 주일 아침예배의 기도를 맡은 고종만 장로가, "목사님, 어제 해전교회 박성신 목사가 와서 이 목사가 부임한지 얼마나 됐다고 벌써 떠나야 한다니 웬일이냐고 하면서 그 말을 노회 상납금 수금위원인 정성용 장로에게서 들었다고 합디다. 참 이상한 얘기인데, 염려 마세요." 라고 하는 것이었다. 나는 그 순간 크게 당황했지만 반성했다. 새 임지에 부임했으면 먼저 기도원에 가서 하나님께 기도했어야 하는데, 내가 너무 급하게 서두르고 있으니 하나님께서 강제로 기도하라고 신호를 주신 것이라 생각했다. 당회원들에게만 이야기하고 나는 곧 서울 삼각산 제일기도원으로 들어가 기약없이 하나님 앞에 엎드렸다. 하나님의 응답이 있을 때까지 내려가지 않을 참이었다. 한 주간이 지나고, 두 주기이 지나고, 세 주간 째 어느 날, 강단에 엎드려 기도하다가 꿈을 꾼 것으로 생각이 된다. 내가 교회 강단에서 설교 중인데, 강단 양편으로 개 두 마리가 올라오고 있었다. 한 쪽 개를 발로 차서 쫓아내면 다른 쪽 개가, 또 이쪽 개를 쫓아내면 반대편 개가 올라오는 것이었다. 몇 차례 싸우다가 결국 두 마리 개를 모두 몰아내고 나니, 이제는 더 무서운 호랑이가 달려들고 있었다. 예배당에 모인 온 성도들이 강단에서 멀리 도망을 쳤다. 아예 문 밖으로 뛰어 나가는 사람들도 있었다. 나는 "이 호랑이를 반드시 이겨야 한다, 그래야 우리교회가 살고 나도 산다"고 결심하고 있는 힘을 다해 싸웠다. 그러나 너무너무 힘겨웠다. "하나님, 도와주소서!" 그 때 나를 위해 싸워주시는 분이 계셨다. 바로 성령님이셨다. 호랑이는 슬그머니 교회 밖으로 사라졌고, 그 때 나는 꿈에서 깨어났다. 나는 이 때 새 힘을 얻었다. 하나님께서는 나에게 세 가지를 내 목전에 주신 것이다.

삼각산 제일기도원

첫째, ①돈에 투명하라

②명예에 연연하지 말라

③이성(여자)을 주의하라

둘째, ①외적으로 유하고,

②내적으로 강하며,

③쓴소리를 단소리로 들으라.

셋째, ①최고의 사람보다 최선의 사람이 되라

②강자보다 약자를 더 살펴보라

③미쁜 사람 보다 미운 사람을 우선하라

또한 총체적인 자세는 섬기는 자세로 하라(마20:28).

①머리 숙인 자세

②무릎 꿇은 자세

③엎드린 자세

그리고, 모든 영광은 하나님께! (고전10:31)

기도원에서 내려오니, 본교회 이금순 여전도사가 목포제일교회로 가겠다고 사직서를 가져왔다. 나는 꼭 가셔야만 하겠느냐고 물었다. "목사님, 가려고 이사비까지 다 받았습니다." 하는 것이다. "그러시다면 알겠습니다. 좋은 교회로 가시게 됐는데, 당회에서 의논하겠습니다." 사직서를 받아두었다. 토요일 저녁 당회에서 의논했는데, 가시게 하는 것이 좋겠다는 의견이었다. 그런데, 다음 주일 교회에 한바탕 소동이 일어났다. 이 소식을 들은 교인들이 전도사 댁으로 몰려가서 가지 말라고 붙들고 울며 매달리니, 마치 초상집을 방불케 했다. 그리고 예배가 끝나자 이를 알게 된 교인들 대다수가 여전도사 사택으로 가서 방에서부터 마루, 마당에 이르기까지 모여들어 울며 애원하는 것이다.

나는 조용히 집에 들어와 서재에 있었다. 그 때 여집사 7~8명이 따라 들어왔다. "목사님, 전도사님 사표 어디 있어요? 반려해 주세요." 한다. "한 번 제출했으면 목사 마음대로 반려 못하는 것입니다." 몇 차례 이런 말들이 오고 갔었다. 그런데, 이들 중 한 집사가 손바닥으로 방바닥을 치며 큰 소리로, "목사가 떠났으면 떠났지, 전도사님은 못떠납니다." 하며 말하고는 밖으로 나갔다. 나에게는 그저 "목사" 요, 전도사에게는 "전도사님" 이라는 "님" 자를 붙여 부르다니…

그럴 수 밖에 없는 이유가 있다. 이금순 전도사는 고려신학교를 졸업한 인텔리 전도사요, 본 교회에서는 10년 넘게 시무하여 정이 들대로 든데다, 교회 중진 제직들도 대부분 그에게서 배우고 자란 사람들이었다. 며칠 후 이 전도사가 여전도회 회장과 임원 두 명과 함께 이사비를 들고 나를 찾아왔다. "목사님, 잘못 생각해서 결정한 것이니, 목포제일교회에 이사비는 반환해 주시고 사표는 저에게 돌려 주세요." 하고 요청했다. 나는 정색하고, "전도사님, 이런 중대사를 혼자 결정해 놓고 그렇게 쉽게 취소할 수 있는 것입니까? 또

상식적으로 말해 봅시다, 새 담임 목사가 부임하면 모든 부교역자는 떠나는 것이 도리 아닌가요?" 무거운 침묵이 흘렀다. 그 때 여전도 회장인 김인희 집사(후에 권사가 됨)가 입을 열었다. "전도사님, 떠나셔야 합니다. 미련없이 떠나십시오." 결국 이금순 전도사는 1970년 7월 13일 목포제일교회로 가시게 되었고, 교회는 그를 성대하게 환송해 주었다.

시름이 많았던 1970년도가 거의 저물어 가는 11월, 나는 서울 청계산 기도원에 들어가 71년도 계획을 수립했다. 첫째는 교회요람, 둘째는 교회 규칙, 셋째는 목회 운영안이었다.

지금은 기독교 서점에 참고할 만한 서적들이 많이 나오지만, 그 시절에는 그런 서적들이 전혀 없었던 때인지라 오랜 경험으로 얻어지는 자기 지식에 의해서 작성되어야 했다. 교회 규칙은 보류되었고, 교회 요람은 당회 부서와 제직회 부서, 또 거기에 맞는 임무를 부여하고, 거기에 교회 전체 조직을 함께 담아, 이것을 최종훈 선생(현 장로)이 일일이 프린트해서 작은 책으로 엮어낸 것이다. 그 속에 71년도의 목회 운영계획도 함께 넣었다.

새해가 밝았다. 1971년도 계획 중에 특기할 만한 것은, 깃째 재정 정책의 개혁을 들 수 있다. 수십 년을 회계 홀로 헌금을 걷어 가정으로 가져가서 정리하던 것을 재정위원 전원이 투명하게 정리하여 매주 당회장에게 보고하게 하였다. 둘째는 당회 및 제직회 각 부서 사업 보고 및 계획 보고의 강화이다.

그리고, 3월 1일 주일을 총동원 주일(1인 전도)로 지켰는데, 예배당이 초만원을 이루는 대성공이었다. 또한 전교인(중고등부, 청년, 장년부) 하기 수양회를 변산초등학교에서 개최하고, 100여명이 참석하여 참석자 전원이 큰 은혜를 받고, 주 안에서 좋은 교제가 되었다.

위임식

그런데, 문제는 위임식이었다.

교회는 이은익 목사를 위임 목사로 청빙해 놓고서 위임식을 위한 예산조차 편성하지 않은 체 위임식 없이 1년을 넘기려는 듯 했다. 만일 1년을 넘기게 될 경우, 위임 목사 청빙이 취소되는 것이다. 기한은 4월 21일 정지노회 전까지였다. 시찰 위원회에서는 권고위원으로 시찰장, 서기, 직전 당회장 등 3인의 위원을 선정하여 본교회 제직회를 소집했다. 예산이 없다는 이유로 난처해 하는 제직들을 설득하여 노회 전날인 4월 20일 오전 11시에 위임식을 거행하기로 결정했다.

시찰회가 위임국이 되어 설교에는 김복남 목사에게 부탁하기로 하였다. 그런데, 위임식을 위한 예산을 연초에 세우지 않은 까닭으로 겨우 식대와 설교자 등 순서자 사례 정도만 특별예산을 세우게 됐는데, 그것도 부끄럽기 짝이 없는 수준이었다. 참석자는 고작 200명 정도를 기준으로 삼았다. 참석자들에게 주는 기념품이나 당시의 관례였던 교역자들에게 주는 거마비 같은 것은 생각지도 않는 것이었다. 그리고 위임 받는 목사와 사모는 아예 여전도회 자체적으로 예물을 하게끔 했다는 것이다. 그러나 내가 짐작하건대, 전국에서 오시는 손님은 300명은 훨씬 넘을 것 같았고, 그 중 최소 100여명은 목사님들이실 것 같았다. 나는 개인적으로 타월 150매와 거마비 봉투 100개를 준비하여 비밀리에 목사님들께 나누어 주도록 친구에게 부탁했다. 사실 교회에서는 장로 장립식이나 권사 취임식 등 다른 행사와 겹치지 않는, 나의 위임식만 치르는 단일 행사였으므로 간단하게 생각했을 것이다. 식사는 오시는 손님들도 나의 손님뿐일 테니 본교 교인들까지 합해서 200명분이면 충분할 것이라고 보았고, 접수부도 편지지 넉 장(앞뒷면 100여명)이면 될 것이라고 생각했을 것이다.

그러나 위임식 시간이 다가오자 축하객들이 속속 도착하기 시작하더니 시작 시간이 되기도 전에 예배당 안은 이미 만원이 되었다. 앞으로 당기고 또 당겨도 손님들을 다 수용할 수가 없었다. 안내자 봉사자들 외에도 본 교인들은 많이들 밖에 나가 있기도 하였으나, 예배당 밖의 정원이나 하층에도 적잖은 손님들이 있었던 것 같다. 왜냐하면 내 선물 접수 대장에 접수된 숫자가 300여 건이었으니 말이다.

이 날 찾아주신 분들 중에는 전북의 저명한 목사님들뿐 아니라 서울 등 전국에서 아버지의 친구분들, 또 아버지께 도움을 받으셨던 목사님들도 많이 계셨다. 그리고 통합측의 저명한 목사님들도 여럿 오셨었다.

본 교회에서는 200명분의 식사를 준비했었기 때문에 그 많은 손님들의 식사를 감당하기에는 턱없이 부족할 수 밖에 없었다. 급기야는 교인들을 동원하여 각 가정에 가서 있는 밥을 모아오도록 했다고 한다. 예식을 마친 후 결산하는 과정에서 교회 회계와 여전도 준비 위원 간에 적지 않은 마찰이 있었다는 소리도 들렸다. 내용인 즉, 여전도회에서 보기에 손님들 대접이 너무 소홀한 것 같아 최공순 집사가 사과 몇 상자 사다가 한 사람에 하나씩 식탁에 돌렸다는데, 교회 회계는 예산에도 없는 것을 임의대로 했다고 서로 잘잘못을 따졌다는 것이다. 이 때 한 여집사가 회계 집사에게, "집사님, 우리가 얼마나 당황했는지 아세요? 사람들은 막 몰려오지요, 대접할 음식도 모자랐지만 그릇도 모자라 손님들에게 밥을 국에 말아서 국밥으로 대접했어요. 그것도 모자라서 잡수지 못하고 가신 분들이 수두룩해요." 하며 울먹울먹하는 것이 아닌가. 내가 이를 보게 되어 얼른 진정시켰다. "여러분, 오늘 고생들 많으셨어요. 다 저를 위하고 교회를 위해서 한 일들 아닙니까! 없는 예산을 들여 이 큰 행사를 치르시느라 정말 수고들 많으셨어요." 그리고 예배당 뒷편에 선물이 있으니 가져오라고 하였다. 행사를 위해 봉사해 주시고 수고해 주신 남자분들에겐 와이셔츠 한 벌씩을, 여자분들에게는 스테인레스 그릇을 선물로 나누어 드렸다.

모든 것이 다 하나님의 은혜로 된 것이다. 이렇게 어려운 상황에서 위임식을 잘 마치게 된 것이 얼마나 감사한 일인지… 그 날 우리 내외는 한없는 눈물을 흘리며 하나님께 감사기도를 드렸고 찬양했다.

(찬송 458장)

1. 너희 마음에 슬픔이 가득할 때 주가 위로해 주시리라
   아침 해 같이 빛나는 마음으로 너 십자기 지고 가라
   (후렴) 참 기쁜 마음으로 십자가 지고 가라
   네가 기쁘게 십자가 지고 가면 슬픈 마음이 위로 받네

2. 때를 따라서 주시는 은혜로서 갈한 심령에 힘을 얻고
   주가 언약한 말씀을 기억하고 너 십자가 지고 가라

3. 네가 맡은 일 성실히 행할 때에 주님 앞에서 상 받으리
   주가 베푸신 은혜를 감사하며 너 십자가 지고 가라

목양일념 (牧羊一念)

이제는 동부교회의 미래를 위해 새 역사를 만들어 나가야 한다.

그러기 위해서는 사도 바울이 말씀하신 바, "때를 얻든지 못얻든지 항상 힘쓰라"(딤후 4:2)고 하신 말씀대로 누가 인정해 주거나 말거나, 알아주거나 말거나, 오직 주님만 바라보고 전진하면 되는 것이다.

그래서 나는 이렇게 결심하였다.

① 본 교회 성도들 중에 일시적으로 타 지역에서 생활하다가 1년쯤 후에 돌아왔을 때 "우리 교회가 정말로 달라졌구나" 하게 하자.
② 제직 및 모든 기관, 속회, 구역은 물론이고, 모든 교회 조직체가 일하지 아니하고는 견딜 수 없도록 분위기를 만들자.
③ 발전적 교회 운영을 위해 시설물이 필요한데, 그 중 가장 시급한 교육관을 건축하되 무리하게 강행하지는 않는다.(연차적으로

시행하자.)

④ 주인의식, 즉 모든 성도는 구경꾼이 아니라 주인이 되게 하기
위해서 함께 참여하는 교회가 되도록 하자.

⑤ 내 교회만을 위한 사상을 넘어 연약한 미자립 교회와 세계 선교를
위한 비전을 갖게 하자.

이와 같은 업무 수행을 효율적으로 수행함에 있어서는 무엇보다도 중요한 것이 행정(사무)적 뒷받침이라고 생각했으므로, 나는 행정에도 결코 소홀할 수가 없었다. 그래서 "①교육하는 교회로, ②선교하는 교회로, ③봉사하는 교회로(마4:23)"라는 목표대로 착실하게 내 임무를 수행해 나갈 수 있도록 하고, 그 행동 원리는 삼방목회(三方牧會) 즉, ①골방목회(기도), ②책방목회(말씀), ③심방목회(방문, 상담)로 정했다.

① 교육하는 교회

나는 목회의 첫 번째 실천 목표인 교육하는 교회의 기본을 살려, 평신도들도 신학의 초보적인 내용 정도는 교육을 할 수 있어야 한다는 판단 아래, 1972년 1월부터 농한기 및 겨울방학을

십자가를 지고

이용하여 ‘단기 성서 대학’ (당시에는 성서라는 표현을 사용했다)
이란 이름 아래 하루 3시간(오후 6시~9시)씩 6주간 초급과정 신학
교육을 실시했다. 장년 120여명 모이는 교회에서 학생 포함 100
여명이 넘는 교인들이 지원하여 진지하게 교육에 임하는 것을 보았다.
강사는 나와 당시 부목사로 잠시 시무하던 정승회 목사가 담당했다.
과목으로는 초급 신학 외에 헌법에 있는 예배 모범, 권징조례, 직분론,
이단종파에 관한 비판, 한국교회사 등이었다. 그리고 학우회를 조직하여
자체적인 활동을 펴면서 대내외적인 봉사활동과 축호전도 등 신앙
훈련도 강화했다. 그리고 2년 과정을 마치면 일단 수료증을 받을 수
있도록 하였다. 이와 같은 교육 계획은 우리 교회가 선도적 역할을
한 것으로, 당시 전주의 몇몇 큰 교회들도 우리의 이 제도를 도입하였고, 후에 여러 교회들이 시행하게 되었다. 그 밖에도 제직세미나, 평신도 세미나, 부흥사경

제1회 단기성서대학 졸업식

회 등도 그 방법과 수준을 높여 교육에 중점을 두는 집회로 지향하였고, 또 일찍이 경로대학을 설립하고 사회저명한 전문분야의 인사들을 초청하여 성경교육 외에 노인건강과 위생, 레크레이션 등 어르신들의 건강도 챙겨주고 식사도 대접하면서 좋은 교제를 나눌 수 있는 기회를 삼게 하였다. 그리고, 일단 2년의 교육 과정을 마치면 졸업을 하게 되는데, 전북신학교에서 졸업 가운과 학사모를 빌려다가 어느 대학 부럽지 않게 성대하게 거행해 주곤 했다. 또 이를 축하하기 위해 자녀들의 주소를 파악하여 학장(목사) 명의로 졸업 안내장을 발송하면서 "귀하의 부모님의 명예로운 졸업을 축하한다" 고 말한 후, 귀하의 부모님이 학사모를 쓰고 졸업을 하시는데, 꼭 참석하여서 아버님 혹은 어머님을 기쁘시게 해 드리라는 부탁을 잊지 않았다.

그리하면 90% 이상의 자녀들이 참석을 하곤 했다. 그리고 졸업식 날 지역 기관장과 유지들도 초청하여 그 날 하루는 온 교회가 축제의 분위기가 되었다. 이 경로

제1회 경로대학 졸업식

대학은 지금까지 계속되고 있다.

그 밖에도 선진교회, 기독교 사적지, 순교자 기념관 등 교육적 가치가 있는 곳을 찾아 견학하는 일에도 힘썼다. 그러나 제일 중요한 교육은 나의 강론(설교)의 방향과 체계에 있었다. 모든 목회자가 다 그렇겠지만, 설교는 목사의 생명이기 때문이다.

나의 설교의 특징이라면 강론 즉, 90%가 본문 설교라는 점이다. 본문에서 제목을 삼고, 또 본문에서 1, 2, 3 대전제를 차출하여 말씀을 준비하되, 반드시 원고를 작성하여 설교하였는데, "~하였습니다.", "~였습니다." 까지 그대로 다 기록하고 그대로 설교했다.

그리고 설교 중 내가 무엇보다 더욱 중요하게 관심을 가지고 준비하는 예배는 새벽예배였다. 왜냐하면 새벽시간에 말씀 전하기가 가장 좋은 시간이요, 또 모든 성도들도 말씀듣고 은혜받는 정도가 최고인 시간이 바로 새벽시간이라고 생각했기 때문이다. 나는새벽예배에 심혈을 기울였다. 어느 전문가의 말에, 사람이 하루에 4시간만 푹 자면 건강에 지장이 없고, 대신 반드시 저녁 10시에서 새벽 2시 사이에 자야 한다고 하였는데, 나는 목회 15년 후반부터 이를 수행하면서 새벽 2시에 기상하여 세수하고 서재에 올라가서 준비한 말씀을 원고에 담아서 강론하곤 하였다. 어김없이 새벽 3~4시면 새벽기도에 오시는 우리교회 최공순 권사님은 우리 목사님 서재에 켜진 등불만 보아도 은혜를 받는다고 하였다. 감사한 일이다.

그 밖에도 시대를 따라 제도 개선 및 교육 커리큘럼의 정립, 교육 방법의 현대화 등 교육 세미나를 통하여 교사들의 질을 높이고, 교육에 더욱 매진하기 위해서 교회 본당 신축에 앞서 1977년 교육관을 신축하고 일반 학교와 비슷한 교실 등의 교육 시설을 갖추게 되었다. 이 교육관을 기반으로 통상적으로 성경퀴즈대회, 매일성경읽기대회, 성경암송대회 등 각 속회 주최의 교육 행사들이 계속 이어지곤 했으며, 우리 교회의 이런 교육관 시설은 노회 교사수련회의 주요 장소가 되기도 했다. 또한 80년대 초반에는 대학부, 청년부 회원들의 봉사로 무료과외학습을 시작하여 중고등학생들을 교회로 모았다.

② 선교하는 교회 – 국내 전도

외국 선교에 앞서 우선 할 일은 교회 성장을 위한 내지 전도다.

"복음은 예루살렘과 온 유대와 사마리아와 땅 끝까지"(행 1:8)다. 나는 먼저 교회 확장을 위한 여러 가지 방법을 활용했는데, 우선 체육대회를 통한 전도운동이 그 중 하나다. 71년부터 매해마다 개최되어 오고 있는 이 체육대회는 당시 좋은 전도의 방법이었다. 체육대회의 목적은 친목과 단합을 다지는 것이지만, 선수의 자격은

외지인은 제외하되, 동네에 거주하는 자는 교인이든 아니든 구분없이 다 출전할 수 있게 했다. 인간에게는 승리의 본능이 있다. 자기 동네 (구역)의 우승을 위해 응원단을 조직하고 자기 마을 사람들을 총동원하고 한 마음으로 똘똘 뭉쳐 경기에 임하였으니, 결국 최약체로 평가받던 구역이 우승과 준우승을 차지하게 되는 일이 생겼고, 그 마을에서는 예수를 믿지 않던 마을 사람들도 자연스럽게 교회에 관심을 가지게 되었고, 결국 그 구역이 크게 발전 부흥하는 역사가 나타나게 되었다.

우리 교회 체육대회는 초등학교 운동회를 방불케 하는 대 성황을 이루었고, 이제는 역사와 전통이 있는 체육대회로 자리매김 하고 있다.

또 하나는 장례식을 통한 전도운동이다. 지금이야 모든 장례 일정이 장례식장에서 이루어지지만, 당시에는 모두가 교회 몫이었다. 엽습도, 입관식도, 상여를 매는 일도, 하관식도, 모두 교회가 담당했다. 3일장이 치뤄지는 동안 목사는 녹초가 되는 기간이었다. 허나 그럴지라도, 장례는 전도를 위한 최고의 기회였다. 숨을 거두는 시간부터 장례식이 끝나는 날까지 많은 교인들이 동원된다. 십자가 깃발을 앞세우고 남녀 구분하여 흰색 가운을 입고 찬송을 부르며 동네 안길을 통과하고 동네 밖으로 행진할 때, 온 마을 사람들이 나와서 고인의 마지막 가는 길을 지켜보니 장관을 이룰 수 밖에 없었다. 하나님의 부르심을 받고 평안한 최후를 맞은 고인의 모습을 떠올리면서, 동네 노인들은 예수를 믿겠다고 목사님의 심방을 요청한다. 나는 기꺼이 찾아갔다. 좋은 전도의 기회였다. 그들은 이제라도 교회에 나가면 나도 저렇게 장례식을 해 줄 수 있느냐고 물었다. "그렇습니다. 그러니 돌아가시기 전에 예수 믿으시고, 꼭 자녀들에게 '나 죽으면 교회 목사님 모시고 믿는 예식으로 해 달라' 고 유언으로 남기십시오." 틀림없이 교회에 나오신다. 와병 중에도 믿기로 작성하고 자녀들에게 유언을 남긴다. 그렇게 하여 믿고 돌아가신 분들에게 교회는 정성들여 장례식을 거행하여 주었다. 그러면 또한 그의 자녀들도 서서히 교회에 나오게 되어있다.

이러한 장례식과 관련한 에피소드는 정말 밤새워 해도 끝이 없을 것이다. 몇 가기 에피소드를 전하자면, 때때로 가족조차 꺼리는 죽음이 있었다. 폐병을 심하게 앓다가 방바닥에 붉은 피를 쏟아 놓고 돌아가신 분이 있었다. 가족들 어느 하나 그 방에 들어가기를 무서워했는데, 나의 아내와 최공순 권사가 서슴없이

장례행렬

대야에 물을 담아 들어가서 그 많은 피를 다 닦아내고 새 옷으로 갈아 입히고 수습해 놓았다. 고인의 가족들 뿐만 아니라 온 동네 사람들이 감동을 받았다. 또 어떤 사람은 섣달 그믐 날 동네 노름판에서 돈을 모두 잃고는 농약을 마시고 헛간 짚더미에 처박혀 죽은 사람이 있었다. 그의 자녀들은 우리교회 주일학교 학생들이었다. 구역장의 보고가 있었기에 긴급히 나의 아내와 관리 집사가 찾아갔다. 가난한 가정인지라 너무 안타깝기 그지 없었다. 헛간에 들어가 보니 고인의 의복에 대소변이 범벅되어 악취가 진동했다. 명절인지라 동네 사람 누구 하나 도와주러 오는 이가 없었다. 역시 내 아내는 즉시 물을 떠다가 시신을 수습하는데, 어디서 그 많은 대변이 나오는지, 씻어도 씻어도 한이 없었다. 추운 겨울 죽을 힘을 다하여 시신을 씻기고 옷을 갈아 입히고, 그리고 장례식을 잘 치뤄 주었다. 이런 일을 시작으로, 원래 두 가정 뿐이었던 그 구역이 세 가정, 네 가정으로 늘더니, 전도의 역사가 일어나 후에는 3구역 34가정으로 크게 부흥했다.

② 선교하는 교회 – 상가 전도

내가 삼례동부교회에 부임하고 1~2년쯤 지난 후에 많은 제직들 가운데 "사거리파 3인만 전도하여 교회에 나오게 해도 이 목사님은 목회에 성공하는 것이 될 것이다"고 말하는 분들이 있었다.

사거리파 3인이라 함은 누구를 말하는 것이냐고 물었더니, 삼일약국 허진석 약사(박순자 성도), 삼성건재사 소병근 사장(오복주 성도), 삼성소리사 이춘희 사장(유봉자 성도)라고 했다. 그런데, 그들은 완고한 분들이어서 전임자들이 몇 차례 전도하려고 시도했으나 대화조차 어렵고 심방을 가면 미리 피해버린다는 것이었다. 그들 부인들은 당시 본교회 교인들이었으나, 아직 직분을 받지 못한 일반 성도들이었다.

나는 기도하면서 그들에게 접근하려 했으나, 역시 여의치 않았다. 그들 중 한 분은 전날 대심방 중 그 집에서 점심을 대접했는데, 식사 중에 들어와 자기 부인에게 화를 내면서, "대접하는 것은 좋은데, 꼭 이렇게 하여야 하느냐?" 며 꾸짖기도 하였다. 우리는 식사를 하다가 멋쩍어하며, "앉으십시오, 같이 식사 하십시다." 하였는데, 화를 낸 채로 그냥 자리를 뜨고 말았다. 그래서 나는 더더욱 조심스럽게 다가가 전도할 수 있는 방법을 모색하고 있었다.

세 분 중 그나마 먼저 다가가기 쉬웠던 분이 삼일약국 허진석 약사였다. 그 약국은 우리 교회 진입로 입구의 큰 도로변에 위치하고 있어서 전주나 읍내에 오갈 때 그 약국 앞으로 거쳐갈 수 있었기 때문에, 나는 일부러 그 약국에 자주 들러 의약을 조제 받으며 자연스럽게 대화를 나누게 되었다. 당시는 의약분업이 시행되지 않던 때라 의사의 처방없이 약사가 직접 약을 조제하고 판매하던 때였다. 어느 정도 시간이 흐르자 점차 친근하게 되면서 교회에 나오시라고 권면하니 며칠 지나지 않아 교회에 나오시는 것이었다. 큰 고기를 낚은 셈이었다. 물론 이렇게 된 것은 하나님의 예비하심이 있었겠지만, 그의 아내 박순자 성도의 역할이 컸을 터이다.

이로써 나는 다른 두 분의 전도에도 자신을 얻게 되었다. 나는 두 분에게도 다가갈 수 있는 방법을 찾았다. 삼성건재사(당시에 운수사도 겸하고 있었음)에는 그 시절 우리 교회가 마침 교회 본당 현관 건축을 시작으로 교육관, 목사관, 본당 등 각종 건축을 계획하고 있던 터라 각종 건축 자재를 그 곳에서 구입하게 되었고, 또 철근은 서울에서 구입하게 되었는데 그 집에서 경영하던 트럭을 이용하게 되면서, 어느 때는 일부러 그 트럭에 동승하여 서울까지 오가면서 장시간 깊은 대화를 나누며 친분을 쌓았다. 그 후에 그도 교회에 인도하는 일에도 문제가 없었다.

그와 함께 삼성소리사 이춘희 사장도 비슷한 시기에 함께 다가가게 되었는데, 당시 우리 교회 엠프시설이 퍽 취약했었다. 주일 예배 시작 직전 전화로, "교회 마이크가 이상이 있으니 한 번 나와서 봐

주시라”고 부탁하면, 처음엔 어쩔 수 없이 일 때문에 왔다 갔으나, 자연스럽게 예배에 참석하게 된 것이다. 물론 이와 같은 하나님의 역사는 그의 부인과도 의논하고 함께 합동 작전으로 시도한 것이었다. 그 후 교회 마이크 시설을 좀 손봐달라고 부탁하면 오히려 더 기뻐하면서 마이크를 살펴봐 주기도 하더니, 결국 하나님을 믿기 시작하게 되었다.

그 후에도 나는 자주 그들을 방문하여 그들이 믿음을 더욱 굳건하게 할 수 있도록 인도해 주었다. 결국 그들은 결코 완고한 분들이 아니었던 것이다. 오히려 온유한 분들이었다. 다만 직업 때문에 쉽게 교회에 나오지 못하고 있었던 것이었다. 이들은 열심으로 교회에 나왔고, 시간이 지나자 교회의 중진 집사가 되었고 충성하면서 봉사 잘 하더니 세 분 모두 장로가 되었으며, 그 부인들도 모두 권사가 되어 세 가정이 모두 교회의 중심에 서 있는 일꾼들이 된 것이다. 할렐루야!

그리고 문전 걸인일지라도 잘 대접해 준다면, 그들이 후에 본교회를 위해서 귀한 홍보대사가 되어 준다는 것을 나는 잘 알고 있었다. 너나 할 것 없이 어렵던 그 시절, 우리 집에는 구걸하러 오는 사람들이 꽤 많았다. 삼례에 장이 서는 날이면 하루에도 10여명 이상이 구걸하러

오기도 했다. 그러면 아내와 어머니는 단 한 번도 싫은 소리를 하지 않으시고 우리 가족이 먹는 밥상과 똑같이 그들에게 독상을 차려주시고, 후하게 동냥을 주곤 하였다. 아직 어렸던 아이들은 누더기를 걸치고 냄새나는 그들이 우리집 마루에 앉아 식사하는 것을 보며 인상을 찌푸리기도 하였으나, 그런 아내와 어머니를 보고 자라서인지, 나중에는 어른들이 집에 없어도 거리낌없이 쌀 한 되를 담아주거나 몇 푼 안되는 돈이라도 꼭 쥐어서 보내곤 했다. 이런 일이 거듭되면서 그들이 삼례동부교회 목사님, 사모님, 어머님은 참 좋으신 분이라고 선전하며 다닌다는 소리가 들렸다. 사실 그 분들이야말로 동네동네 각 가정마다 안 가는 곳 없이 돌아다니는 절대적인 사람들이기도 하였으니, 이 또한 얼마나 큰 전도운동인가.

한 가지 에피소드를 소개하자면, 어느 장날 험상궂은 걸인이 찾아와 다짜고짜 상욕을 해대며 식칼을 꺼내어 마루에 쾅 하고 내리꽂고서, "내가 이래봬도 한내(당시 여름에 물놀이 하던 곳)에서 사람 하나 칼로 찌르고 살인미수죄로 7년 선고 받고 형무소에서 5년을 썩다가 나온 놈이야." 하며 위협하더니 돈을 요구하는 것이었다. 아무리 목사라도 어찌 이런 상황을 보고 화가 나지 않겠는가. "뭐가 어째요? 당장 나가지 않으면 경찰에 신고하겠소." 해도 막무가내였다. 그래서 나는 전화통을 붙잡고, "거기 삼례지서죠? 여기 동부교회 목사관인데, 지금 깡패 하나가 와서 칼을 휘두르며 행패를 부리니 속히 와 주세요." 했다. 물론 그를 쫓아내기 위한 연극이었다. 그는 계속하여 큰 소리로 욕을 하며 조금 더 머물렀으나, 어쨌든 그는 우리 집에서 나갔다. 그 후 두세 시간이 지났을 무렵, 어느 여집사님이 오셔서 교회에 무슨 일이 있었느냐고 했다. 험상궂은 걸인 하나가 술에 취한 채 사람들이 많이 모이는 시장에서 "삼례동부교회 목사란 놈, 내가 반드시 죽이고 말 것이야. 동냥을 주지는 못할 망정 쪽박을 깨?" 하며 고래고래 소리지르며 욕하고 다닌다는 것이었다. 남들이 들을 때에, 동부교회 목사는 걸인을 학대하고 쫓아내는 사람으로 오해하기 쉬운 대목이었다. 나는 이 이야기를 전해 듣고 크게 반성했다. '아, 그렇게 욕하고 위협했을 지라도, 목사인지라… 웃는 얼굴로 잘 달래서 얼마의 금전이라도 주어 보냈어야 했는데…'.

이 후부터 우리 가정에서는 이들을 돌보는 데 더욱 신경을 썼다. 예수님께서 마굿간 낮은 자리로 오셨듯, 우리도 우리보다 낮은 자리에 있는 자들을 더욱 잘 섬겨야 한다. 이렇게 하여 한 사람이라도 더 하나님 품으로 인도하게 된다면, 그 보다 더 큰 보람이 어디 있겠는가.

② 선교하는 교회 – 해외 선교

교회가 비록 많이 넉넉하지는 않았으나, 해외 선교에도 소홀히 하지는 않았다. 본교회 출신 정승회 선교사가 서울왕십리교회 파송으로 1979년 11월 태국 선교사로 파송되자, 본교회에서는 선교회를 구성하고 선교후원 회원을 모집하여 선교헌금을 모아 협력 선교를 하게 되었고, 이듬해인 1980년 10월에 나는 태국을 방문하여 태국교회 지도자들과 회담을 갖고 지원을 약속하였으며, 필리핀, 인도네시아, 홍콩, 대만, 일본 등 동남아시아 5개국을 여행하면서 그 곳 선교사들을 만나 폭넓은 대화를 나누며 선교의 비전을 갖고 돌아왔다.

그 후에 우리교회는 1987년 인도네시아의 조기술 선교사, 1991년에는 러시아의 장승열 선교사, 1994년엔 필리핀의 이광수 선교사와 몽골의 천강민 선교사를 지원하는 협력 선교사가 되었다. 그리고, 1995년도에는 교회 창립 60주년 기념 사업으로 이춘우 · 안숙희 부부 선교사를 태국으로

태국 제직세미나

파송하게 되었다.

우리교회가 협력 선교를 하는 동안, 나는 진운섭 목사, 오광수 목사와 함께 20여 차례 태국을 방문하면서 태국선교 10주년 기념식, 목회대학원 졸업식, 2인의 목사 안수식, 장로회 총회 조직 및 15주년 기념 대회 그리고 치앙라이 신학교 기공식, 준공헌당식 등에 참석하며 신학교 강의, 연합수련회 강사 및 부흥회 등을 인도하였다. 그리고 본교회는 끄라누언교회를 단독으로 세우는 등 온 교인이 태국 선교에 열심이었다. 나는 이렇게 정승회 선교사의 태국선교에 동참한 것을 지금까지도 매우 영광스럽게 생각하고 있다. 이 밖에도 인도네시아 바탐 섬에 세운 풍굴교회와 필리핀 산족 교회인 쿠르즈교회 등도 방문하여 교회를 세우는 일에 일조의 역할을 감당할 수 있었음을 감사한다.

1990년에는 독일 푸랑크-푸르트 한인교회(윤희원 선교사), 뮌헨 한독교회(안재은 선교사), 함부르크 한인연합교회(김승연 선교사)에서 부흥회를 인도하며 선교사를 도왔다. 머나먼 타국이었으나,

백두산 정상에서

대부분 젊은 유학생들로 구성되어 있던 그 교회들의 뜨거움을 잊을 수 없다.

은퇴 후에도 나는 브라질 선교부의 초청을 받아 오광수, 진운섭, 정승회 목사와 함께 브라질 교역자 300여명을 대상으로 세미나를 인도한 일이 있는데, 나에게도 역시 은혜의 시간이 되었던, 잊을 수 없는 귀한 시간이었다. 그리고 그 이전 1998년에는 북한 선교회 주최로 만주 연길에 있는 김사무엘 선교사의 안내로 북한에 쌀을 보내면서 북한 선교에 동참하고 백두산에 다녀오기도 했다.

③ 봉사하는 교회

북한선교 : 쌀을 보내고

봉사생활 역시 복음 전도의 좋은 방법 중의 하나다. 봉사에는 방문 선도, 구제 등 여러 가지를 꼽을 수 있겠지만, 교회 주위를 살펴보면 봉사할 곳은 얼마든지 있다. 구제 사업은 교회가 통상적으로 시행하여 오던 사업이다. 그러나, 지금도 여전히 전도 사업 중 제일 좋은 사업 중의 하나이다.

나의 이러한 봉사 사업 중 특별한 하나는 선도 사업이었다. 나는 전주지방검찰청 상임

청소년 선도위원회 완주군 위원장을 맡으면서 소년 범죄자 45명을 조건부 선도(6개월간 재범없이 지내면 면죄되는 제도)로 부모들 품에 보내주었다. 이런 인연으로 인하여 자연스럽게 불신 부모들과 접하면서 전도의 좋은 기회로 삼을 수 있었다.

그리고 또 하나의 방법은 심방, 즉 방문 봉사인데, 병원 방문, 교도소 방문, 상갓집 방문 등 취약 계층을 정기적으로 찾아가 대화하며 위로해 줄 때, 그들이 감동을 받고 마음의 문을 여는 장면을 여러 번 목격할 수 있었다. 수많은 사례가 있겠으나, 그 중 마음에 훈훈하게 남아있는 한 가지를 소개하고자 한다.

삼례에 한 개인병원이 개원한 지 얼마 되지 않았을 때, 큰 사건이 발생했다. 우리 지역의 불량한 사람 하나가 거의 죽어가는 자신의 아이를 데리고 와서 치료를 해 달라고 요구했다. 의사가 보니 이미 치료가 불가능한 상태여서 큰 병원으로 가라고 권유했으나, 그 사람은 이를 거부했고 곧 아이는 숨졌다. 그러자 그는 아이의 시신을 방치한 채 병원에서 난동을 부리기 시작했다. 의사가 자기 아이를 죽였다고 소리지르며 병원의 진료 업무를 마비시키고 있었다. 그 때 우리 내외가 그 병원을 방문했었다. 의사 내외는 그 사람의 행패를 어떻게 해결해야 할 지 넋을 잃고 있었을 것이다. 나는 의사 내외에게 성경말씀 마태복음 11:28 "수고하고 무거운 짐진 자들아 다 내게로 오라 내가 너희를 쉬게 하리라" 는 말씀을 봉독하고, "주님께 맡기십시오. 그리하면 우리 주님이 맡아주십니다."고 위로하며, 함께 간절히 기도했다. 아마 그들에게는 나의 방문이 큰 위로가 된 것 같다. 그 후부터 그 부부는 우리 교회에 나오게 되었고, 집사 직분도 받고 잘 섬겼다.

나는 또한 관내 가정 중에 교도소에서 복역 중인 가족이 있는 가정을 은밀히 파악해 그들 부모와 함께 전주교도소, 공주교도소, 광주교도소, 때로는 서울과 부산의 교도소까지 찾아가 위로하고 기도해 주며 전도하였다. 바로 교도소 방문 전도였다.

그리고 당시에는 가난한 가정들이 참 많았는데, 젊은 주부 가운데에는 해산기가 있어도 병원에 가지 못하는 경우가 많았다. 아니, 병원은 고사하고 산파를 부를 여유조차 없는 가정도 많았다. 아내는 본인도 네 아이를 모두 집에서 낳았으니, 자신의 경험도 있던 터라 수십 명의 산모를 도와 집에서 아이를 무사히 낳을 수 있도록 돕는 산파의 역할을 톡톡히 해 내기도 했다. 이 일도 많은 사람들에게 복음 전하는 귀한 기회가 된 것이다. 지금 생각해보면 전문 산파도 아닌 아내가 참 겁도 없이 출산을 도왔구나 생각된다. 그러나 이 모두 하나님의 도우심이란 것을 우리는 잘 알고 있다.

또한 나와 아내는 불신자들의 애경사가 있으면 꼭 참석하여 축하하고 위로해 주었다. 그래서 동네 사람들과 우의를 다지고 친근하게 지낼 수 있었는데, 이 또한 좋은 전도 방법이라고 생각한다.

그 밖에도 무의탁 노인들을 찾아 빨래, 목욕 봉사, 김장 담그기(당시는 지금처럼 자치단체에서 실시하는 그런 조직이 없었음) 등 참으로 주님께서 몸소 실천하신(마 4:23) 주님의 3대 사역, ①가르치며, ② 전파하시며, ③고치시더라는 목회의 본을 보이신 그대로 실행해 나간 것이다.

이와 같은 일을 실행하기 위해 조직을 최대한으로 활용하였으니, 먼저 교역자들의 수행 책임이었다. 나는 부교역자를 청빙할 때마다 다음 세 가지를 당부했다.

> 첫째, 일하는 직분자가 될 것, 일하되 최선을 다할 것을 강조했다. 힘써 일했는데도 효과는 없고 오히려 피해가 있었다고 하자, 나는 그것을 결코 실패라고 하지 않겠다고 했다. 그러나 만일 내가 한 일을 소홀히 해서 피해가 있었다거나 진보가 없었다면 이는 용납하지 않을 것이라고 말했다. "때를 얻든지 못얻든지 힘쓰라"(딤후 4:2).

이렇게 나는 먼저 교역자들에게 당부하며 자기 사명에 최선을 다하고 책임을 감당하게 한 다음, 교회의 모든 직분자들에게도 자기 소명을 기쁘게 감당할 수 있는 여건을 마련해 주고, 적재적소에서 활동하게 하였다. 그리고 1인 1직분을 원칙으로 하였고, 인재를 발굴하여 지식과 소질에 따라 잘 훈련시켜 일의 효율을 높였다.

이 외에도 여러 가지 사업들이 많으나, 어찌 이 정해진 지면에 다 적을 수 있으리요.

교회발전 10개년 계획(시설)

교회가 다소 부흥하게 되자 시설 문제가 중요한 과제로 떠올랐다. 교회 본당을 위시한 교육관, 교역자 사택 등 건축 준비를 소홀히 할 수가 없게 되었다. 그래서 나는 1974년 말에 "장기 발전 10개년 계획(건축)"을 수립하여 교회 앞에 제시하고 온 성도들의 기도를 부탁했다. 이 계획은, 성도들에게는 크게 부담을 주지 않고 우리의 자력(노력)으로 건축하는 것을 구상한 것이었다. 나는 계획에서 우선순위를 정했다. 첫 번째로 시급한 것이 교육관이었다. 그래서 1977년에 목사관을 철거하고 그 곳에 교육관(교실 4, 강당 2)을 신축하였다. 1979년에는 목사관을 신축하고, 1980년에는 부교역자관을 다가구 주택 형식으로 건축하였다.

그리고 1982년에는 교회 본당을 204평 규모로 완축하고 입당하게 되었으니(교회 현관 52평은 먼저 준공), 10개년 계획을 2년 앞당겨 8년 만에 완성하게 된 것이다. 그 당시엔 그 지역에서 최고의 건축물이요, 교회 교육관으로서는 최초였다.

동부교회 교육관

동부교회 목사관

이와 같은 역사는 실로 당회를 위시한 온 성도들의 기도와 열정과 땀으로 이루어 낸 결정체였다. 실제로 남녀노소 할 것 없이 온 성도들이 교회에 나와 일을 도왔으며, 쓸만한 벽돌이나 나무는 다 손질하여 재활용하는 등, 모든 건물은 설계 시 예산의 1/3 정도 밖에 소요되지 않았으니, 전 교인이 앞장서 노력 봉사로 이루어진 것이었다.

동부교회 본관

이렇게 건축된 장소에서 1984년 3월에 전북신학교 모체인 전북교역자연수원이 본 교회에서 개교하여 2년간 교육관을 이용하기도 했으며, 1986년 5월에는 호남협의회 정기총회가, 86년에는 전국청장년면려회(CE) 정기 총회가 열렸고, 1994년에는 전국학생면려회(SCE) 하기수양회 장소로도 사용되었다.

이후에도 우리교회는 완주군 화산면에 교인묘지 3만여평을 구입하여 교회의 미래를 대비하였으며, 1996년에는 교회당 부지로 교회 앞집 터 350여평을

기초 공사에 온교인이 나와 땀흘리며 돕고 있는 모습

매입하여 주차장 문제를 해결하게 되었다.

호남협의회 제3회 정기총회

전국 SCE 하기수련회

동부교회와 허화준 목사

동부교회 역사상 가장 큰 족적을 남긴 이는 허화준 목사님이시다. 그는 가장 어려운 시절인 1957년 5월에 부임하시여 1967년 4월까지 만10년 동안 시무하시면서 100여명의 교세에도 부임 1년 만에 은하교회(오인선 목사)를 개척하시고 산간 지역 무진장(무주, 진안, 장수) 시찰 경내 5개처 교회를 보조하며 어려운 신학생들을 돕게 된 것이다.

이는 곧 허 목사님의 솔선수범에 따른 성도들의 절대적인 호응으로 된 것으로, 허목사님은 당시 북한에서 홀로 나오셔서 사셨기에 재정적인 여유도 있었겠지만, 그의 모범적인 신앙이 온 성도들에게 크게 감동이 됐을 것이다.

허화준 목사

허목사님은 때로 노인 가정을 심방하시고 가신 뒤에 이불 밑에 허목사님이 놓고 간 돈 봉투가 있었다고 하니 얼마나 감동스럽겠는가. 그 뿐 아니라 교인들이 가져오는 선물이 많거나 적거나를 막론하고 하나하나 가치를 따져서 그에 대한 십일조를 반드시

바쳤다고 한다. 이와 같은 사실은 그가 소천하신 이후 그의 유품 중에 손때 묻은 십일조 장부에서 확인되었다고 한다. (박용규저 한국교회 인물사에 기록됨)

이리하여 교회는 날로 부흥하게 되었고 성도수가 증가하게 되자 교회당이 협소하게 되니 당회는 신축교회당 부지를 물색하게 되었다. 때마침 삼례리 1074번지에 있는 일본인 소학교 부지 입찰 공고가 있어 이를 불하받게 되고 1,000여평 대지를 확보하여 석조 건물 상하평 100평을 건축하고, 1964년 4월 24일 헌당식을 거행하였으며 출석교인도 100여명에서 170명으로 부흥하게 되니 당시 교세로 전북노회에서 전주서문교회 다음가는 제2의 교회가 되었다고 한다 (교회설립 60주년사 p.122). 그리고 노회에서나 노회연합회에서나 사경회시나 강습회시 또는 체육대회, 암송대회, 찬송대회 등에서 1등은 항상 동부교회 몫이었다고 하니, 이와 같은 위상이 어찌 쉽게 이루어졌으리요. 허 목사님을 위시한 전교인의 기도와 수고의 열매가 아니리요.

1970년 3월, 내가 삼례동부교회에 부임하고 8월에 전국 교역자 수양회에서 총회신학교 시무국장인 박형만 장로를 만났다. 나에게 지금 어디서 시무하느냐 묻기에 삼례동부교회라고 대답하자 두 눈을 크게 뜨고 깜박깜박 하면서 부목사로 계시느냐고 하지 않는가.

아마 이 때 박장로는 당시 삼례동부교회가 신학생들을 많이 도와왔기에 큰 교회로 알고 있는데 아직 병아리 목사인 내가 부목사로나 되지 않겠느냐고 생각했을 것이다.

이렇게 교회는 10년 동안 허 목사님 지도 아래 크게 부흥하였고 그 체제에 따라 모든 기구가 유지되어 왔으므로 그 테두리 안에서 변화되기가 쉽지 아니했으리라. 그 후 1967년 8월에 윤석봉 목사님이 후임으로 부임하였으나 2년 3개월 만에 떠나게 되었고 윤 목사가 떠난 지 4개월 뒤인 1970년 3월에 내가 부임한 것이다.

그런데 홀로 사셨던 독신 목사 후임으로 부임한 나에게 첫 애로사항이 생활비 문제였다. 홀 몸이 아닌 나에게는 여섯 명의 가족이 있었다. 그러니까 우리 내외, 어머니, 딸 넷 일곱 식구나 되었던 것이다. 그런데 생활비는 14개월 뿐 당회장비나 공적인 애경사비는 물론이요, 수양회비 등은 일체 예산에 반영되어 있지 않았다. 이유인즉, 생활비 14개월분 중 2개월의 상여분에 그 내용이 포함되어 있다는 것이었다. 심지어 시외전화비까지도 목사가 개인 사유로 전화를 할 때에는 목사가 부담하게 돼 있었다. 허목사님에게서 받은 영향이었던 것 같다. 세월이 흘러 내가 노회에서 중임을 맞게 되고, 또 신학교에서,

협의회에서, 총회에서 활동하게 되자 내게는 적지 않은 부담이 되었어도 그와 같은 일은 이목사 개인의 문제요, 교회와는 상관이 없는 일인 것이었다. 나 역시 조금도 교회에 부담을 주고 싶지 아니했으니 말이다.

그런데 자녀들이 자라면서 교육문제는 솔직히 부담이 되었다.

변화되는 동부교회

인생에도 고비가 있고 사업에도 고비가 있듯이, 목회에도 고비가 있는지도 모르겠다. 무슨 고비겠는가. 어떤 어려움이 있어도 감내하며 "때를 얻든지 못 얻든지 힘써서 충성" 하면 하나님께서 다 아셔서 해결해 주시는 것을 말이다.

어느 해인지 기억이 잘 나지 않는다. 예산위원회에서 세운 예산안이 공동의회에 발의되자 교역자 생활비뿐만 아니라 수입 예산부터 일반 중요 지출예산(특히 주일학교 예산)까지 50% 인상하여 통과되는 사건이 벌어지고 말았다. 누가 선동하여 이루어진 것도 아니요, 자연적인 현상으로 한 성도의 의견이 온 성도의 공감으로 나타나, 한 회원이 "그 의견에 동의합니다." 말하자 거의 전체 회원이 이구동성으로 "재청이요." 하며 외쳤다. 이 때 나는 가부를 묻지 못하고 주저하고 있었고 조금의 시간이 흘렀다. 그 때 한 회원이 공동의회 서기가 가부를 물으라고 하자 서기 장로가 가부를 물어 결정하게 되었다. 목사 생활비 50%, 각 주일학교 보조금 50%, 거기에 소요되는 수입 예산 등을 예산 위원에 맡겨 다시 수립하였다.

나는 이 일로 인하여 우리 교회가 시험에 들지 않을까 염려되는 점도 있었지만 오히려 우리 동부교회는 새로운 도약의 계기가 되었고 그 해 예산도 결산도 모자람이 없이 만족하게 채워주셨다.

이 일로 인해 우리는 부끄러운 일 같았으나 1980년 교회는 이목사로 하여금 취임 10주년 기념으로 적지 않은 특별예산을 편성하여 30여일간 태국을 거쳐 이스라엘등 10여개국 성지순례를 다녀올 수 있도록 배려하였으며 새해 예산 가운데 전에 없었던 당회장 활동비, 수양회비, 애경사비 등을 세워 정상적인 목회 활동을 할 수 있게 하는 성숙함을 보였다.

통계에 의하면 이 후 교회는 장년(2부예배) 출석이 1980년도 203명에서 1981년 247명, 1982년 273명, 1983년 295명 등 획기적으로 부흥되었음을 보여주고 있다(교회 창립 60년사 p.146). 그리고 교회는 활발한 선교 사업을 하게 되었고 이로 인하여 여러 나라에서 선교하는 선교사들이 자주 내방하여 선교보고를 하며 또 미국, 독일, 태국 등 현직 목회자 등과 교류하는 과정에서 저들과 신앙적 안목을 넓혀 서서히 세계 속의 동부교회로 발전되어 나가게 된 것이다.

또 하나의 시련

그 후 교회는 나를 조금씩 이해해 주는 것 같았다. 나 또한 교회를 충분히 이해 할 수 있었다. 이렇게 해서 교회는 새로운 도약으로 매 해마다 부흥하고 발전하고 있었다. 그러나 나에게는 또 하나의 시련이 다가오는데, 그것은 1980년대 초에 어지러웠던 총회의 주류 비주류 분규였다.

당시 전북 노회 분규에 대한 총회 이영수 목사의 불법적 처사에 대한 여파로 일어난 호남 지방의 대다수 교회들이 비주류에 속하여 우리 교회도 한 때는 여기에 속하게 되었다. 그러다가 결국 총회는 둘로 분열이 되었고 분열된 이 후 방배동측은 다시 또 분열 또 분열 되는 일이 파생되는 지라 당시 전라북도에서는 나를 중심으로 하여 대다수의 주요 교회들이 모여 우리는 다시 총회(총회신학교)로 돌아갈 것을 의논하게 되었다. 그리고 윤남중 목사와 김종석 목사를 초청하여 우리교회에서 모임을 갖고 최종 결정을 하게 된 것이다. 그 직후 정규오 목사는 김○○ 목사 등 몇 목사를 보내 나를 총회 서기로 등용하고 곧 총회장까지 하도록 하겠다며 설득했지만, 나는 교회의 장래를 위해서 완강히 거절하였다. 그러자 우리 장로들을 움직여 우리교회까지 흔들어 보려 한 듯하다. 그 후 우리 교회 장로들이 모여 투표로 결정한 결과 6:1로 비주류 총회로 가입하기로 하였다고 나에게 보고하였다. 이리하여 당회장과 장로 사이가 서먹하기도 했다. 이 일이 있은 후 평안했던 교회에 냉랭한 기운이 몇 개월 동안 흘러가고 있었다. 호사다마라고 모처럼 안정되게 부흥일로에 접어들 즈음에 뜻밖에 이런 시련이 닥쳐온 것이다. 그러던 어느 날 장로 한 분이 나를 찾아왔다.

"목사님, 계십니까?"
"장로님, 이리 들어오십시오."

서재에서 두 사람이 독대해서 앉아 있었다. 장로는 무겁게 입을 열었다. 10월 어느 날인 것 같다.

"목사님! 떠나주십시오. 금년 말까지 시간을 드리겠습니다."

하는 것이다. 뜻밖에 그 한 마디가 극에 달하는 말인지라 나는 되물었다.

"장로님들이 결정한 것입니까?"
"아닙니다."
"그럼 누구하고 공모한 것입니까?"

조금은 말이 거칠어지고 음성이 커지기 시작했다. 그러나 이 때 나는
내가 진정해야 되겠다 생각하고 음성을 낮추어,

"위임 목사를 그렇게 함부로 떠나라 하는 법이 아닙니다."
라고 말하니 그 장로는 좀 떨리는 음성으로,
"없던 일로 합시다."
하며 일어나 달아나듯 돌아갔다.

나는 이 후, 이 일을 비밀로 덮어
두었다. 세월이 흘러 80년대
후반에 이르자 비주류 총회에는
많은 문제들이 발생하게 되었고,
우리 총회는 안정을 찾아 계속
발전하게 되니 교회도 오히려
총회에 소속된 것을 다행으로

정규오 목사님을 만남

여기면서 더욱 총회에 협조하게 되었다.

위기를 극복하면 다시 기회가 오는 법, 이후에 나는 목회계획에 따라 힘써서 일했다. 당회원들과도 더욱 친근해졌다. 그 후에 당회는 나의 사역에 적극적으로 협력해주었다. 그러기에 매 해마다 교회는 부흥 발전되고 있었다.

나는 그 이후 정규오 목사님을 찾아 뵈었다. 반가이 맞아주셨다. 먼저 문안 드리고 요청에 응해드리지 못하여 죄송하다고 말씀 드렸더니, 오히려 이 목사가 잘 판단했다며 우리는 곧 합동해야 한다고 강조하시는 것이다. 그 후 그 분 뜻대로 총회는 다시 합동하게 된 것이다.

그러자 1987년 제 72회 총회가 임박해오자 총회가 비정상적으로 운영되어 이영수 목사 체제하에 각종 불법한 정책에 대한 여론이 전국적으로 확산이 되자 총회 정화운동이 일어나게 된다. 당시 호남의 정책회의에서 금번 총회 정화를 위한 임원 후보에 나를 호남 대표로 추천하였다고 하기에 나는 이를 거절하였다. 8월 어느 날 서울에 모임이 있다고 오라는 연락을 받았다. 나는 그 날을 피해 청계산 기도원에 들어가 기도하고 있었다.

금요일 서울 진운섭 목사가 기도원에 찾아와 오늘 자기 교회에 가서

금요 예배를 드리고 다음 날 내려가라 하기에 따라간 곳이 벽산그룹
김인득 장로 사무실로 인도된 것이다. 그 곳에 정문호 목사, 한명수
목사 등 몇 분이 함께 있었다. 김 장로가 말문을 열고 나에게 권면하는
것이다.

"이 목사님, 금번 총회는 우리가 무슨 교권을 잡기 위한 것이 아닙니다.
아시다시피 지금 총회가 이영수 목사 체제로 여러 가지 부정이 난무한데
이대로 놓아 둘 수가 없어서 정화하자는 데 목적이 있습니다. 총회를
살리자는 것입니다."

그리고 총회 임원 후보 명단을 내보인다. 총회장엔 그 당시 부총회장인
김길현 목사를 그대로 추대하고 부총회장부터는 참신한 인사들로
전원 교체한다는 것이었다.

부총회장 : 이성헌 목사, 서기: 정문호 목사, 부서기 : 최병환 목사,
최의록 서기 : 한명수 목사, 부회의록 서기 : 이은익 목사, 회계 : 김인득
장로, 부회계 : 천태곤 장로 등, 이와 같은 이야기를 듣고 어쩔 수 없이
나는 수락하게 되었다. 위의 임원 모두는 나보다 대선배들이었다.

이렇게 나는 총회 임원이 되었고 총회라는 울타리 안에 서서히 몸을
담게 된 것이다.

결심 또 결심

한 고개 넘으면 또 한 고개가, 그리고 그 고개를 넘으면 또 한 고개가 있듯이 나의 목회의 경로에는 연속되는 고갯길이 있었던 것 같다. 누구에게나 있었겠지만 나의 전반적인 목회 인생엔 더욱 그랬으리라 생각이 든다. 사실대로 다 기록하지 못한 것 뿐이다.

그러나 이러한 시련이 있은 후에도 교회는 너무도 평화롭고 안정되게 성장하였으니 당회원 아홉 분(고종만, 정영규, 정순모, 이정로, 김영태, 최종훈, 이세영, 허진석, 남상훈)과 모든 제직들이 전적으로 협력하였기에 나는 이 때 제일 행복한 목회자로 만족하게 사역할 수가 있었다. 그 시대에 생각한 성경 한 구절 "그리하여 온 유대와 갈릴리와 사마리아 교회가 평안하여 든든히 서 가고 주를 경외함과 성령의 위로로 진행하여 수가 더 많아지니라"(행9:31) 는 말씀을 연상하게 되었다. 할렐루야!!

그 시절 우리 교회는 크게 성장하고 있었고, 각 속회와 주일학교 등 각 기관들도 대내외적 활동이 활발하게 전개되어 살아 움직이는 교회가 된 것이다. 청년회, 남전

도회에서는 외국에 교회를 개척하는 선교사업을 시작하였고 여전 도회에서는 농어촌 미자립 교회와 자매결연을 맺어 돕기도 하였으며, 여기에 주일학교까지 가세하기도 했다.

이렇게 교회와 함께 각 기관과 속회가 활발하게 사역하며 주의 일을 감당하고 있을 때 1989년의 한 해가 다 가던 어느 날, 내가 동부교회에 부임한지 20년이 다가오는 12월 연말인지라 나는 이 때 새로운 결심을 하게 된 것이다. 20년이 되면 원로목사가 되는데 나는 결코 동부교회에 부담이 되어서는 아니 되겠다는 생각으로 하나님 앞에 기도하기 시작했다.

"하나님, 하나님의 뜻이 계시면 사역지를 옮겨 주옵소서."

그러던 어느 날 저녁 예배시간에 두 분의 낯선 분이 예배당 뒤편에 앉아 있었다. 예배 후 전화로 만나 뵙겠다고 하기에 오라고 하였더니 부안읍교회에서 왔다고 한다. 나는 이것이 하나님의 뜻이라 생각하고 승낙하였다. 공동의회에서 만장일치로 결정이 되었다고 하며 곧 청빙서가 노회에 접수가 될 차례였다. 그런데 어떻게 된 영문인지 교인가 앞서 이 사실을 알게 되었다. 금요일 구역장 권찰예배에 참석하니 분위기가 싸늘하다. 예배를 마친 다음 나오려하자 이례용집사가 "목사님, 잠깐만 계십시오. 목사님 떠나신다는 말이 있는데 사실입니까?" 라고 물어보기에 "예. 기도하는 중에 길이 열려서 이게 하나님의 뜻이겠지 하고 결정한 것이니 이해해 주십시오." 그 때 여기저기서 울음소리가 터져 나오기 시작했다. 그러자 "여기 울며 슬퍼하는 이 양떼의 소원은 하나님의 뜻이 아니고 꼭 떠나시는 것만이 하나님의 뜻입니까?" 나는 아무 말도 하지 않고 사택으로 돌아왔다. 20여명이 뒤따라 들어와서 울며 나의 팔과 다리를 붙들고 가지 마세요, 가지 마세요 하며 매달리는가 하면, 어떤 이는 "목사님, 저를 용서해 주세요. 용서해주세요" 하며 부끄러움도 잊은 채 나의 팔을 붙잡고 눈물을 흘리고 있는 것이다. 나의 마음도 한없이 슬펐지만 냉정을 찾아 그들을 진정시키고 돌려보냈다. 주일이 돌아왔다. 낮 예배시간 대표기도를 하던 남상훈 장로는 기도 초두에 하나님아버지 하고서 목이 메어 다음 기도들 이어가지 못하고 엉엉 울고 있지 않는가. 그렇게 되니 전 교인이 다 목메어 울고 예배 분위기도 흐트러지고 만 것이다. 그리하여 당회에는 비상이 걸렸다. 다음 날부터 온 교회가 바삐 움직인다. 먼저 각 구역별로 전교인 연판장을 받아오게 한 것이다. 유임운동을 벌일 계획이었던 것이다. 유임 원서 3부를 작성하여 1부는 본인에게, 1부는 노회에, 1부는 부안읍교회에 제출하였다고 한다. 청년회에서는 불침번을 편성하여 목사를 지키겠다는 결심이라고 한다. 나는 수양산 기도원에 들어가 하나님께 기도할 수밖에 없었다.

그 기간 동안 본 교회에서는 횃불 40일 작정 특별기도회가 열렸고 그 기간에 부안읍교회에서는 30여명의 제직들이 버스를 타고 와서 오시지 않는다고 항의를 하고 갔다고 한다. 노회에서는 허락하지 않기로 하고 나의 사직서를 반려한 상태요, 꼭 떠나겠다고 결심한 나의 마음도 서서히 약하여지는 것은 어찌 할 수 없는 것, 이것은 인정이 아닐까?

그만한 이유가 있었다.

그 하나는 장로님들 전원이 유임운동을 하노라고, 노회로 부안읍 교회로 뛰어 다니시느라 연세가 많으신 정영규 장로님은 몸져 눕게 되셨고 급기야는 병원에 입원 중이라는 소식이 들리는가 했더니, 내게 보낸 유임 진정서에 앞으로는 무슨 일이든지 목사님께 절대적으로 맹종하겠다는 문구가 있음을 발견하였는데, 그 문구는 잘못되었지만, 맹종하겠다는 말까지 써가며 유임하기를 원하는 당회원의 소원을 절대로 거절할 수가 없다는 것이요, 다른 하나는 예전에 교회가 접대비를 예산에 반영하지 않아 여전도회에서 목사에게 차 접대비로 세운 예산을 당회원 중에서 지적을 하자 이것을 없앴던 두 문의 여전도회 이전 회장이 목사가 떠난다고 하자 자신들의 일로 인하여 목사님의 마음을 섭섭하게 한 탓이라 생각하고 병이 났다고 하는 소식 때문이었다.

그 때 당회원 중 두 분이 대표로 기도원에 찾아왔다.

"목사님 떠나시면 안되겠습니다. 만일 목사님이 떠나시면 두 여집사 최OO집사와 오OO집사는 죽을지도 모릅니다."

하는 것이 아닌가! 한참이나 침묵이 흘렀다. 내가 무겁게 입을 열었다.

"예. 알겠습니다. 먼저 내려가십시오."

장로님들을 돌려보낸 후에 나는 한없는 눈물을 흘리며 하나님께 회개의 기도를 드리면서 또 한 번의 결심을 하게 되었다. '내가 무엇이기에 성도들이 이렇게 나를 그리워할까?'

새 결심으로 산에서 내려왔다. 주일 아침 예배시간이다. 나도 긴장된 상태였고 온 교회 모든 성도들도 긴장된 상태로 예배에 참예한 터라 무거운 분위기에서 일단 설교를 마치고 광고시간이 되자 예배당 안에는 긴장감이 감돌고 숨소리조차 들리지 않는 조용한 분위기 속에서 온 성도들의 눈망울이 나의 입술을 뚫어지도록 향하고 있는 것 같았다. 나는 무겁게 입을 열었다.

"나는 순수한 마음으로 기도하는 중에 교회를 옮기려 하였으나,
장로님들과 여러 성도님들의 뜨거운 사랑에 제 마음이 녹아 취소하고
본교회를 위해 여러분과 함께 한평생을 같이 하기로 결심했습니다."

하고 선언하자, 전교인이 큰소리로 "아멘" 하며 박수를 치는데
예배당이 무너지는 것 같았다. 모두 다 눈물을 흘렸다. 나의 눈에서도
하염없는 눈물이 흘렀다. 내 일생 최고의 행복된 날이 아닌가
생각했다.

이 때부터 나는 동부교회가 곧 나요 내가 곧 동부교회라 생각하고,
교회와 한 몸 되어서 주의 일에 몸을 아끼지 않기로 더욱 결심했다.

(찬송가 323장)

1. 부름받아 나선이몸 어디든지 가오리다
   괴로우나 즐거우나 주만따라 가오리니
   어느누가 막으리까 죽음인들 막으리까
   어느누가 막으리까 죽음인들 막으리까

2. 아골골짝 빈들에도 복음들고 기오리다
   고듭 많은 거민에도 사랑안고 찾아가서
   종의몸에 지닌것도 아낌없이 드리리다
   종의몸에 지닌것도 아낌없이 드리리다

3. 존귀영광 모든권세 주님홀로 받으소서
　멸시천대 십자가는 제가지고 가오리다
　이름없이 빛도없이 감사하며 섬기리다
　이름없이 빛도없이 감사하며 섬기리다

이 후에 나는 강경, 광주, 서울에서 세 차례의 청빙을 받았으나, 거절하고 동부교회에서 정년 때까지 함께 하였다.

행복한 교회 만들기

첫째로 기도하는 교회 기도하는 성도를 만들기 위해 몇 가지 운동을 펼쳤다. 먼저는 새벽기도회에 충실을 기하면서 새벽예배 출석을 장려하며 나부터 새벽예배 말씀을 심혈을 기울여 준비하였다. 부득이한 이유 외에는 새벽예배에 빠지지 않기로 작정하였다. 총회임원으로 2년 동안 재임 중 어느 날은 유성온천에서 임원회가 모여 저녁 11시에 회의가 끝날 때도 꼭 집에 돌아와 다음 날 새벽예배를 드렸다. 나의 새벽기도에 특별한 중점을 두고 조심한 것은 교인들이 목사의 등을 보고 들어와서 등을 보고 나가게 하자는 것이다. 즉 목사가 교인보다 먼저 가서 엎드리고 제일 늦게 나오도록 하자는 것이었다.

뿐만 아니라 일년 365일 릴레이 식으로 2인 1조를 편성하여 기도하여 전 교인이 참여함으로 기도 의식을 높이고 교인이 원하면 목사가 그들을 위하여 특별 안수기도를 하여 주기도 하였다. 그리고 매주 금요일에는 구역장 권찰 예배 마친 후 10시에 출발하여 수양산 기도원에서 산기도하고 돌아오게 했으며 횃불40일 작정 특별기도회를 실시함은 물론, 매주 금요 심야기도회를 정기적으로 실시하여 자신과 다른 사람을 위하여 기도하고 항상 교회당을 개방하여 초저녁에도 수시로 기도할 수 있도록 하였다. 그리고 사정이 있을 때 마다 특별기도회를 실시하여 기도를 쉬지 않도록 기도운동을 전개하였다.

둘째로 문서를 통한 전도사업이다. 우선 교회 주보를 최대한으로 활용하기로 하고 지금까지 사용한 주보 형식을 교회 회보 형식으로 확대 확장하여 8면으로 예배에 관한 사항 외에 선교회 소식, 교계소식, 또는 교인의 수필 및 각종 행사를 마친 후의 각종 기록 등을 소개하기도 하고 지역사회의 미담 등도 담아 발표하는 일에 이용하는 등 다양하게 사용하였다. 주보라기보다는 동부신문이라고 할 만한 규모로도 사용할 수 있게 하였다. 특히 본 교회 성도들의 미담도 실어 온 성도들의 거간이 되게 하였고 애로사항이 있을 때에는 온 성도들이 함께 기도하며 위로하게 하였다. 그리하여 함께 웃고 함께 우는 성도 상호간에 한 가족으로서의 유대관계를 돈독하게 하는데도 한 몫을 할 수 있었다.

셋째로 속회와 구역들을 중심으로 한 친목과 단합이다.

수요예배를 각 속회가 중심이 되어 드리게 되는데 설교를 제외한 사회, 기도, 성경봉독, 찬양 등의 순서 일체를 회원들이 담당함으로써 참여의식을 높여 주체적인 인식을 가지게 함으로 자신들의 존재가치를 인정해주는 것이다. 그리고 각 속회별로 자주 모여 친목하고 관광도 하며 또 봉사도 할 수 있는 기회를 가질 수 있도록 교회가 적극적으로 후원해 주기로 하였다.

그리고 1971년도부터 당회장기 쟁탈 각 구역 대항 체육대회가 매해마다 열렸지만 교회가 방대해지자 이 후에는 추수감사절에 각 구역 찬송대회로써 다양한 모습으로 행하면서 경품권 뽑기로 집에서 직접 가꾼 농산품이나, 상인들은 상점에서 판매하는 물품 등으로 각자 가정에서 가져오게 하여 모든 가정이 골고루 뽑을 수 있도록 하여 기쁨을 나누는 행사가 되게 하였고, 청년회가

부임한 첫 해의 교인 소풍

주최가 되어 사행시를 지어 발표하게 되는데 은혜로운 작품이 많이 발표됨으로써 더욱 좋은 축제가 되어지기도 하였다. 그리고 매해 가족캠프를 계획하였으나 농촌에서는 여의치 않아 각 부별 수련회시에 일일 캠프로 각 가정에서 참여하여 하루를 가족과 함께 즐기며 친밀감을 갖게 하였다.

넷째는, 섬기는 자세로 일하는 것이었다.

나는 이제부터 더욱 더 섬기는 자세로 목양에 임하도록 하고 우선 장로님 내외분을 초청하여 변산 해수욕장으로 나가 좋은 음식점을 정하여 저들을 잘 대접했다. 서로의 얼굴과 얼굴을 맞대고 애찬을 나누면서 간격없는 대화를 나누며 잠시 동안 이나마 친목을 다질 수 있다는 것이 얼마나 좋은 교제가 되는지... 이로부터 자주 이런 모임이 있었으며 때로는 장로와

전교인 체육대회

권사가 연합해서 모이기도 하고, 또 장로와 안수집사가 연합해서 모이기고 하고 그리고 은퇴장로와 은퇴집사, 권사가 모여 음식을 나누며 모이기도 하는데 서로 섬기는 자세로 일하다 보니 교회는 사랑이 넘치는 교회로 더욱 행복이 넘치는 교회가 되고 있다고 한다. 나는 은퇴 후에도 장로, 안수집사, 권사 각 주교부장, 속회장 등 120 여명을 초청하여 대접한 일도 있다.

"그러므로 무엇이든지 남에게 대접을 받고자 하는 대로 너희도 남을 대접하라 이것이 율법이요 선지자니라" (마 7:12)

또한 세상 사람들이 말하는 "못 쓰면 끈 달아 쓰라"는 말도 무용한 말이 아님을 나는 깨달았다. 세상엔 못 쓸 사람이 하나도 없구나 하는 것을 알았다. 남들이 못 쓸 사람이라고 버린 사람에게 끈을 달아 주었더니 그래도 쓸만한 사람이 되더란 말씀을 드리고 싶다. 나는 이렇게 모든 사람을 다 등용하여 직분을 주었더니 의외로 충성하는 것을 보았다. 그리고 또 하나는 "미운 사람 떡 하나 더 주라"는 말이다. 아무리 미운 사람이라도 더 사랑해 주고 기도해 주며 남보다 떡 하나 더 주는 마음으로 대하면 더 예뻐지는 것을 나는 배웠다. 새롭게 결심한 이후, 정말 누구 하나 미워해 본 일이 없다. 나는 내 일생 목회 중, 우리 성도 중에 미운 사람이 하나도 없었다고 자신있게 하나님 앞에서 고백한다. 그래서 어쩌면 내 목회 생활은 이렇게 행복했다고 나는 믿는다.

종교활동과 사회봉사

교회가 세상에 존재하는 이유는 하나님께 예배하기 위해서지만 그 외에 복음에 해당하는 갖가지 사업을 이루기 위해서도 존재한다고 보아야 할 것이다. 목사는 한 교회를 담임한 목회자요, 따라서 노회와 총회에 소속한 목사이기에 거기에 따르는 갖가지 사명이 있는 것이다. 나는 전북노회에 소속되어 있을 때 노회 서기를 역임하면서, 노회가 분리되자 북전주노회 노회장으로 선임이 되었지만, 선배인 오인선 목사를 추천해 드렸고 그 후 몇 년 뒤에 노회장이 되어 노회를 섬겼으며, 전북협의회 회장과 호남협의회 회장을 역임하면서 지역 교회의 친목과 발전을 도모하는데 일조하였고, 특별히 1972년 전북신학교의 전신인 바울신학교가 총회 인준을 받고 전주에서 개교하자 초대 교무처장으로 지역 후배 양성에도 기여한 바 있다.

총회가 가장 어지러울 때 총회 임원이 된 다음, 총회 정책 실행위원과 재판국장을 역임하였다. 후에 전도부 서기를 하면서 전도부 사업의 중요성을 감지하고, 다음 전도부장이 되면 전도부 사업을 방대하게 계획하였으나 일부 정치꾼들의 계책에 의하여 실패하였다. 다시 선교부에 들어가 선교부가 독립되는 일에 힘을 합쳐 세계선교이사회 (GMS)를 탄생시켰고, 부이사장 겸 회관 건축위원이 되어 활동하면서 성공적으로 이를 수행한 일은 잊을 수 없다.

그리고 총회 90년사 편찬위원회 위원 (이후 100년사로 변경), 헌법 수정위원, 행정서식 연구위원 또한 가정예배 공과 집필위원으로도 활동하면서 맡은 일을 잘 완수할 수 있었음은 하나님의 은혜로 된 것이다.

그 외에도 총회신학대학교의 운영이사로 8년 동안 일하면서, 특별히 예산 집행을 담당하여 타 신학대학보다 열악한 교수 대우 문제를 해결해 줌으로써 그들의 애로사항을 다소나마 해결 해 준 일은 다행스럽게 생각 하고 있다. 그리고 기독 신보사 이사회 실행이사가 되어 봉사하면서 논설위원 으로 3년 여간 10여 편의

GMS본부

논설을 기재한 바 있다. 그리고 지역 선교사 양성을 위하여 세운 전북 LMTC(선교훈련원, 원장:이선근목사)의 이사장으로 취임하여 적극 협력하였다.

그리고 우리교회가 완주군내 중심교회가 되다 보니 다양한 분야의 사회활동에 참여하게 되고 그 모임의 중심에 서게 되었다. 군수나 경찰서장 기타 군단위 기관장들이 부임해 오면 반드시 목사에게 찾아와 인사하고 협조를 구했다. 그리고 이런 환경을 통해서 나는 이 지역 다양한 모임을 할 수 있어서 세상 많은 사람에게 복음을 널리 전할 수 있는 좋은 기회로 삼을 수가 있게 되었고 또 저들과도 깊이 사귈 수 있게 된 것이다. 사실 교회가 세상에 존재하는 중요한 이유 중 하나가 바로 세상을 향하여 빛으로 소금으로 변화시키는 사명이 있는 것이다. 목사는 교회 울타리 안에서만의 목사가 아니라 울타리 밖에서도 가지는 사명이 있음을 알고, 사회에서 목사가 감당할 만한 일이 무엇이 있을까 찾아보기로 했다.

그 첫째가 보통 목사들이 다 하는 경목(교경협의회)이었다. 그래서 나는 전주북부경찰서 교경협의회 위원장과 또 위주경찰서 초대 위원장을 역임하면서 경찰관 교양강좌(전도)와 교도소 방문 전도에 힘썼으므로 내무부장관과 경찰청장 감사장을 받았다. 그 다음은 향토방위군 완주군 위원회 위원장을 담당함으로써 군수 감사장을 받았다. 경목과 향목은 초교파 목사님들이 함께 참여하는 모임이며 한 달에 한 번씩 순회하면서 각 위원 가정에서 모여 친목하며 대화도 하게 되니 좋은 교제를 나눌 수 있어서 매우 좋은 모임이 되었다.

그 다음에 또 나는 전주지방 검찰청 상임소년선도위원으로 위촉을 받고 완주군 위원장과 본청 부위원장이 되었다. 그 임무는 미성년으로서 범죄자가 아직 기소되지 아니하였을 때 이를 보증서를 쓰고 석방시켜 맡아 선도하고 6개월간 기소유예 처분한 뒤 재범하지 아니하면 형 집행이 면제되는 제도인데, 45명의 소년들을 선도하여 면제받게 하였다. 이 일로 검사장의 감사장을 받은 바도 있다.

그리고 또 하나 사회에 봉사할 수 있는 좋은 단체가 있었는데

경목(경찰교육)

바르게살기 운동

바르게 살기운동이다. 나는 바르게살기 협의회 완주군 회장이 되어 봉사하면서 질서 지키기, 청결하기 등 관광지마다 캠페인을 하며 국민운동을 벌이기도 하였다. 그리고 특별히 군내 무의탁 노인과 소년소녀 가장 돕기 등 구제사업에 힘써서 연말 연시는 물론 명절때마다 적지 않은 예산을 가지고 저들을 도왔다. 이와 같은 사실이 신문에도 보도가 되었으니 아마 모범이 된 것 같다. 나는 1994년에 국무총리 표창을 수상함과 동시에 바르게살기 중앙회 회장의 감사장을 수상한 바 있다.

나는 또 경로 효친사상을 가르치기 위해 매년 5월이 되면 지역 경로당을 찾아 노인들을 위로하고 저들을 섬겼다. 그리고 수시로 저들을 교회로 초청하여 재미있는 놀이와 게임을 하며 융숭하게 대접해 드렸더니 대한노인회 도지회장의 감사장을 받기도 하였다.

이와 같은 사역들로 인하여 나 개인의 위상 뿐만 아니라 우리 동부교회의 위상이 이 지역사회에서 뿐만이 아니라 나아가 전국에서도 널리 알려지게 되는 좋은 계기가 되었고, 또한 복음 전도에 좋은 계기가 되었던 것을 말할 나위가

불우이웃돕기

없다고 생각한다.

한센인과 나

내가 고등학교를 졸업하고 곧 영상교회(번영로제일교회)에서 서리 집사로 임명받아 봉사하고 있을 때, 어느 수요일 아침 본교회 최근팔 목사님이 나를 부르셨다. 오늘 저녁에 용지면에 있는 성애원교회(한센인교회)에 같이 가자고 하셨다. 성례(성찬)식이 있다고 하셨다. 그 때 그들은 음성환자이기 때문에 전혀 전염성이 없었던 것인데, 1950년대에는 사람들이 그들을 상대하는 일을 매우 경계하던 때인지라 최 목사님도 본교회에는 알리지 않고 그 교회 당회장으로 임명받아 조용히 이 일을 감당하시는 중에 나를 부르신 것이었다. 함께 동행하여 먼저 예배드리고 성찬식을 거행하는데, 어떤 분들은 손가락이 상하여 포도즙을 먹여주는 일을 하게 한 것이다. 고침을 받았어도 중증 환자였던 그들은 얼굴과 손가락에 많은 상처가 남아 있어 사람들이 그들을 꺼리는 것이었다.

이렇게 나는 처음 그들을 대면하게 되었다. 그 이후 내가 평교교회(백산중앙교회)에 부임하자, 또 다른 한센인교회인 정애원교회에서 세 분이 찾아와 자신들의 교회를 도와달라고 요청하셨다. 나는 흔쾌히 승낙하고, 평교교회에서 시무하는 기간 동안 주일 아침 9시에는 정애원교회에서, 11시에는 본교회에서 예배를 인도하였다.

그 후 내가 삼례동부교회에 부임하고 1년쯤 지난 뒤 역시 한센인 교회인 소생교회 장로님들이 찾아와 교회 당회장이 되어 달라고 하였다. 그 때 소생교회는 노회에 가입하지 않고 있는 중립교회였다. 다만, 그 교회에서 나이 많은 이춘봉 목사(당시 삼례고아원 원장)가 설교하고 있었다. 그 교회 교인들은 소록도에서 나오신 분들이 대부분이었는데, 나에게 잠시 도움을 요청했었던 것 같다. 1년쯤 지난 후에 통합측 목사를 모셨다는 말이 들려왔다. 이는 원래의 합의 위반이라 자연히 합동측 교인들이 반발하게 되었고, 교회 분쟁의 불씨가 된 것이다. 그 때 교회 당회원 10명 중 8명이 합동측이었고 교인도 3분의 2 이상이 합동측이었는데, 농장장이 통합측이요, 또 안수집사 중에서 사회적으로 유력한 인사가 통합측이어서 도저히 어찌할 도리가 없이 그렇게 되었다는 것이었다. 분명히 공동의회에서 중립에 있는 목사요, 절대로 중립을 지키겠다고 해 놓고는, 목사가 부임하기 몇 개월 만에 당회나 공동의회의 결의도 없이 슬그머니 통합측 노회에 가입했다는 것이다. 이에 항의하자 젊은 사람들을 동원해 폭력까지 행사했다고 한다.

도저히 그들과 함께 신앙생활을 할 수가 없다고 판단한 합동측 장로 8명이 중심이 되어 교회를 분립하겠다고 결의하고, 그 8명이 나를 찾아와서 도와달라고 호소하셨다. 나는 난처했다. 내가 1년 여간 주일 오후 예배(1시)에 설교하였던 교회였고, 또 행사 때면 내가 임시 당회장으로서 도와주던 교회인데, 분립하는 일에 관여하는 것이 영 마음에 내키지 않았다. 그러자, 장로님 한 분이, "목사님, 저 사람들은 우리를 내 보내려고 일부러 더 악하게 대하고 있으며, 당회도 무시하고 저들끼리 단독적으로 일을 처리하면서 조금이라도 불평하거나 항의하면 알력으로써 위협하고 있습니다." 하며, 내쫓기는 것이지 결코 분리해 나오는 것이 아니라는 것이었다. 아마 그쪽 목사와 장로 및 안수집사 몇 사람이 은연 중에 합동측 사람들을 내보내려는 것이 아닌가 짐작이 가는 대목이었다. 그래서 나는, "장로님들, 어떻게 하면 좋겠습니까?" 하고 물으니, "우리는 분립하겠으니, 목사님이 당회장이 되어 주시고, 분립예배 때 오셔서 예배를 인도해 주십시오." 하였다. 꼭 부모없는 고아와 같은 모습이었다. 나는 그들에게 조건부로 승낙하기로 하고 이렇게 말하였다.

"그러면, 좋습니다. 그런데, 한 가지만 다짐해 주십시오, 분립하여 나오되, 빈손으로 나와야 합니다. 재산문제나 다른 어떤 일로라도 절대 다투거나 싸우면 안됩니다." 그랬더니. "목사님, 거기 재산이 거의 다 우리 것입니다. 지금 예금되어 있는 현금도 많고요, 절반 만이라도 받아가지고 나와야 하지 않겠습니까?" 하신다. 아마 나에게 그 일을 좀 중재해 주었으면 하는 것 같았다. 그러나, 나는 그 사람들의 성정을 잘 알고 있다. 잘못하면 폭력사태로까지 번질 수도 있는 일이었다. 그래서 나는, "장로님들, 정 그러시다면 저는 관여할 수가 없습니다." 하고 선을 그었다. 그리고 잠시 침묵이 흘렀다. "목사님, 하라는 대로 하겠습니다." 한 장로님이 무거운 침묵을 깨셨다. 그리고 되돌아가 자세한 계획을 세우고 다시 찾아오겠다고 하며 헤어졌다.

나는 그 후에 통합측의 유력하다고 하는 장로를 만나 포용할 것을 권고하였으나, 그는 안타깝지만 어차피 함께 할 수 없다면 이 참에 헤어지는 것이 낫지 않겠느냐고 하였다. 참으로 안타까운 대목이었다.

그 후 며칠이 흘렀다. 세 분의 대표가 찾아오셨다. 김말보 장로, 최정기 장로, 이진홍 장로(당시 집사)였다. 1974년 1월 첫 주일에 설립예배를 드리기로 하였다고 했다. 장소는 우선 양계장에서 드리기로 하였는데, 200여명 이상을 수용할 수 있는 장소라고 하였다.

드디어 약속된 날이 되었다. 9시 예배시간인데, 10분 전쯤 동네에 도착해보니 사방골목에서 교인들이 몰려오는데, 차마 그들을 보면서 갈 수가 없었다. 모두가 소생교회에 있을 때 내가 그 교회에서 매주 오후 예배 때 설교를 했었는데, 이렇게 교회가 나누어지는 일에 차마 그들 앞에서 갈 수가 없어서였다. 9시가 된 후에야 동네 안에 들어가 약속된 닭장 교회로 가 보니, 장로님 두 분이 거리까지 나와 기다리고 있었다. 양계장이라 하지만 사실은 비닐로 싸 놓은 집이었다.

교회 안으로 들어서자, 온 성도들이 울음을 터뜨렸다. 감격스러워서 우는 것인지, 좋은 예배당을 빼앗기고 쫓겨났다는 생각에 억울해서 우는지, 참석한 이들 모두가 서럽게 울기 시작했다. 장로님 한 분의 사회로 예배가 시작되었다. 그런데, 사회자도 울고, 대표 기도를 맡으신 장로님이 울면서 기도하는데, 한 마디 하시고 울고 또 한 마디 하시고 울고 하느라 시간이 많이 흘러가고 있었다. 그리고 역시 헌금 기도 담당자도 또 이와 같이 울면서 기도하는 통에 예배 시간이 많이 흘러갔다. 1시간이면 족히 끝날 예배가 2시간 가까이 걸려 10시 50분 경에 끝나게 되니, 본교회에서 집사님 한 분이 이륜차를 가지고 나를 데리러 오셨다. 본교회 예배를 신년 첫 주일부터 10여분 늦게 시작하게 되어 여간 죄송한 일이 아닐 수 없었다.

이렇게 양계장에서 첫 예배를 드리며 세워진 교회가 익산중앙교회이다. 나는 그들의 심령을 안정시키고자 바로 부흥회를 개최하기로

하고, 당시 전주북문교회에 시무하시던 김상업 목사님을 강사로
모시고 한 주간 부흥회를 열었고, 모든 교인들이 많은 은혜를 받게
되었다. 그러자 성도들 중 일부가 자연스럽게 예배당 건축 얘기를
꺼내게 되었고, 당회와 온 교회가 이를 좋게 여겨 건축위원회가
조직되고 건축준비에 착수하게 된 것이다. 그리고, 그 해 봄부터
시작하기로 하였다. 나는 그들이 마음의 상처를 입었던 상대교회에
결코 기죽지 않게 하기 위하여 그들의 처지를 살피며 사기를 높여주기
위해 노력하였다. 우선 건축기공식이 열리는 날을 성대하게 거행하기
위해 김상업 목사와 함께 도지사를 예방하고 그들의 사정을 이야기한
후 그 날 참석하여 격려사를 해 줄 것을 부탁하였다. 도지사는 흔쾌히
승락해 주었다. 당시 도지사가 참석하여 격려사를 직접 해 준다는
것은, 사회적으로 관심 밖에 있던 한센인들에게는 참으로 큰 도움이
될 만한 일이었다. 나는 또 기독교 전북방송국에 찾아가 예배당
기공식을 일부분이라도 녹화하여 보도해 주기를 간청하여 이 역시
흔쾌히 승낙 받았고, 우리 교회 찬양대원들도 참석하여 특별 찬양을
하게 하였다.

마침내 기공식 예배 날이 다가왔다. 도지사가 참석한다는 소식에
군수와 군단위 기관장들, 면장, 그 밖에 많은 유지들이 내빈으로
참석하였고, 우리 노회 안의 목사·장로·집사 등이 참석해 주어, 나의

사회와 김상업 목사님의 설교로 기공식 예배는 대성황리에 마치게 되었다. 비록 도지사는 당일 급작스런 회의가 있어서 참석하지 못하고 부지사가 참석하여 격려사를 대신하였으나, 건축헌금까지 받쳐주었다. 그리고 기독교 방송국에서도 이동춘 아나운서가 와서 녹화하였고, 다음 날 아침 방송되기도 하였다.

이렇게 기공예배를 마치게 되니, 교인들의 사기가 높아졌고, 다음 주일날 만나서도 모든 교인들이 활발하게 활동하는 모습을 보여 주었다.

건축은 시작하였으나, 돈은 없었다. 교인 중 누구 하나 제대로 헌금할 만한 이가 없었다. 그래서 나는 당시 이광규 집사(이진홍 장로)와 함께 먼저 벽산그룹 김인득 장로를 찾아가 사정을 이야기 하였더니, 교회당 건축에 필요한 만큼의 스레트를 주기로 약속해 주셨다. 그리고, 인천의 한국유리라는 회사에서는 유리를 주시기로 하였고, 또한 군산으로 부산으로 다니면서 목재와 기타 건축에 필요한 자제들을 기증받았고, 헌금으로도 협조를 받았다.

어렵게 어렵게 교회당 건축은 쉬지 않고 계속되고 있던 중에, 나는 담임 교역자가 필요할 것 같아서 당회와 의논하고 제직회를 거쳐 김제노회 학동교회에 시무하고 있던 김영보 강도사를 초대 교역자로 모시게 되었고, 김 강도사는 그해 10월 목사가 되어 익산중앙교회는 이제 안정되게 부흥하는 교회로 성장하게 되었다. 익산중앙교회 건축은 온 교인들이 불편한 몸을 이끌고 벽돌과 모래 등을 운반하면서 하나님의 축복 속에서 땀과 눈물로 잘 마치게 되었다.

나는 그 후에도 익산중앙교회의 사기진작을 위하여 시찰 내 연합 집회나 행사가 있을 때마다 장소를 익산중앙교회로 정하고 성대하게 거행하게 하였다. 한 가지 에피소드를 전하자면, 각 교회 대항 배구대회를 익산중앙교회 바로 위에 있는 양로당 마당에서 개최하기도 하였는데, 한 번은 익산중앙교회의 젊은 집사가 심판을 보다가 우리 교회의 다른 집사에게 심판을 인계한 일이 있었다. 그 때 심판을 인계 받은 우리 교회 집사는, 처음에 심판을 보던 이가 사용하던 호루라기를 무심코 건네 받아 입에 물고 심판을 보다가, 문득 '한센인' 이라는 생각이 들었는지 갑자기 호루라기를 바꿔달라고 하는 것이었다. 나는 그 모습에 살짝 웃음이 나기도 하였다. 그러나 나는 바로 우리 교회 집사에게 절대로 전염되지 않고 안전하니 염려 말고 쓰시라고 하였었다.

나는 지금도 그 때 일을 기억해 본다.

초창기에는 내가 설교하러 가면서 몇 명의 찬양대원들이 동행하여 특별 찬송을 한 일이 있었는데, 우리 교회 몇 분의 어르신들이 젊은 사람들을 그 곳에 데리고 갔다고 불평하시기도 했다. 그들과 처음 노회에 가서도 노회원들에게 그 분들을 소개하는 시간에도 많은 분들이 선뜻 악수를 청하지 못하고 어떻게 인사를 해야 하나 어색해하는 분위기가 선했다. 시찰내 연합제직회를 마치고 식사를 할 때에도 일부 사람들은 그들과 같은 밥상에서 식사하는 것조차 꺼려하기도 하였다. 나는 일부러 그분들과 겸상하여 먹었고, 한 방에서 같이 잠도 자면서 그분들이 우리들과 조금도 다를 바 없다는 것을 일깨워 주었다. 이런 내 모습을 보면서 다른 이들도 그들과 함께 밥을 먹게 되었고, 그렇게 서서히 인식이 달라져 갔다. 당시 익산중앙교회에는 한센병을 중하게 앓다가 나은 분들이 많았기 때문에 다소 외모가 험하신 분들이 있었으나, 그러나 염려스러운 것이 전혀 없는 것이다.

나는 이렇게 그들이 외롭지 않도록 그들과 함께 먹고 자면서 좋은 교제를 나누었다. 차차 그 지역 사회에서도 그들에 대한 인식이 달라지면서 80년대 이후엔 일반인들과 완전히 교류하며 자연스럽게 통합되었고, 그들의 2세가 자라나면서 90년대 중후반부터는 조금도 구분이 없는 다 같은 주민이 되었다. 모든 것이 하나님의 은혜로 된 것이니, 하나님께 감사할 따름이다.

오늘도 나는 이 글을 쓰다가 문득 익산중앙교회의 이진홍 장로가 생각이 나서 문안 전화를 하였다. 전화 속에서 들려오는 그의 목소리는 많이 아프다고 하면서 가늘게 떨리고 있었다. 울고 있는 것이리라. 이제 우리는 천국에서 만나 편히 삽시다 하면서 위로해 주고 통화를 끝냈다.

명예 신학박사 학위는 받았으나…

1995년 2월 어느 날, 전북신학교 졸업식이 있었고, 나는 그 졸업식에서 격려사를 맡게 되었다. 그런데, 후배 목사와 제자 목사들은 모두 머리에 쓴 사각모며 목에 둘은 후드들이 울긋불긋 보기 좋게 단장되어 있었으나, 유독 나만은 그렇지 못하였다. 그 졸업식에는 마침 총신대학교 총장이었던 김의환 박사를 특별히 초청하여 강단에 함께 올라가 앉아 있었는데, 그가 나를 유심히 바라보았다.

졸업식이 끝나고 점심식사 시간이 되었다. 문병원 학장과 김의환 총장, 나, 그리고 몇 분의 목사님이 함께 한 식탁에 앉았는데, 김의환 총장이 나를 향하여, "왜 이 목사님은 후드가 없습니까?" 하신다. 그러자, 문 학장이 김 총장에게, "김 총장님이 하나 해 주시지요."

한다. 그렇게 서로 웃으며 농담 비슷하게 이야기하고 지나갔다.

그런데, 7~8개월이 지난 어느 날, 김 총장에게서 전화가 걸려왔다. 미국에 가서 린다베스타 신학대학에 들렀더니, 그 대학의 학장이 와병 중에 있고, 부학장은 잘 아는 분인데, 이 목사님 이야기를 하였다고 하면서, 이력서 한 번 보내보자는 것이었다. 나는 별 필요성을 느끼지는 않았으나, 당시 태국 선교를 위해서 태국 신학교 입학식, 졸업식 등을 지원해야 했는데, 아무래도 필요할 것 같아 일단 이력서를 보내보기로 하였다. 그 후 김총장에게서 다시 연락이 왔다. 린다베스타 신학대학에서 나의 이력서를 보더니, 이만하면 충분히 명예 신학박사 학위를 수여할 수 있겠다고 판단된다고 하였다는 것이다. 그리고 1996학년도 학위 수여식이 4월 29일에 있으니 참석하라는 통보가 왔다는 것이었다.

그러나, 나에게는 미국 비자가 문제였다. 나에게 속한 부동산이나 어떠한 재산도 없었기 때문이었다. 이전에도 이미 두 차례나 미국 비자를 신청한 바가 있었으나, 번번이 나의 비자는 기각되고 말았다. 이번에도 역시 3번씩이나 나의 비자 신청이 반려되었다. 당시에는 요즘에 비해 미국 비자를 얻기 힘든 시기이기도 하였으나, 나는 우리나라에 재산이 있는 것도 아니고 통장이 두둑한 것도 아니어서,

미국에 가면 다시 한국으로 돌아온다는 보장을 못하기 때문에 비자를 못내준다는 것이었다. 마지막으로 돌아오는 비행기표까지 첨부해서 신청을 하였다.

그런데 어느 목요일 아침, 미 대사관에서 전화가 왔다. 금요일 오전 9시까지 대사관 3층 공사관실로 나오라는 전갈이었다. 나는 그 날 오후 서울에 올라가서 하룻 밤을 유하고, 다음 날 아침 9시에 미 대사관 3층 공사실로 올라갔다. 비자 신청서를 써서 제출하니, 이번에는 인터뷰 없이 통과하였다. 그래서 나는 통역에게 나는 이런 사정이 있어 4월 28일까지는 미국 LA에 도착해야 한다고 하였더니, 그 날 오후 3시에 여권을 찾아가라고 한다. 나는 이렇게 비자를 받고 4월 26일 서울을 떠나 LA로 향하였다. 그리고 샌디에고에 있는 린다베스타 신학대학에서 4월 29일 무사히 학위수여식에 참석할 수 있었다.

그런데 어떻게 알게 되었는지 미국 기독 신문사에서 취재를 나와 나의 사진을 찍고 는 신문 제1면에 크게 보도하게 되었다. "이은익 목사 린다베스타 신학대학에서 명예 신학박사학위 취득" 이란 세목이었다. 그리고 미국에 계시는 저명한 목사님 20

명예박사 학위 수여식

여분이 다음 날 오찬 모임을 갖고 그랜드 호텔에서 환영회를 열어 주는가 하면, 미국 ABS 기독교 TV에서 설교를 부탁하였고, ABS 라디오에서는 심야 설교와 교포들의 애환이 짙은 질문에 답하는 형식의 신앙상담을 요청했다. 늦은 시간이었는데도 교포들의 질문은 끝이 없었다. 화려한 미국 사회에 살지만 그들의 고단한 삶이 느껴지는 시간이었으며, 이국 땅에서 어려움을 겪을 때마다 하나님을 의지하고자 하는 교포들의 신앙에 상담을 해주는 나에게도 은혜의 시간이 되었던 것을 기억한다. 사회자의 종결에 의해 방송을 마치고 숙소에 도착하니 새벽 1시 20분이 지나고 있었다. 나는 잠시 눈을 붙이고 곧 공항으로 향하여 귀국길에 올랐다.

교회에서는 크게 기뻐하였으며, 일정을 정하여 내빈들을 초청하고 박사학위 취득 축하예배도 드리

미국 ABS 기독교 TV에서 설교

미국 ABS 라디오에서 심야 설교 및 신앙 상담

도록 하는 계획을 세워놓고 있었다. 나는 5월 첫 주일 예배를 드린 후 전국목사장로 기도회에 참석하기 위해 서울충현교회를 찾았다. 막 예배당으로 들어서려는데, 누군가가 등 뒤에서 "이 박사님!" 하고 불렀다. 설마 누가 나를 부르랴 싶어서 그냥 들어가고 있는데, 또 한 번 더 크게 "이 박사님!!" 하고 부른다. 뒤돌아보니 기독신문사 박에스더 편집국장이 다소 쏘아보는 눈초리로 나를 바라보며, "이 목사님, 지금까지 나는 전국 목사님들 중에서 나의 아버지 박명수 목사님과 이은익 목사님 두 분을 제일 존경하고 있었습니다. 웬만한 목사님들 다 받는 명예박사 학위, 두 분은 그런 박사 학위 따위 안받는 것을 보고 그랬었는데, 이제는 목사님에 대한 그런 존경심이 싹 사라졌어요." 하는 것이었다. 그것도 손바닥으로 싹 자르는 시늉까지 하면서 말이다.

나는 쓴웃음을 짓고 말았으나, 한편으로는 부끄럽기도 하였다. 그리고 교회당 정원 이곳 저곳 구석구석마다 기도회에 참석한 목사 장로 할 것 없이, 한 손에는 모두 신문 한 장씩이 들려있었고 모두들 그것을 읽고 있는 것이 아닌가. 나를 아는 모든 사람들은 나를 만날 때마다 "이 목사님, 축하합니다." 또는 "이 박사님, 축하합니다." 하며 인사하는데, 나는 쑥스럽고 다소 어색하기도 하였다. 기도회를 마치고 교회로 돌아온 나는, 교회에서 축하예배를 드리기로 한 것도 취소하기로 했으며 평소와 다름없이 보냈다.

명예박사학위는 태국선교 현지에서 신학교 졸업식 때 필요상 사용하였고, 전북LMTC 이사장으로 봉사할 때 사용한 일이 전부였다.

그러나 나는 명예박사학위를 받은 일을 후회하지는 않는다. 결코 자격 없이 받은 것은 아니기 때문이다. 미국 현지의 대학의 학위 수여식에서 나와 함께 명예박사학위를 받은 분이 두 분 계셨다. 그러나, 나의 이력을 그 학교 교무처장이 낭독하였을 때 나는 최고의 박수갈채를 받았고, 박사 후드를 몇 분의 교수가 둘러주는 순간에도 청중은 박수를 아끼지 않았다. 그리고 학위수여식 모든 순서를 마치고 퇴장하는 순간에도 양쪽 청중석에 늘어선 축하객 모두의 손길이 동양인인 나에게 더 적극적으로 악수를 청하는 등 실로 영광스런 장면이었다.

비록 작은 대학이었지만, 하나님께서는 나에게 명예신학박사 학위를 받을 수 있도록 은혜를 허락하시고, 또한 이를 나의 명예나 영광을 위해서가 아니라 선교 현장에서 주님의 영광을 위해 사용하게 하셨던 것이다.

1980년도는 나의 동부교회 부임 10주년이었다. 그때 나는 제1차로 이스라엘과 로마 두 나라 정도의 성지순례를 다녀왔다. 이 후 14년 만에 제2차로 60세 수연기념으로 1994년 10월 14일부터 21박22일로 우리 두 내외가 함께 성지 순례를 할 수 있도록 교회가 배려해 주었다. 그리하여 10월 14일 교회 성도들과 감사 예배를 드리고 사랑의 전송을 받으며 아침 일찍이 집을 떠나서 김포공항에 도착하였다. 우리 일행은 총신 제 60회 동창생 중 60세 동갑내기로 진운섭 목사 내외와 이선팔 목사 내외 그리고 우리 내외 등 7가정 14명이 한 팀이 되어 김포 공항에서 비행기에 몸을 싣고 밤새워 날아가는데, 인도 공항에서 잠시 쉬었다가 출발하여 다음날 아침 카이로 공항에 도착하니 관광버스가 대기하고 있었다. 시내 한식집에서 아침을 먹고 처음 찾은 곳이 예수님의 피난교회였다. (마2:14-15) 예수님은 나실 곳조차 없으셔서 마구간에서 나셨고, 헤롯왕 때 죽음의 위협을 피해 어리신 몸으로 애굽까지 피난 가셨던 그 기념교회에서 잠깐 동안 도차예배를 겸한 예배를 드리고, 곧 모세를 버렸다는 나일강을 둘러보고 피라미드 지대로 향하였다. 그 웅장한 피라미드 내부에 깊숙한 곳에 들어가니 그곳은 왕의 무덤이었다. 왕의 무덤 하나를 위하여 수없이 많은 노예들로 하여금 노역을 하게 한 옛날 왕들의 죄악이 얼마나 잔인무도 했는가를 생각해 보았다. 그리고 다음으로 스핑크스를 찾았다. 가까이 가서 보니 코가 없었다. 나폴레옹이 포로 날려버렸다고 한다.

다음으로 찾은 곳이 유명한 카이로 고대박물관이었다. BC 2500년 이전의 왕관이며 왕가에서 사용했던 유물들과 시신을 담았던 금관 등 당시 이집트의 찬란했던 문화를 충분히 접할 수 있어서 참으로 좋았다. 이렇게 우리는 하루 종일 피곤함도 잊은 채 관광을 마치고 숙소로 향했다. 다음날도 역시 강행군이다. 4시 기상 6시 20분 카이로 공항에서 출발하는 비행기로 1시간 거리인 룩소로 향했다. 룩소에 도착하여 먼저 나일강 하류에서 배를 타고 강 건너 왕들 무덤들이 있는 곳으로 갔다. 산속 지하 200여 미터 이상 들어가 보니 이는 피라미드 무덤보다 더 화려하게 묻혀있는 왕들의 무덤을 보았다. 우리는 다시 이동하여 그 웅장한 유적지들을 관람하는데

예수님 피난교회

피라미드

세계에서 가장 큰 오벨리스크와 크르나 신전 24미터 높이와 6.5미터 둘레의 기둥들이 134개나 있었고 어마어마한 신상들이 여기저기에 널려 있었으며 이스라엘인들을 노예로 삼아 만든 듯한 흙벽돌들도 있었다. 이런 것들을 관람하고 다시 비행기로 카이로에 도착하여 하루 여장을 풀었다. 제 3일째에도 새벽같이 일어나 카이로를 출발 홍해로 향했다. 잠시 버스에서 내려 모세가 이스라엘 백성을 이끌고 홍해를 육지같이 걷고 애굽 군사를 수장시킨 일을 연상하면서 지금은 지하로 연결된 홍해를 버스로 통과하며 마라에 도착하였다. 모세가 쓴물을 단물로 만들어 백성들로 먹였다던 마라의 샘 곁에서 주일예배를 드렸다. 그리고 하루 종일 시나이반도(시내광야)를 달려 출애굽 시대의 유적지인 엘림과 르비딤을 거쳐 시내산 아래 허름한 호텔에 투숙하게 되었다.

다음날 새벽 2시에 일어나 세수만하고 시내산에 오르는데 삼분의 일은 버스로 삼분의 일은 낙타로 그리고 삼분의 일은

크르나 신전

신전 기둥 둘레

도보로 올라가는데 처음에는 포기하려고도 하였다. 시내산의 높이가 2,258미터요 산세가 험하다는 것이다. 그런데 상당히 늙어보이는 노인들이 거침없이 올라가고 있었다. 가다 죽더라도 올라가자, 출발! 몇 번이고 쉬면서 정상에 도착하니 모세의 기념교회가 있었고 많은 사람들이 와서 있는데 대부분 어제 저녁에 와서 기다리고 있었다고 한다. 우리는 도착하여 팀을 이루고 찬송을 부르기 시작했다. 여러 나라 많은 사람들이 함께 찬송을 부르며 얼마의 시간이 지나자 먼동이 트고 밝은 해가 솟아오르자 통성 기도하는 사람, 찬송 부르는 사람 등 참으로 천국 같은 분위기였다. 우리 일행은 가이드가 가지고 온 컵라면 한 통씩 받아먹는데 어찌 그리 맛있던지 이렇게 간단한 아침식사 후 잠깐 예배를 드리고 하산하였다. 그리고 페트라 옛 유적지 왕의 무덤 등을 관람하고 요르단 수도 암만에 도착하여 예루살렘 호텔에 여장을 풀었다.

다음날 우리 일행은 모세가 마지막 가나안 땅을 바라보았다는 느보산 모세의 기념교회에서 예배를 드리고 모세가 광야에서 뱀을 들었던 상징의 조형물을 본 뒤 요단강을 건너 이스라엘로 입국하여 본 성지순례 일정에 들어가게 된다.

이스라엘 국경 요단강 출입국 관리소에 김주경 선교사가 우리를 기다리고 있었다. 우리는 갈릴리 호수 쪽으로 달리다가 중간 잔디밭이

있어 그곳에서 준비해 온 도시락으로 점심을 먹었다. 우리는 골란고원에서 시리아쪽을 바라보니 우리나라 휴전선 같은 긴장감을 느낄 수 있었다. 이어 팔복을 말씀한 곳에서 팔복교회를 지나 이곳 갈릴리 호수가의 언덕에서 많은 무리를 향하여 산상보훈의 팔복을 가르쳤던 곳에서 잠시 쉬었다. (마5:1~12) 그곳에서 조금 내려오니 오병이어교회가 있었다. 예수님께서 떡 5개와 물고기 2마리로 5천명을 먹이고 열두 광주리를 남긴 곳(마14:15~21) 이다. 우리는 이곳에서 배타고 갈릴리 바다를 돌아 티베리아스 식당에서 베드로 고기라고 하는 물고기로 식사를 하였는데, 우리나라의 붕어와 비슷하였다. 이때 나는 예수님께서

모세가 광야에서 뱀을 든 것 같이

팔복교회

바다를 꾸짖어 잔잔케 하신 일과 (마8:23~27) 밤새 한 마리의 고기도 잡지 못했던 베드로를 찾아 오셔서 두 번씩이나 많은 고기를 잡게 하셨던 일을 생각하며 주님을 찬양하였다. (눅5:4~7, 요21:3~6) 우리 일행은 가이사랴 빌립보 지방에 이르러 베드로가 신앙고백으로 "주는 그리스도시요 살아계신 하나님의 아들이시니이다" (마16:16) 하여 "내가 이 반석 위에 내 교회를 세우리니 음부의 권세가 이기지 못하리라" 하신 그 중요한 장소 그 땅을 밟는 순간 베드로의 그 신앙 고백으로 오늘의 교회의 터전이 된 일에 대한 깊은 의미를 되새겨 보았다. 그런데 그때 어디선가 시원한 물줄기가 흐르는 소리가 들린다. 바로 그 옆에 폭포가 있었다. 저 멀리 북쪽 헬몬산 꼭대기에서 저녁에 내린 눈이 낮에는 녹아 물이 되어 흘러 이곳으로 지나 요단강을 거처 갈릴리 호수로 유입된다고 한다. 그 다음 우리는 갈릴리 호수 주위에 있는 가버나움과 가나를 지나 예수님이 어릴 적부터 공생애 전까지 사셨던 나사렛을 돌아본 후, 변화산으로 알려진 다볼산을 통과하고 요단강을 따라 사해바다에 도착하게 되었다. 그런데, 사해바다는 14년 전과는 참으로 많이 변화되어 있었다. 그 때 사해바다는 주위에 풀 한 포기 집

오병이어교회

한 채 없었던 문자 그대로 사해(죽은 바다)였었다. 그러나 오늘에 와서 보니, 호텔들이며 여러 가지 레저 산업에 또 많은 사람들이 오가는, 정말로 훌륭한 관광명소로 변해 있었다. 우리 일행도 이곳에 여장을 풀고 곧 바다로 들어갔다. 사해는 바다보다 380미터쯤 낮은 곳이요, 염도는 30%(보통바다 4~6%) 이상으로써 일반 바다보다 5배 높아 아무 생물도 살 수 없는 곳이어서 죽음의 바다로 불리고 있다. 우리는 이곳에서 피부병에 좋다는 진흙을 온몸에 바르고 물속에 들어가 약 30분간 목욕을 하는데 몸이 둥둥 뜨는 것을 느낄 수 있었다. 지금은 피부병이 있는 사람들이 많이 와서 치료를 받고 있으며, 또 이 진흙을 이용해서 화장품을 만들어 세계에 수출하고 있다고 한다.

우리는 사해사본이 발견된 쿰란동굴을 멀리서 보고, 바로 그 유명한 맛사다라는 요새로 향했다. 이곳은 이스라엘의 성지요, 가장 극적인 용기와 영웅심을 자랑하는 장소라고 한다. 주후 70년 로마군이 예루살렘을 함락하자 일단의 유대인 애국자들이 그들의 지도자 벤야일 (Eleazar Ben Yair)을 따라 이곳에서 3년을 항거하면서 로마군에게 많은 손실을 입히고 최후에는 로마에 포로가 되는 것보다 명예롭게 죽기로 결의하고, 제비를 뽑아 10명을 택하여 그들로 하여금 나머지 모두를 다 죽이게 한 것이다. 이와 같은 사실은 어린아이 다섯을 데리고 몰래 숨어있던 두 여인을 통해서 전해졌다고 한다. 승리의 축배를 들려는 로마군인에게는 승리가 허사로 돌아갔고, 오히려 유대인들에게는 전 민족을 감동시킨 하나의 바위처럼 굳게 뭉친 큰 교훈이 된 것이다. 그래서 2천여 년이 흐른 지금도, 이스라엘인들은 이곳에 올라오면 먼저 2~3분간 묵념을 한 뒤 이 곳을 둘러본다고 한다.

우리는 다시 맛사다를 떠나 여리고의 비옥한 땅을 거쳐 예루살렘에 입성하게 되었다. 나는 감회가 깊었다. 잠시 두 손을 모으고 기도하며 감사했다. 우리 주님이 갈릴리를 중심으로 많은 활동을 하셨으나, 예루살렘에서 죽으시고 부활하시고 승천하셨다. 바로 그 곳이기 때문이다. 우리는 먼저 성전 터를 찾았다. 애석하게도 그 중심에는 회교의 황금사원이 있었고 그나마 신발을 벗고 들어가게 되어 있어서 나는 그 곳에 들어가지 않고, 그 지하에 아브라함이 이삭을 바친 제단이 있어 그 곳을 관람하였다.

다만 그 성전 주위에는 옛 성전 기둥들만 남아있는데 그 웅장함을 나타내주고 있었다. 그 성전 아래에는 통곡의 벽이 있어 랍비 같은 사람들이 머리를 벽에 맞대고 비장하게 기도하고 있었다. 2,000년 전의 빌라도 법정에서 빌라도는 오히려 손을 씻으며 나는 이 사람의 죄에 대하여 무죄하다 할 때에 "백성이 다 대답하여 이르되 그 피를

 (마27:25)한 그 죄 값을 그들 자손들이 받는 것이 아닌가. 2,000여년 동안 나라를 빼앗기고 성전을 헐리고, 성전 터는 무슬림이 점령하여 지금까지 통곡의 벽에서 통곡하는 그들의 모습을 보며, 우리 자손들을 위해서도 우리의 삶이 얼마나 중요한가 하는 것을 더욱 깨닫게 되었다.

우리는 이 곳 예루살렘을 중심으로 예수님께서 사역하셨던 실로암 연못, 베데스다 연못 등을 돌아보았다. 주님께서 눈먼 자와 38년 된 병자를 고치신 바로 그 곳이다. 또 우리 일행은 주님이 성만찬을 베푸신 곳에서부터 감람산 겟세마네 동산을 찾았다. 여기서 우리는 주님이 피땀 흘리며 기도하심을 기억하며 기도했다. 이 곳에는 예수님 당시부터 있었다는 감람나무 두 그루가 지금도 서 있다. 이 곳에서 우리 주님은 제자들과 함께 기도하기를 원하셨으나, 그러나 제자들은 한 시간도 함께 깨어 있지 못하였다고 하였다(마26:40). 바로 이 곳에서 주님은 가룟유다와 함께 온 무리들에 의해 잡혀가셨다. 이렇게 대제사장 뜰에 끌려가신 주님이 불법하게 심문을 받고 계실 때, 베드로는 멀찍이 따라와 예수님을 세 번씩이나 그것도

예루살렘 성전 터의 무슬림 황금사원

저주까지 하면서 부인했을 때에, 주님의 그 심정은 어떠하셨을까! 대제사장이 주님을 헤롯에게, 헤롯은 다시 대제사장에게, 그리고 빌라도에게 넘겨지셨고, 결국 예수님은 채찍에 맞으신 후 그 무거운 십자가를 지시고 골고다로 가셨다. 그 골고다 길에는 예수님께서 쓰러지신 곳마다 비문으로 표시되어 있었다. 우리는 그 곳에서 기도를 드렸다. 특히 예수님이 어머님을 만났던 곳, 또 기진맥진하여서 구레네 시몬에게 대신 십자가를 지게 하셨던 곳에서 우리는 더 없는 주님의 고난을 음미하게 되었다.

갈보리산에 도착한 것과 같이 주님의 빈 무덤이란 곳, 십자가교회 등을 바라본 후 돌아왔다. 그리고 감람산 안에 위치하고 있는 예수님이 예루살렘 멸망을 예고하시고 우신 눈물교회, 스데반의 순교기념교회, 승천교회, 주기도문교회, 수태교회(한복 입은 성모마리아 초상) 등을 돌아보았다.

우리는 예루살렘 호텔에서 2박3일 동안 묵으면서 의미있는 곳들을 돌아보았고, 토요일은 그 곳 한인교회에서, 주일에는 호텔에서 예배를 드렸다. 이스라엘은 토요일이 공휴일인 까닭이다.

우리는 예루살렘을 떠나 오순절에 성령강림한 마가의 다락방을 둘러본 후 베다니 나사로의 무덤을 찾았다. 죽은 지 나흘이 되어 썩어 냄새나는 나사로를 살리신 곳, 그리고 마리아는 주님께 귀중한 옥합을 깨뜨려 향유를 주님께 부어 드린 곳이다. 우리는 이 곳을 지나 베들레헴 예수님 탄생교회를 찾았다. 우리를 위해 하늘보좌를 버리시고 뉘실 곳이 없어 말구유에 뉘셨는데, 지금은 그 위에 교회당을 짓고 잘 꾸며 놓았다. 그 곳에서 우리 일행은 간단한 예배를 드렸다. 그 후 양치던 목자의 기념교회에 들러 텔아비브로 돌아와 호텔에 여장을 풀었다.

다음날 우리는 아침 일찍 일어나 호텔 예배를 드린 후 욥바의 피장 시몬의 집에 들렀고, 요나를 기념하여 만든 큰 고기 형상의 건물 앞에서 기념촬영을 하였다. 그리고 곧 갈멜산으로 향했다. 엘리야기념교회에서 예배를 드렸는데, 그 곳 산상에 바알선지의 목을 발로 밟고 칼을 들고 내려치려는 모습을 하고 있는 엘리야의 석상이 세워져 있었다.

우리는 이렇게 이스라엘에서의 성지순례를 잘 마치고, 곧 텔아비브 공항으로 이동하여 비행기로 터키 수도 이스탄불을 경유하여 이즈밀 (서머나)에 저녁 늦게 도착했다.

터키에서는 소방은 선교사가 우리의 안내자가 되었다. 기독교의 불모지요, 무슬림교로 가득 찬 이곳에서, 소방은 선교사는 침술로

환자를 치료하면서 청년 한 사람을 살려낸 것이 계기가 되어 지금은 쿠루즈 족의 대부와 같은 존재로 신임을 받고 터키 선교에 열중하고 있었다.

우리는 이곳에서 2일 동안 머물면서 소방은 선교사의 안내를 받으며 먼저 이즈밀(서머나)교회를 방문하였다. 이 교회는 시내에 새로 지은 교회인데 폴리갑의 초상화가 있었고 그분의 업적이 고스란히 남아 있었다. 그리고 옛 서머나 교회 터전이란 곳도 둘러보았다. 그 다음부터 남은 아세아 6개 교회를 순방하는 가운데 느낀 것은, 당시 기독교가 얼마나 강성했던가 하는 사실이다. 비록 무너진 잔해들로 보는 것이었으나, 그 웅장했던 기둥들이며 또 시설물과 주거지, 그리고 기둥에 정교하게 새겨진 조각물이나 돌을 매끄럽게 깎아 다져서 포장한 도로 등, 아름답게 꾸며진 참으로 찬란했던 옛 기독교문화로 그대로 표현하고 있었다. 경건미 마저 풍기는 모형들이었다.

에베소 교회의 옛 터

그런데 에베소 교회를 향해서는 "처음 사랑을 버렸느니라. 그러므로 어디서 떨어졌는지 생각하고 처음 행위를 가지라" 하였고 "회개하지 아니하면 촛대를 그 자리에서 옮기리라"(계2:4~5) 하셨는데, 처음 사랑을 찾지 못하여 산산이 조각나도록 망한 것을 볼 수가 있었다. 우리는 이렇게 터키의 화려했던 옛 영화와 방대했던 원형극장과 파무칼라 석회석 온천을 다녀서 신에베소 구사라시 호텔에 도착하여 여장을 풀었다.

다음 날 아침 6시에 출발하는 배에 몸을 싣고, 바울이 이곳을 통하여 로마로 끌려가던 일을 회상하면서 지중해를 항해하여 밧모섬으로 향했다. 찬송하며 정담을 나누면서 하루 종일 배를 타고 오후 3시쯤 밧모섬에 도착하여 찾은 곳이 사도요한이 계시록을 기록한 기념교회 안에 있는 계시동굴이었다.

이 동굴 안에는 요한이 계시를 받을 때 갈라졌다고 하는 바위가 있었고 그 바위 벽면에는 요한이 기도할 때 손을 짚어 패였다는 손자국이 난 홈이 있어서, 인류의 미래를 위해 계시를 받을 때 그의 간절한 기도의 숨결을 느낄 수 있었다. 그리고 요한을 대신해 계시의 내용을 읊고 대필했다는 요한의 제자 브로고로 집사의 모습이 동굴 입구 밖에 그려져 있있다. 행6:5에 의하면, 이 브로고로 집사는 초대교회 일곱 집사 중의 한 사람으로서 믿음과

요한이 계시 받았던 기념교회

성령이 충만한 사람이었다. 우리는 이곳에서 저녁식사를 마치고 저녁 10시 크루즈 배에 올라 밤새워 항해하여, 다음날 아침 7시에 고린도에 도착하였다. 아침을 먹고 고린도의 화려했던 옛 시가지와 시장터의 폐허들을 보면서, 사도바울이 화려했던 이곳에서 복음을 전하며 이들과 지적으로 대결했던 옛일들을 회상해 보았다. 그리고 고린도 운하를 본 다음 고린도 바울교회에 갔는데, 현관 앞에 그 교회 제1대 교역자가 바울이라고 기록되어 있었다. 아덴에서 성공하지 못한 바울은 고린도에서는 비교적 성공했다고 말할 수 있음(행18:1-11)을 직접 보게 된 것 같았다. 또한 고린도전후서에서 바울의 고린도 교회를 향한 뜨거웠던 애정에 대한 이유를 더욱 실감할 수 있을 것 같았다. 우리는 이곳에 들어가 사도 바울과 초대교회를 떠올리며 예배를 드렸다.

그리고 우리는 바로 아테네로 향했다. 먼저 찾은 곳이 파르테논 신전으로 이는 세계보물 제1호란다. 다음으로 우리는 아레오바고를 찾았다. 바울은 이곳에서 저 유명한 당시 아덴의 에피쿠로스와 스토아 철학자들과 쟁론하게 될 때, 많은 아덴 사람들이 바울의 새로운 가르침이 무엇인가 듣기를 원하므로 바울은 여기서 장구하게 복음을 전한 곳이다(행17:16-34). 참으로 아덴 거리에는 사람 찾기 보다 신을 찾기가 쉬웠다는 말처럼, 아덴 거리에는 우상만도 300개가 넘었으며 기타 신상을 모두 합하면 3만을 헤아리는 우상의 도시였다. 그들은 우상을 헤아리다 못해 심지어 "알지 못하는 신"이란 푯말을 세워 놓고도 섬겼다고 한다(행17:23). 이때 바울은 "그 알지 못하는 신을 알게 하리라" 하고 "그가 바로 하나님"이시라고 증거한 것이다.

이후 우리는 세계 최초의 올림픽경기장을 찾았다. 우리나라의 이름이 등재되어 있었다. 우리는 그곳 스타디움에서 나란히 서서 함께 뛰었다. 지나가는 사람들이 코리아 넘버 원하며 함께 웃어 주었다.

다음 날 우리는 로마로 향했다. 전설에 의하면 로마는 BC 735년에 늑대의 젖을 먹고 자랐다는 로물루스가 건국하였다고 한다. 한 때 유럽뿐만 아니라 세계 일부를 지배하던 나라로서 도시 전체가 박물관이었다. 이 곳에서 먼저 찾은 곳은 베드로 성당이었다. 그 웅장함이 규모로나 외관 뿐만이 아니었다. 성당 안으로 들어가 보니 내부 역시 방대한 시설이었으며 많은 관광객들로 북적이고 있었다. 베드로 사도가 거꾸로 십자가에 못 박혔다는 곳에 돔으로 쌓은 것도 높고 웅장하며 화려하게 꾸며져 있었다.

파르테논 신전

우리는 사도바울의 기념교회도 찾았다. 반면 바울의 기념교회는 너무너무 초라했다. 사람들의 발길도 없었다. 바울이 이 곳에서 참수당했다는 전설과 함께, 머리가 세 번 튀었는데 그곳에 물이 솟아 우물물이 생겼다는 곳이다.

이어서 우리는 바티칸 박물관을 관람했다. 그 많은 문화유산들과 유명인들의 조각품과 미술품을 보며 안내원의 설명을 들었다. 옛날에는 문맹이 많고 기록된 문헌이 적었을 때이니 그림이나 조각들로 예수를 전하기가 좋았을 것이며 그래서 이런 훌륭한 작품들이 탄생했을 것이라고 안내원이 설명해 주던 것이 기억난다.

우리는 이곳에서 다시 사도바울이 옥에 갇혀서도 서신을 기록하고 복음도 전하며 세례도 베풀었던 마메르틴 감옥에 도착하여 기도를 드렸다. 그리고 수많은 기독교인들이 숨어 신앙생활을 하였던 카타콤베를 보았고, 또 수많은 기독교 순교자를 낸 콜로세움 원형 경기장을 돌아 보았다.

다음으로 우리는 폼페이로 향하였다. 폼페이는 주후 73년 비스피우스 화산에 의해 멸망한 도시인데,

바울의 마메르틴 감옥

발굴된 도시흔적을 보니 매우 화려한 도시였으며
음탕한 형상들이 곳곳에서 노출되어 있었다.

우리는 다시 스위스로 향했다. 먼저 방문한 곳은
제네바 칼빈 기념교회였다. 이곳에서 우리는
주일예배를 드렸다. 마침 설교차례가 나였기에
나는 로마서 11:33~36을 봉독하고 "하나님의
절대주권"이란 제목으로 칼빈주의의 핵심을
간략하게 강론하였다. 우리는 칼빈의 무덤을
찾아보기로 했다. 제네바 국립묘지에는 화려한
묘들이 많았다. 그러나 칼빈의 묘를 찾으려면
제일 초라한 묘를 찾으면 될 것이리라. 예상대로
반평 쯤 되는 칼빈의 묘는 철근으로 아무렇게나
막아놓고 그 위에 JC라고 새겨놓은 작은 돌 하나가
놓여 있을 뿐이었다.

그리고 우리는 제네바의 상징이라는 레만 호수의
제또 분수를 찾았는데, 약 150미터로 솟아올리
장관을 이루는 물줄기를 보았다.

스위스는 세계적으로 시계가 유명하다. 나는

콜로세움 원형경기장

칼빈의 무덤

제네바에서 기념으로 시계를 하나 구입했는데, 20여년이 지난 오늘에도 변함이 없이 정확하다. 오늘도 그 시계로 시간을 보면서 그 명성이 그냥 얻어진 게 아니라는 생각을 했다. 참으로 그들의 장인 정신이 놀랍다.

다음 날 우리는 알프스의 정상이라고 하는 몽블랑으로 향했다. 정상까지는 케이블카로 두 번 갈아타야 되는 높은 곳이다. 정상에는 오르지 못하고 4,000미터 높이까지 오르게 되어 있었는데, 가슴이 조여오며 협심증 증세가 나서 이내 그 곳에 있는 커피숍에서 커피를 한잔 마시고 안정을 찾았다. 산 아래는 영상 15도였으나, 이곳은 영하 15도였다. 몽불랑 정상은 사시사철 내내 눈이 쌓여있어 여름에도 스키어들이 몰려드는 곳인데, 우리가 방문했던 그 때도 많은 스키어들이 스키를 즐기고 있었다.

몽블랑

우리는 다시 제네바로 돌아와서 프랑스 파리로 향했다. 이곳에서 먼저 찾은 곳이 루브르 박물관이다. 로마 바티칸 박물관에 비해 그 규모나 내용들에서 결코 뒤지지 않았다. 그 방대하게 전시된 문화재들을 관람하고

에펠탑과 개선문, 그리고 유명한 세느강변의 노틀담 대성당앞에서 잠시 머물면서 기념사진을 찍었다. 이 노틀담 대성당은 "노틀담의 꼽추"란 영화로 우리에게도 잘 알려진 성당이었다. 우리는 다시 상젤리제 거리를 걷다가 파리 시내 북부지역에 있는 몽마르트 언덕에 올랐다. 그 위에 넓은 광장이 있었는데 수많은 화가들이 사람들의 초상화를 그리고 있었다. 역시 예술의 도시답다고 생각했다.

우리는 파리에서 1박2일의 여정을 마치고 독일로 향했다. 프랑크푸르트에 도착하여 시청광장에서 잠시 머문 다음 하이텔베르크 고성에 올랐다. 그 성에 담긴 갖가지 전설들을 들으며 성 아래 크고 작은 많은 건물 수십 채를 보았다. 우리나라의 3~4층 되는 연립주택과 비슷했다. 그 건물들이 세계에서 가장 역사가 깊고 유명한 하이델베르크 대학이라고 한다.

우리는 다시 종교개혁의 도시 웜스(브럼스)로 향했다. 그 곳에 루터를 위시한 종교개혁자들의 동상이 있었고 루터가 서서 변론했다는 곳에 기념비가 있었다.

우리는 마지막 기착지인 영국으로 향했다.

노틀담 대성당

런던에서 1박하면서 템즈 강변의 웨스트민스터 사원과 국회의사당과 타워 브릿지 등 명소들을 돌아보고 대영박물관을 관람하였다. 그리고 다음 날, 우리는 21박 22일의 긴 여행을 마치고 무사히 귀국하게 되었다.

김포공항에 도착하니 교회의 대표로 몇 분이 마중 나와 계셨고, 교회에 도착하니 환영 현수막까지 걸어놓고 장로님들과 권사님, 집사님 등 많은 분들이 나와서 박수를 치며 반가이 맞이해 주셨다.

우리 내외는 그 때 교회의 배려로 참으로 값진 시간을 가졌다. 성지순례를 통하여 우리 주님께서 사역하신 그 길을 돌아보며 우리의 사역을 되돌아볼 수 있었고, 또한 우리 주님께서 십자가를 지시고 걸어가신 그 길에서 속죄물로 우리에게 오신 그 무한한 사랑을 다시 한 번 깊이 느낄 수 있었다.

오랜만에 만난 우리 모두는 함께 찬송하며 하나님께 감사기도 드렸다. 그리고 모두들 서로서로 감사의 인사를 나누었다.

종교개혁자들의 동상

보람된 일과 아쉬웠던 일

어느 누구에게나 보람되는 일이 있었겠고, 아쉬웠던 일이 있었겠지만, 내게도 많이 있었다. 그러나 그 중에 두어 가지만 기록하여 남겨두고 싶은 게 있다.

보람되었던 일

보람된 일 가운데 하나는 서정숙 권사의 아름다운 이야기다.

1990년쯤으로 기억된다. 굉장히 무거운 보따리 하나를 들고 찾아왔다. 500원짜리 동전 1만개, 500만원 뭉치였다. 장사 하면서 수년을 모았다고 한다. 그러면서 목사님 재량으로 사용하시라고 한다. 나는 이 기막힌 돈을 어떻게 사용해야 가장 가치 있게 사용할 수 있을까 엄두조차 나지 아니하여 저축해 두었었다. 은퇴 후, 조기술 선교사를 만나 인도네시아 바탐섬에 개척교회를 설립하기로 하고 2003년 은행에서 찾게 되니 900여 만원이 되어 있었다. 부족한 부분을 서 권사가 더 부담하여 사무실과 교역자 사택까지 2000여만 원을 들여 완공하고, 나와 내가 은퇴한 후의 새 당회장 김형태 목사와 선교위원장 남상훈 상로 등 본 교회에서 선교위원과 서정숙 권사 내외분과 자녀 등 20여명이 참석하여 현지 주민 100여명과 함께 참석한 가운데 헌당식을 거행한 일이다.

두 번째는 1996년 태국에 선교사 한 가족을 파송하기 위해 선교 훈련원 2년에, 태국 현지에 파송하여 언어 교육 2년 등, 4년 동안 준비하는데 많은 비용을 들였으나 현지 적응에 실패하고 철수하자, 본 교회에서는 이에 크게 실망하고 태국 선교를 포기하자는 강력한 반대가 있었지만, 당시 선교위원장인 송수철 장로와 함께 태국 현지를 방문하고 태국 선교사가 철수하고 남은 재정을 모아 대지 202평을 구입, 건평 65평의 2층 건물을 신축하고 끄라누언교회를 봉헌하여 우돔 강도사(목사)를 돕게 된 일이다.

세 번째는 1990년대 초 정양훈 집사 내외분이 찾아와 현금 천만 원을 내놓으며 목사님 재량으로 사용하시라고 한다. 나는 이 금전도 가치 있게 쓰기 위해 일단 저금해 두었다가 기도하는 중에 총회 신학교 김의환 총장의 소개로 인도 유학생의 장학금으로 사용한 바 있다. 이 학생이 졸업 한 후 인구 10억이 넘는 본국으로 돌아가 목사가 되어 복음을 전하는 좋은 목회자로 인도 복음화에 일익을 담당하리라 믿는다.

네 번째는 우리 셋째 사위인 변호사 강인상 집사가 천만 원을 선교비로 사용하시라고 가져왔다. 역시 가치 있게 쓰는 일은 선교를 위해 쓰는 것이다. 동광교회 김희태 목사와 의논하니 중국 산동성 석도시에 교회 세우는 것이 좋겠다고 한다. 동광교회가 후원하는 중국 주재 민수기 선교사를 통해 2006년 6월 석도에 교회를 세우고 우리 내외와 김희태 목사와 함께 현지를 방문하고 헌당식을 마치고 돌아왔다. 그런데 교회 명칭을 그들이 석도은익교회로 명명하여 간판을 달아 놓았다. 그래서 나는 절대로 내 이름은 빼도록 해라 했지만 이름이 좋아서 뺄 수 없다고 고집을 부리는데 어쩔 수 없었다.

그 밖에도 제3남전도회(회장 김한춘 장로)가 설립한 필리핀의 쿠루즈 교회도 빼놓을 수 없는 추억이다.

아쉬웠던 일

나는 부흥사는 아니다. 그러나 한 때는 1년에 10여 차례씩 부흥회에 초청 받기도 했다. 그럴 때면 받는 사례비가 많게는 내 1개월의 생활비만큼이나 되는 경우도 있었다. 그럴 때는 그 사례비를 교회 앞에 내어 놓는 것이 마땅한 것이다. 그러나 나는 그렇게 하지 못하였다. 그 이유는 나의 생활이 전혀 여유가 없었기 때문이었다. 교회에서 주는 생활비로는 부족하기 때문에 그것으로 부족한 생활비를 보충해야 했다. 어느 때인가, 한 부흥사가 자기는 부흥회 사례비를 받으면 반드시 교회에 다 바친다고 말하는 것이 아닌가.

나는 그 말을 들을 때 부끄럽기도 하였다. 나에게는 가계부 외에 별도 장부가 있다. 교회에서 주는 당회장 판공비와 심방 때 교인들이 개별적으로 주는 사례비는 공적으로 사용하였지만, 부흥회 때 받은 사례비를 개인 생활비로 사용한 것은 아쉬웠던 일로 남는다.

또 하나의 아쉬웠던 일은, 본 교회에서 이름 없이 충성하는 집사님이 있었다. 교회 궂은 일을 할 때 마다 빠지는 일이 없었다. 박찬문 안수집사다. 나는 그가 장로가 되리라 믿었다. 그는 일찍이 1979년도에 안수집사가 되었고, 그의 후배들이 다 장로가 되는데 웬일인지 박 집사만 장로가 되지 못했다. 그 동네 그의 동생뻘 되는 박봉수씨가 교회를 향해 비난하기도 하였다. 지금도 나는 이 일을 퍽 아쉽게 생각하고 있다.

또 하나의 아쉬웠던 일은 당회를 주제하면서 극히 적은 일이기는 하지만, 낯을 붉힌 일이다. 부모 같은 어른 장로님들이 계시는데 왜 그랬던가 하는 아쉬움이 남는다. 참으로 부끄러운 일이었다.

또 하나의 극히 후회되는 일이라 할 수 있는 슬픈 일 하나를 남기려 한다. 나는 홀로 계시는 어머니께 매월 5만원씩의 용돈을 드렸다. 너무도 부끄러운 일이었다. 그러나 어머니는 그것조차도 손자들 위해 쓰셨고 불효자인 나는 그마저도 자주 빌려 쓰곤 하였다. 어머니는 큰 손녀 보은이를 보다 더 사랑하시는 것 같았다. 그러나 보은이는 결혼하자마자 유학가는 남편을 따라 독일로 갔고, 그 후로 어머니는 늘 그런 보은이가 귀국하는 것을 보고 죽게 해 달라고 기도하셨었다. 1991년 초에 보은이 내외가 유학을 마치고 돌아오자 어머니는 그렇게 기뻐하실 수가 없었다. 귀국 후 잠시 우리 집에 들렀을 때에는 모아놓은 용돈을 다 들여 대접하는 것이었다. 아마 5월 10일이었던 것 같다. 유학에서 돌아온 손주 사위 김유철의 귀국 연주회가 서울에서 예정되어 있었고, 어머니는 그 연주회에 가실 날을 손꼽아 기다리고 계셨다. 그런데, 우리 교회에서 5월 6일 전교인 관광이 예정되어 있었는데, 마침 내 수중에는 돈 한 푼이 없었다. 어머니께 내일 아침 드리기로 하고 빌려 달라 했더니, 김 서방 연주회 때 쓸 테니 꼭 갚으라 하시면서 10만원을 주셨다. 매월 첫 주일 후 월요일이면 교회 회계가 가져오는 생활비가 그 달에는 왜 그렇게 늦었는지 모르겠다. 다음 날 아침 어머니는, "내 돈 아직 안 갚았어." 하셨다. "예, 곧 갚을게요." 오전 중에도 회계가 오지 않았다. 점심 무렵 이사한 가정이 있어서 이사 예배를 드린 후 집에 오니, 이 어찌 된 일인가. 어머니가 누워계셨는데, 의식이 없으셨다. "어머님, 어머님!" 아내는 전화로 의사를 불렀다. 급히 도착한 의사는 "운명하셨습니다. 급성 심근경색증입니다." 한다. 청천병력 같은 이 선언에 앞이 캄캄했다.

이렇게 우리 어머니는 1991년 5월 7일 오후 4시 5분에 외롭게 홀로 세상을 떠나셨다. 나에게는 실로 나의 일생에 최고로 슬픈 날이었고, 평생에 잊지 못할 날이요, 후회되는 날이다. 20여년이 흘렀지만, 지금도 내 뇌리에는 "내 돈 아직 안 갚았어." 하시는 말씀이 귀에 들리는 것 같아 죄스럽기 그지없다.

내 아내는 손주 사위 연주회날 입고 가시라고 어머니께 색깔 고운 한복 한 벌을 해 드렸었는데, 생전에는 끝내 그 옷을 입어보지 못하셨고 돌아가신 후에 입혀 드렸다.

은퇴 (원로 목사 추대 감사예배)

세월은 유수 같다 하더니 내가 삼례동부교회에 부임한 지가 어느덧 30년이 지났다. 이쯤 되어 만 65세에 은퇴 하고자 하였지만, 교회가 준비되지 않아 당황하기에 만 68세엔 은퇴 하겠다고 당회 앞에 선언하면서 후임자를 미리 결정하는 것이 좋겠다고 제안하였다. 당회는 왜 미리 떠나려 하시느냐고 만류하면서도 그 때서야 나의 은퇴 준비를 시작하게 된 것이다. 2002년에야 당회는 후임 목사 청빙 위원회를 조직하고 기독신문에 청빙공고를 실었다. 많은 후보자가 지원하였다. 그 중에 3인으로 또 3인 중에 1인을 선택하는 절차였는데, 여수노회 여수제일교회 수석 부목사인 김형태 목사의 서류(이력서와 노회추천서)를 면밀히 살펴 본 결과 하자가 없음으로 그를 후임자로 선택하고 5월 26일 공동의회에서 결의하였다.

나는 떠나는 목사이므로 후임자에게 모든 편의를 드리도록 하는 것이 좋겠다고 생각하고, 우선 이행할 일로 목사관을 비워 주기로 했다. 그래서 나는 6월 초에 임시 거처로 이사하였고, 후임 목사는 바로 교회 사택으로 이사 오도록 하여 두 번이나 이사 짐을 옮겨야 하는 번거로움이 없도록 하였다. 그리고 나는 은퇴일 며칠 앞두고 경기도 용인시 수지로 이사하게 된 것이다.

2002년 11월 21일 드디어 원로 목사 추대 감사예배로 정한 날이 다가왔다. 돌이켜 보면 내 나이 만 35.5세에 부임하여 68.1세까지 사역한 곳이니 이 순간이야 말로 내 일생의 최고의 순간이 아닐 수 없다. 따라서 교회에서도 몇 달 아니 몇 년 전부터 최선의 노력을 다하여 나의 노후 문제와 은퇴식(원로 목사 추대식) 문제를 준비해 온 것으로 나는 알고 있다.

총회장을 초청하였고 또 내빈들과 순서 맡은 자들에게 최대의 예우를 해 드렸다. 시찰장의 사회와 총회장의 설교, 증경 노회장의 기도,

증경 총회장과 기독신문 사장 등의 축사 및 격려사 등이 있었고, 60회 총신 동창회장의 축사가 이채로웠다. 특별히 내가 길러낸 대표적인 목회자 김원선 목사의 축시는 모인 모든 이의 마음을 더욱 숙연하게 하였다.

그리고 전교인을 대표하여 이정로 장로가 선언한 추대사는 떠나는 내 허전한 심정에 무엇인가 큰 선물을 안겨 주는 것 같았다.

"이은익 목사님께서는 1970년 3월 본 교회에 부임하시어 33년을 하루같이 사랑과 섬김의 봉사로 봉직하시면서 말씀과 기도로 갈급한 저희들의 영혼을 먹여 주시고 위로와 축복의 손길로 목양해 주셔서 오늘의 동부교회를 부흥케 해 주셨습니다. 모두가 하나님의 은혜로 된 일이지만, 이제 본 교회 당회원과 교우 일동은 목사님의 노고에 감사하며 본 교회 원로 목사로 추대하는 바입니다."

이제 나의 답사 시간이다. 할 말은 많았다. 준비도 하였다. 그런데 목이 매인다. 눈물이 앞선다. 다 생략하기로 했다. 그저 감사하다는 말 몇 마디로 끝내고 은퇴식은 마쳤다.

이 모든 영광은 하나님께!

은퇴식 후 당회원과 부교역자들과 함께

| PART 9 |

사랑하는
나의 자녀들과
은퇴 후 생활

사랑하는 자여 네 영혼이 잘됨 같이 네가 범사에 잘되고 강건하기를 내가

간구하노라 (요삼1:2)

이제 사랑하는 나의 자녀들과 은퇴 후 생활을 기록해 보기로 한다.

지금 내가 이렇게 편안한 은퇴 생활을 보내고 있는 것은, 물론 하나님의 은혜요, 우리 동부교회 교인들의 나를 위한 기도 덕분이라고 생각한다. 그리고 또한 내 주위에 같이 기거하며 조석으로 나의 건강을 살펴주고 안부를 묻는 나의 자녀들이 있기에 가능한 일이라고 생각한다.

하나님이 보내 주신 나의 사랑하는 자녀들

내 나이 28세에 결혼하여 이듬해 총신대학 예과에 입학하고 첫 아이부터 2년 터울로 네 자녀를 낳았다. 모두 다 딸들이지만, 열 아들 부럽지 않게 잘 커 주었기에 부모된 우리로서는 고마운 것 뿐이다. 그리고 우리 두 내외는 아이들을 양육하면서 우리가 낳은 자식이지만 우리의 자식이 아니라 하나님이 당신의 자식을 우리에게 양육하라고 위탁하셨다 생각하고 "하나님의 자녀들" 로 길렀다.

하나님께서 첫 번째로 허락하신 아이가 보은이다.

보은이는 어린 아기 적부터 건강하게 자라 우량아라 불렸다. 그리고 어디서든지 노래 부르기를 좋아하고 노래를 아주 잘 했다. 5살 때인가 청량리에서 어머님 집까지 가는 차 안에서 가는 내내 노래를 부르는데 버스 기사가 잘 한다며 용돈을 꺼내 주면서 칭찬하기도 하였다. 학교에서나 주일학교에서도 노래에서는 늘 1등이었다. 삼례중앙초등학교를 거처 전주성심여자중학교를 마치고 전주여자고등학교에 입학하였다. 고교 평준화 시대가 아니고 시험 제도로 입학하던 시절의 전주여고는 전라도에서 최고의 여자고등학교였다. 보은이는 그 학교에서도 합창부 단장을 맡고 있었다. 그 해 전국 고등학교 합창대회에서 전라북도 대표로 출전해 2등을 차지하기도 하였다. 그리고 그 해 전라북도 교육청이 전북 고육계에 명예를 돌린 자에게 표창하는 "전북의 별" 제도를 마련하게 되어, 보은이가 대표로서 전북의 별 제1호로 수상하게 되었던 것이다. 그 며칠 후에 전주시민문화회관에서 발표회가 열렸고, 접수부에 많은 학부형들이 접수한 봉투들이 있는데, 나는 형편이 어려워 접수하지 못하여 너무너무 부끄러웠던 일을 지금도 잊지 못한다. 그 때 교장 선생은 나를 향하여 "보은이 아버님, 이번 보은이가 큰일을 하였어요. 보은이가 전북의 별 제1호예요, 1호!" 하는 것이 아닌가.

보은이는 이 후에 서울대학교를 나와 남편과 독일에 가서 남편 유학을 돕고 돌아와, 지금은 닥터정 이클래스 영어 학원 원장으로 학원을 경영하면서, 서울의 새한교회 권사가 되어 충성 봉사하고 있다.

보경이는 어릴 적부터 특별하게 자란 것 같다. 다른 아이보다 샘이 많았고, 무슨 일에나 적극적이었다. 유치원 시절부터 책을 좋아하였으며, 밥을 먹으면서도 책을 옆에 두고 읽는 습관이 있었다. 그리고 학교에 가서도 꼭 1등을 하여야만 직성이 풀리는 성품이었고, 지배 본능이 강한 아이였다. 당시는 평준화 시대라 삼례에서 초등학교를 마치면, 삼례에서 중학교에 배정을 받게 되므로, 나는 반대 입장이었으나, 아내는 아이들에게 조금 더 기회를 주고자 전주로 전입하여 할머니와 함께 한 살림을 꾸리게 하고, 전주중앙초등학교로 전학시켰다. 그런데 보경이가 전학 가자마자 학력고사에서 6학년 전체에서 1등을 하였단다. 이보경이 누구기에 시골에서 전학 온 아이가 1등을 하였느냐고, 한 때 화제가 되기도 하였다.

이 후 보경이는 기독교 학교인 전주기전여자중학교에 배정이 되었고, 입학 후 첫 시험에서도 전 학년 1등을 하였고, 고학년이 되어서도 줄곧 1등을 놓치지 않았을 뿐만 아니라, 이 학교 학생회장을 했으며, 졸업 때 이사장상, 교육감상 등을 다 차지하게 된 것이다. 중학교 졸업 후

보경이는 전주근영여자고등학교에 입학하여 그 곳에서도 역시 전교 1등은 물론 학생회 회장, 연대장을 겸하였고, 졸업식 때 이사장상 교육감상 공로상 등 참으로 명예롭게 졸업을 하였다. 그 때에 나는 학부형회 이사로 위촉되어 자주 학교에 갈 수 있는 기회가 있었는데, 그럴 때 마다 교장 선생님이 벌떡 일어나 인사하며 여러 사람들에게 나를 소개하면서 "삼례 교회 목사님이신데, 우리학교 이보경 학생의 아버지십니다. 이보경 학생은 학생 회장과 연대장을 겸하고 있고, 전교에서 1등입니다." 하고 말하면 그 자리에 있던 모든 학부형들이 고개를 끄덕거리며 부러워하곤 했다. 이 후 보경이는 연세대학교에 입학하여 졸업한 후, 대학원에서 석사학위와 박사학위를 받았고, 학업 중에 조교를 수년 동안 성실히 감당하며 연구에 연구를 몰두하면서 우수한 논문을 썼다. 어느 날 보경이로부터 전화가 걸려왔다. "아빠, 기도 해 주세요. 전임 교수를 모집하는데 2명 뽑는데, 42명이 원서 냈대요." 기도했다. 발표한 날 전화가 없었다. 실패했나 했더니, 오후 2시쯤 전화 벨소리가 울린다. "아빠, 나 됐어요!" "할렐루야!" 지금 우리 딸 보경이는 연세대학교 이학박사로서 조교수를 거처 부교수로서 재직하면서 새한교회 집사로 봉직하고 있다.

하나님께서 세 번째로 허락하신 아이가 보라다.

보라는 어렸을 적부터 몸이 약해 마음이 쓰였지만, 성품이 온화하고 인정이 많았으며, 부모를 잘 따랐다. 그리고 그 용모도 위의 두 언니 같지 않고 좀 특수하였다. 그래서 외부에서 손님이 오면 저 아이는 누구냐고 묻기도 하였다. 그렇지만 나의 옛 고향 교회 목사님은 우리 네 딸 중 보라가 제일 잘 생겼다고 칭찬하기도 하였었다. 보라는 어려서 미술에 소질이 있었던 것 같다. 초등학교 5학년 시절 학교에 방문한 일이 있었다. 학교 현관 양쪽 벽면과 교실 환경 정리가 너무너무 세련되고 아름답게 잘 정리되어 있기에, 모든 학부모들이 감탄하며 칭찬하고 있는데, 담임선생님이 나를 바라보며 이 모두가 이보라 학생이 혼자서 꾸민 것이라고 했다.

보라는 전주효문여자중학교에서 줄곧 1학년에서 3학년까지 전체 1등을 했으며 학생회장을 했고, 당연히 졸업식 때에도 이사장상 교육감상을 받았다. 그리고 고등학교는 공교롭게도 언니가 다니는 전주근영여자고등학교에 배정이 되어 언니는 고3에서 보라는 고1 에서 전교 1등을 하면서 고3이 되어서는 언니의 뒤를 이어 학생회장과 연대장이 되었다. 그리고 전라북도 모범 학생으로 선발되어 문교부장관상과 과학기술부가 주최한 전국 과학 연구 발표에서 과학기술부장관이 주는 대상을 수상 한 바 있다. 고등학교를 1 등으로 졸업한 보라는 서울대학교 사범대학을 졸업했고, 임용고시도

우수한 성적으로 합격하여, 바로 중등교사로 임용되어 20여년
간 교직생활을 충실히 감당하고 올 8월 명예퇴직 하였으며, 현재
남서울은혜교회에서 집사로 봉직하고 있다.

하나님이 네 번째로 허락하신 아이가 보영이다.

평교교회에서 1차 교회당 건축을 마치고 심신의 피로도 풀 겸 또
영적 충전도 할 겸 서울 청계산 기도원에 갔다가 내려오는 길에
익산의 매제 박인규집사(장로) 집에 들린 일이 있었다. 그때 매제가
하는 말 "어떻게 하려고 또 공주야?" 하는 것이 아닌가. 나는 속으로
또 딸이구나 하였지만, 그 말을 받아 "공주면 어때서?" 했다.
솔직히 조금은 서운한 마음이 있었다. 그러나 하나님이 뜻이 있어
보내주시는데 아들이면 어떻고 딸이면 어떠랴. 보영이는 막내이기에
특별히 할머니의 사랑을 많이 받고 또 부모의 사랑을 많이 받아야 할
처지에 있었으나, 오히려 보영이가 더 부모를 사랑하였고 더 부모를
못미더워 하는 일들이 많았다. 그리고 보영이는 글솜씨가 뛰어나
글짓기 전국대회에서 입상하는 등 많은 상도 받았으며 학교에서도
특별활동으로도 언제나 문예반, 교지편집부, 학교신문사 기자로
활동하였다.

보영이는 큰 언니 보은이가 다녔던 전주성심여자중학교를 거쳐

전주성심여자고등학교를 다니는 동안 줄곧 우등생이었고, 학생회 임원으로 활동하던 중 학교 대표로 선발되어 전라북도 교육위원회가 주최한 학도호국단으로 분단의 현장을 다녀오기도 했다. 그런데 대학의 문턱에서 문제가 생겼다. 그 아이 꿈은 의과대학에 지망하여 의사가 되는 것이었는데, 모의고사에서는 넉넉히 합격선이었는데도 본 고사에서는 실패하는 것이다. 선지원 후시험이라는 입시제도가 시행되던 때라 학력고사 점수를 가지고 지원하던 시절이 아니었다. 이렇게 세 번이나 거듭 실패를 하자, 나는 이것은 하나님의 뜻이 아니니 다른 방법을 찾아보자고 하였고, 당시에는 매우 전망이 밝았던 전산학과에 진학하자고 의견을 모았다. 후기 대학 중 덕성여대 전산학과에 입학했고 우수한 성적으로 졸업하여, 지금은 세계 최대의 IT회사인 IBM에서 여러 우수한 인재들과 어깨를 나란히 하며 실장으로 근무하고 있다. 또한 새한교회 집사로 봉직하고 있다.

우리 자녀들은 누구 하나 치우치지 않고 하나같이 우등생이었던 데다, 학생회 임원으로, 교내 합창대회에서는 지휘자로, 체육대회에서는 계주선수로까지 활동하며, 학창 시절을 참 잘 보내주었다. 이런 자녀들의 모습은 나의 목회에도 많은 도움이 되어 주었으며, 또한 정말로 감사한 것은 시골 교역자의 열악한 재정형편에서도 우리 자녀들이 다 장학생이 되어 주었기에 큰 힘이 되었고, 동부교회에서도 많은 사랑으로 감당해 주셔서 아이들을 잘 교육할 수 있었다. 아이들은 모두 서울에서 대학공부를 하였기 때문에 중고등부 학생회를 제외하고는 동부교회에서 제대로 봉사를 못한 것이 늘 마음에 걸린 모양이었다. 이 후에 아이들은 내가 동부교회에서 시무하는 동안 스스로 십일조의 절반은 삼례동부교회에 바치기도 하였다. 나는 출석하는 교회에 바치는 것이 당연하다고 권하기는 하였으나, 굳이 말리지는 않았다.

다음은 사위들에 대하여 간략하게 말하려고 한다. 성씨도 다르고 부모도 다른데, 친 형제들보다 더 우애하며 지내고 있는 사위들을 나는 아들같이 생각하며 사랑한다.

첫째 사위 김유철은 서울대학교 음악대학을 졸업하고 독일에서 유학하고 돌아와 현재는 관동대학교 음악대학 피아노과 교수로 재직하고 있으며, 새한교회 안수집사로 봉사하면서 십 수년 째 대예배 찬양대를 지휘하고 있다.

둘째 사위 이정문은 서울대학교 공대를 졸업하였고 현재 (주)세인인포 테크 대표이사로서 회사를 경영하고 있으며, 새한교회 집사로 봉직하고 있다.

셋째 사위 강인상은 서울대학교 법대를 졸업하고 대학교 4학년 때 사법고시에 합격하여 판사로 근무하다가, 지금은 법무법인 광장의 파트너 변호사로 재직하고 있으며, 남서울은혜교회 집사로 봉직하고 있다.

넷째 사위 황우곤은 연세대학교 경영학과를 졸업하고 서울대학교 대학원에서 국제금융을 전공했고, 신한맥쿼리금융자문주식회사의 대표이사를 거쳐 지금은 흥국증권 부사장으로 재직하고 있으며, 또한 새한교회 안수집사로 봉직하고 있다.

2012년 맏손주 김수로의 결혼식

은퇴 후 생활

찬송가 (383장)

1. 나의 갈 길 다가도록 예수 인도하시니
   내 주안에 있는 긍휼 어찌 의심하리요
   믿음으로 사는 자는 하늘 위로 받겠네
   무슨 일을 만나든지 만사 형통하리라
   무슨 일을 만나든지 만사 형통하리라

2. 나의 갈 길 다가도록 예수 인도하시니
   어려운 일 당한 때도 족한 은혜 주시네
   나는 심히 고단하고 영혼 매우 갈하나
   나의 앞에 반석에서 샘물 나게 하시네
   나의 앞에 반석에서 샘물 나게 하시네

3. 나의 갈 길 다가도록 예수 인도하시니
   그의 사랑 어찌 큰지 말로 할 수 없도다
   성령감화 받은 영혼 하늘나라 갈 때에
   영영 부를 나의 찬송 예수 인도하셨네
   영영 부를 나의 찬송 예수 인도하셨네

은퇴식을 마친 당일, 나는 오후 4시경 삼례를 출발하여 새로 거처할 경기도 수지에 있는 상록아파트로 향하였다. 은퇴 예배에 참석했었던 아이들과 함께 삼례를 떠나오면서, 주변의 모든 것들을 참으로 기분 좋게 바라보았던 기억이 난다.

처음 도착하여 지내게 된 낯선 곳이었지만, 다음 날 주위를 둘러보며 집 근처에 있는 교회들을 살펴보았다. 마침 길 건너편에 신흥교회가 있어 알아보니 우리 교단에 속해 있는 교회였다. 일단 그 교회에 나가기로 하였다. 돌아온 주일날 은퇴 후 첫 예배를 드리는데 그렇게도 어색할 수가 없었다. 예배 후 나오려 하는데 마침 총회를 함께 섬기던 심갑진 장로(이후 부총회장이 됨)가 "이 목사님, 어찌된 일입니까?" 하고 반갑게 내 손을 잡고 인사한다. 일단 당회장실로 우리를 안내하는 것이다. 조금 후에 담임목사가 들어오자 나를 소개하니 "저도 이목사님을 잘 알아요." 한다. 함께 점심을 나누고 집에 돌아왔다. 심 장로님은 나와 한 아파트 앞 뒤 동에 살고 있음도 알게 되었다.

그런데 문제는 다음 주일, 또 그 다음 주일, 한 달 두 달이 지나도록 담임목사는 나를 교회 앞에 인사나 소개조차 시키지 않는 것이다. 그렇게 2개월이 지난 어느 주일 날, 나는 조금 충격을 받게 되었다. 교회 앞에 이르렀을 때 교회 버스가 막 도착하여 교인들이 버스에서 내리고 있었는데, 그 교인들 누구 하나 인사하는 이가 없었다. 그런가 하면 버스 기사도 나를 뻣뻣이 바라 보고만 있지 않은가. 물론 내가 인사를 받고자 하는 것은 아니었다. 그리고, 그들도 내가 목사인 줄 모르니 당연히 그럴 수 있었으리라 생각한다. 그러나, 목사인 내가 주일날 교회에 갔는데 누구 하나 내가 목사임을 알아보지 못하는 상황, 교인들과 안부 인사조차 나누지 못하고 멀뚱멀뚱 서있게 되는 상황, 이것이 참으로 어색했다. '아, 은퇴목사가 설 곳이 없구나' 하는 허무한 생각이 들었다.

하루는 총회사무실에서 이재영 총무를 만났다. 나에게 지금 어느 교회로 나가시느냐고 묻기에 은퇴목사가 갈 곳이 없는 것 같다고 하자 충현교회로 나오시라고 한다. 그 교회는 서철원 교수도 나오고 은퇴 목사님 여러분이 나오시는데 부담없이 참 좋다고 하여 3개월 정도 다녔던 신흥교회를 떠나 충현교회로 나가게 되었다.

그러던 어느 주일 아침 진운섭 목사에게서 전화가 왔다. 태국에서 정승회 선교사가 왔으니 오늘은 동광교회로 나오라는 것이었다. 주 예배는 3부 예배인데, 12시 예배라 했다. 일찍 예배당에 도착하여 예배를 준비하고 있었는데, 담임목사인 김희태 목사님이 나에게 다가오셔서 "목사님 오셨어요?" 하며 반갑게 인사를 하신 후 예배위원들과 함께 강단에 올라 가셨다. 나는 그 분을 잘 몰라도 그 분은 나를 알고 계시나 보다 생각하며 예배를 드리고 있었는데, 설교 후 광고시간에, "오늘 우리교회에 귀하신 목사님 내외분이 오셨습니다. 전북 삼례동부교회에서 33년간 목회하시다가 원로목사로 추대 받으시고 은퇴하신 이은익 목사님 내외분이십니다. 내가 고등학교 학생 때 전서노회 월 성경학교에서 이 목사님의 가르침을 받았습니다.”라며 소개하는 것이다. 예배 후 점심을 같이 하며 나에게 지금 어느 교회에 나가시느냐고 묻는다. 아직 정하지는 못했고 우선 충현교회에 나가고 있다고 하였더니, 아주 반가워하시며 그럼 우리교회로 나오시라고 한다. 진 목사님과 이 목사님 두 분이 앞에 앉아만 계셔도 든든하지 않겠느냐며 기뻐하셨다. 나는 나와 진 목사의 마음을 편하게 해주시는 김희태 목사님이 참으로 고마웠다. 그 다음 주부터 나는 동광교회를 섬기면서 김 목사님이 해외에 출장 중일 때는 진 목사와 내가 설교를 대신하기도 하였다.

그리고 그 기간 동안 염창중앙교회 김원선 목사가 군선교 목적으로 세운 육군 9166부대 충정교회 설교를 부탁하기에 아침 일찍 군인교회에서 10시 예배를 마치고 동광교회에 돌아와서 12시 예배에 참석하면서 김 목사님의 사랑을 많이 받았다.

나는 이렇게 은퇴한 후 2년 6개월 동안 용인시 수지에 거처하면서 동광교회를 섬기고 있었다. 그러나 심혈관 수술을 받고 육체적으로 다소 병약해지자, 자녀들이 자기들 곁으로 이사하여 생활하는 것이 좋겠다고 하여, 2005년 4월에 네 딸 중 보은, 보경, 보영이가 살고 있는 서울 잠실본동의 우성4차 아파트로 거처를 옮기게 되었고, 이 때부터 나의 서울 생활이 시작되었다. 자녀들 곁에서 생활하게 되니, 물론 우리 부부만 따로 살고 있기는 하나, 우리 생활에는 많은 변화가 생겼다.

우선 생활 환경이 변했다. 자녀들이 매일 출입하면서 서로 안부를 묻게 되니 외롭지 않았고, 또한 매주 토요일마다 교대로 우리를 좋은 식당으로 데리고 다니면서 식사 대접을 하니 큰 위로가 되었다. 가끔씩은 손자들과 함께 에버랜드나 서울대공원, 어린이 대공원으로 소풍을 가기도 했고, 휴가철에는 제주도나 부산 해운대, 속초 설악산이나 강릉 경포대 등 좋은 휴양지로 다니면서 쉬기도 했다. 2008년 겨울부터는 보영이 가정에서 곤지암리조트를 분양받아 자주 곤지암에 들러 휴식을 취하기도 했다. 또한 좋은 영화가 상영될 때면, 온 가족 이 함께 영화를 보러 가기도 했고, 유명 CCM 가수나 조수미 같은 성악가의 공연도 보러 다니며 더욱 행복한 노후를 보내게 되었다.

은퇴 후 생활 ; 2007년 자녀들과 함께 설악산 권금성에서

그리고 무엇보다 특기할 만한 일은, 우리 막내 보영이가 신형 그랜저 승용차를 사준 일이다.

나는 은퇴할 시기에 삼례동부교회에서 새 승용차를 사 주겠다고 하는 것을 새 승용차는 새 담임 목사님께 사 드리라 하며 극구 사양하였다. 그리고 내가 8년여 동안 타던 차를 달라하여 가지고 왔으나, 이 차가 1~2년 더 타게 되자 몇 차례 고장이 나고 하더니, 급기야는 두 번씩이나 큰 도로에서 멈추어 서는 일이 벌어졌다. 추운 겨울에 고생이 되기도 했던 데다 수리비도 만만치 않게 들어갔다. 이런 일을 곁에서 보고 있던 막내가 2006년 4월에 그 승용차로는 위험해서 더 이상 안되겠다며 아빠도 이젠 좋은 차 타시라면서 신형 그랜저를 큰 돈 들여 사 준 것이다. 그 당시 막내 차는 아주 소형이었다. 그런데, 자기 차를 먼저 사지 않고 내게 차를 선물해 주다니, 나는 막내가 너무 고마웠다. 나는 이 차를 운전하고 삼례에도 여러 차례 다녀오고, 손자들을 이 차에 태우고 학원에 데려다 주기도 했고, 때로는 공원에 가서 손자들과 산책도 하며 즐거운 시간을 보내고 오기도 했다. 여동생 부부와 함께 강원도로 여행을 다녀오기도 했으며, 한가로이 아내와 함께 가까운 곳으로 드라이브를 다녀오기도 했다.

그러나, 이런 효행도 좋았으나, 더 좋은 일은 나의 자녀손들이 무엇보다도 주님께서 맡기신 사명에 충성하며 살아가는 모습이다. 특별히 삼례동부교회가 건축헌금을 하게 되었을 때, '나도 동부교회 교인이니 건축헌금을 하여야 되지 않겠는가' 하며 염려하고 있었는데, 막내 사위 황우곤 집사가 상당한 금액의 건축헌금을 선뜻 바쳐준 일이 참으로 감사하다. 나는 나의 자녀손들이 교회에서 맡은 바 사명을 다하고 가정에서는 화목하고 우애하며 서로 사랑하면서 살아가는 모습을 볼 때, 더욱 큰 보람을 느끼며 지내고 있었다.

그러던 어느 날, 자녀들이 출석하고 있는 새한교회 임익곤 목사님의 초청으로 우리 내외가 함께 점심을 대접받게 되었다. 때는 고난 주간 전 어느 날로 기억된다. 점심식사 후 임목사님이 "금번 고난 주간 특별새벽예배에 이목사님을 강사로 초빙하기로 당회에서 결정하였으니 허락해 주십시오." 하는 것이다. 나는 당시에 동광교회에 출석하고 있기도 하였고, 또 자녀들이 새한교회에서 집사로 봉사하고 있는데 무엇보다 자녀들이 자유스럽게 신앙생활 할 수 있도록 하기 위하여 한마음으로 사양할 수 밖에 없었다. 그러자 임목사님은 새한교회로 나오셔서 좀 도와주시라고 하신다. 그러나 내가 임목사님을 도와드리다니, 닿치도 않은 말씀이셨다. 이젠 내가 새한교회에서 평신도로 섬기면서 말년을 살겠노라고 하였다. 그리고 이미 전에 나에게 축도를 부탁하며 교회 앞에 인사를

하였으매, 앞으로는 설교는 물론 예배시간이나 무슨 행사에서든지
기도나 축도도 일체 시키지 말아달라고 간곡히 부탁했다. 이렇게
나는 2007년 초부터 오늘까지 새한교회 평신도로서 대심방도 받고,
병원에 입원 중에는 임목사님 내외분이 친히 오셔서 기도해 주셨고,
또 부목사님들과 여전도사님의 심방도 받고, 임 목사님 말씀에
은혜 받으면서 여러 성도들과 함께 교제를 나누며 평신도로서의
신앙생활도 이렇게 행복하구나 하는 것을 새삼 느끼며 지내고 있다.
참으로 새로운 세계에서 사는 것 같아 매우 좋다.

우리 내외는 지금도 매일 아침 4시면 일어나 새벽 기도를 드린다.
걸음걸이가 불편한 나와는 달리 아내는 매일 하루도 쉬지 않고
새한교회의 새벽예배에 나가고, 나는 같은 시간에 집에서 간단히
예배드리고 기도를 한다. 그리고 또한 아내는 매주 금요일마다
아파트 내 경로당에 나가 삼삼오오 모여있는 노인들에게 예수님을
전하고 있다.

우리 자녀손들과 함께 새한교회의 평신도로서 매주일 함께 예배
드리며 목사님 말씀에 은혜받고 하나님께 진심으로 감사찬송하는
하루하루를 행복한 삶, 하나님께서 내게 베푸신 크신 사랑이다.
할렐루야!

목회자의 분복

내가 2002년 은퇴하고 서울에 올라오니 모임이 두 곳이 있었다.

하나는 고향 옛 친구인 초등학교 동창들의 모임이었고 또 하나는
고등학교 동창들의 모임이었다. 그 중에서 고향 초등학교 옛 친구들의
모임이 더 다정스러웠다. 최재영 목사, 박인규 장로, 장세철 장로,
김창룡 집사, 강이호 회장, 정재정 회장, 김병식 약사, 그리고 이병수,
김경곤 등이었다. 그 중에 몇 친구는 재산이 많은 재벌이었다.

2004년 5월 어느 날로 기억한다. 나는 이 친구들과 점심식사를
하면서 대화를 나누었는데, 그 중 한 친구가 이런 이야기를 했다.

"이 목사, 이 목사는 일생을 참 보람 있게 살았네. 이 목사가 부럽네,
그려. 나는 이게 무엇인가. 돈은 있지만 한 게 뭐 있어야지…"

나는 그에게 재산이 얼마나 되느냐고 물었다. 그는 얼마 전까지 100
억 정도였는데 부동산이 올라 지금은 150억은 족히 될 것이라고
했다. 나는 그에게, "여보게, 아직도 늦지 않았네. 그 중 일부라도
하나님의 사업을 위해 쓸 수 없겠나?" 라고 권면하였다. 그러나 그는
선뜻 대답을 하지 못하였다. 나는 그 후에도 그에게서 아무런 답변을
듣지 못했다. 그 후로 4~5년 동안 부동산은 더욱 올라 그의 재산은

200억은 족히 더 되었을 것으로 추산된다. 그리고 그 친구는 얼마 후 세상을 떠났다.

나는 지금도 그 친구들과의 그 때의 대화를 잊지 못한다. 돈이 많다는 친구들이 어찌 빈털털이인 나를 부러워하며 나에게 그런 이야기를 하였을까? 이게 바로 목회자의 분복이 아닐까? 사도바울의 위대한 생애 가운데 뚜렷하게 나타나는 바는 그가 설립하였거나 그가 가꾸어온 교회 성도들을 대할 때, 마치 자신의 분신처럼 말하고 있는 것이다. 이것이 그의 뜨거운 애정이었다. 그래서 고후 1:14에서 고린도교회를 향하여 "너희가 우리의 자랑이라" 하였고, 빌 4:1 에서는 "나의 사랑하고 사모하는 형제들", "나의 기쁨이요 나의 면류관인 자들" 이라고 하였으며, 살전 2:20에서는 "너희는 우리의 영광이요 기쁨이니라" 한 것이다.

우리 목회자들의 분복이 바로 여기에 있는 것이다.

목회자들은 성도 하나하나를 지도함에 있어서 약한 자는 젖으로(고전 3:2) 어떤 자는 밥으로 먹이기 위해서, 말씀 준비에 1년 365일 온 정성을 다 쏟아야 한다. 성도 하나라도 잃지 않고 다 알곡 신자로 만들기 위해서이다. 잃은 양 하나를 찾으시는 주님의 심정으로 우리 목회자는 목자장 되시는 주님의 뜻을 따라 단 한 심령이라도 잃지 않도록 푸른 풀밭과 잔잔한 물가로 인도하면서 악한 이리(이단자)에게서 잘 보호해야 할 것이다. 이렇게 먹여온 성도들이기에 목회자들에게 있어서 최상최고의 분복은 성도가 아니겠는가? 아무리 200억, 300억의 돈이라 할지라도 어찌 천하보다 귀한 성도 하나와 바꿀 수 있으리요!

내가 은퇴하고 몇 분의 은퇴목사 퇴임예배에 초청받아 말씀을 전한 일이 있었다. 나는 그 때마다 이 말씀을 강조했다. "목사님, 재산 많이 모아 놓으셨습니까?" 하고 물으면 모든 목사님들은 그냥 웃으시며 고개를 좌우로 흔드신다. 나는 그 때마다 이 말씀을 강조했다. "나는 수백억, 수천억의 재산을 모았습니다. 목사님도 마찬가지십니다. 바로 여기 앉아 있는 이 분들입니다. 할렐루야 !!"

연로해지면 육신은 쇠약해지고 일의 능률은 떨어져 정년퇴임이 법으로 정해져 있어 물러나지만, 목회자에게만 주어진 최고의 분복이 있다. 바로 축복권이다. 은퇴 후 처음 6개월 동안은 적적하기도 하고 허전하기도 하였다. 그런데 나의 생의 남은 기간 동안 나에게는 기도하며 축복하는 일이 주어져 있으니 직적할 겨를이 없다. 숨을 서두는 그 순간끼지도 기도는 나에게 수어신 사녕이요, 축복은 특권이요, 분복이로다!

이렇게 나의 소임을 다 한 후에 주님 앞에 섰을 때 나도 바울처럼,

> "나는 선한 싸움을 싸우고 나의 달려갈 길을 마치고 믿음을 지켰으니 이제 후로는 나를 위하여 의의 면류관이 예비되었으므로 주 곧 의로우신 재판장이 그 날에 내게 주실 것이며 내게만 아니라 주의 나타나심을 사모하는 모든 자에게니라." (딤후 4:7~8)

할 수 있으리라.

잊을 수 없는 동역자들

바울은 위대한 사도였지만 그의 서신의 말미에서 그의 성역을 도와준 이들의 이름을 열거하며 "나의 동역자", "동료"(고후8:23), "하나님의 동역자"(고전3:9)로 기록하여 그들의 도움이 얼마나 소중하였는가를 증거하고 있다.(로마 16장)

심히 부족한 나의 사역에도 많은 분들의 도움이 있었기에 그 중에 일부를 기록에 남겨 보고자 한다.

고 정인섭 장로님

1970년도 내가 동부교회에 부임할 당시 정 장로님은 83세의 고령이셨다. 그런데도 주일예배, 저녁예배는 물론 매일 새벽예배에 참석하시면서 열심히 주를 섬기셨다. 그리고 교회에 오시며 가시며 상점에 들러서 예수 믿으시라고 전도 하셨다. 내가 손자뻘 되어도 목사라는 직분이기에 집회 인도차 며칠 출타라도 하는 날이면 반드시 나를 찾아 오셔서 "안녕히 다녀오시라"고 기도해 주시겠다며 격려해 주셨다. 그리고 집회 마치고 돌아오는 날이면 먼저 오셔서 기다리시다 기쁘게 맞아주시며 은혜롭게 집회 잘 마치셨냐고 위로해주신다. 정 장로님은 가난하게 사시면서도 남몰래 다른 가난한 교인들을 심방하실 때면 작은 사탕 하나라도 사들고 가시는 것을 나는 보았다. 목사인 우리가 적은 것 하나라도 사들고 가면 오히려 목사님은 말씀과 기도해 주시면 됐지 다음부터는 절대 사오시지 말라고 하셨다. 한 번은 포항 따님 댁에 오랫 만에 가셨다가 태풍이 불어오게 되자 교회가 염려스러웠던지 쉬지도 못하시고 그 날 밤차로 되돌아 오신 적도 있었다. 그가 세상 떠나 장례식을 거행하는 날, 예수를 믿지 않는 사람들도 많이 참여하였기에 물으니, 장로님이 생전에 우리 집에 자주 오셔서 전도해 주셨는데 오늘은 우리들도 와봐야 되지 않겠느냐고 하는 것이었다. 이렇게 장로님은 불신자의 세계에서도 덕을 많이 쌓은 장로님이셨음을 알 수 있었다.

고 정순모 장로님

정순모 장로님은 내가 본 교회에 부임하던 당시인 1970년대에 집사로
교회 중심에 서서 중요한 임무를 담당하고 있었다. 제직회 회계로
교회 재정을 담당하고 있었으며, 청장년회 회장과 찬양대 대장을
겸임하고 있어서 교회의 전반적인 업무를 모두 담당하고 있었다.
그러나 그는 너무나 꼼꼼한 재정관리로 목사의 목회사역을 여간
힘들게 하는 것이 아니었다. 단 일푼도 재정관리에 빈틈이 없었다.
예산에 없는 재정은 절대로 지출하는 법이 없으며 모든 예산에
따른 수입 지출의 매듭도 정확하였다. 목사의 출장비, 시외전화비,
접대비, 교통비등도 예산이 없다는 이유로 절대로 지출하는 법이
없었다. 그러나 돌이켜 보면 오늘날 대교회들이 재정정책을 투명하게
집행하지 못하여 교회가 분쟁이 일어나고 법적인 문제가 되며
사회법정에 서서 싸우는 일들이 얼마나 많은가. 여름에 교인들이
피땀 흘려 농사지은 것을 감사드리면서 바치는 헌금, 시장 바닥에
앉아 한푼 두푼 모아 하나님께 바친 과부의 동전 두 푼 같은 그 피나는
헌금을 소홀하게 취급하지 아니하고 투명하게 관리한 정 장로님의

그 정신을 통해 나는 많은 것을 배웠다. 그 이후 나는 어느 때인가 부흥집회 때 교인들이 나에게 선교지에서 재량껏 사용하도록 헌금해 주었는데, 그 선교기금도 선교부 회계에게 맡겨 선교사들이 본 교회에 방문하였을 때 여비로 사용하도록 했다. 그리고 교회 재정 정책도 그 정신에 준하여 지도하려고 노력하였다. 그 시대에 정 장로님은 노회주일학교연합회 회계를 맡아 열악한 재정을 투명하게 잘 관리하여 모자람이 없이 살림을 잘 하였다는 소식을 들었다.

지금 본 교회는 그의 장남인 정진호 장로가 대를 이어 장로가 되었고, 또한 매사에 앞장서서 충성되게 봉사하는 모습을 보면서 하나님께 진심으로 감사를 드린다.

고 최공순 권사님

최공순 권사님은 한마디로 기도의 권사님이시다. 예배당 열쇠를 손수 몸에 지니시고 관리집사가 잠에서 일어나기 전에 교회에 나와 기도하시는 분이셨다. 장남이신 정승회 선교사가 태국에 파송된 이후에는 백일철야기도, 천일작정기도 등 수없이 많은 날들을 교회에 나오셔서 기도하셨다. 물론 평소에도 초저녁이든 낮이든 수시로 교회에 나와서 기도하지만, 때로는 거처하시는 아파트 옥상에서도 기도하셨고, 특별한 일이 있을 때는 일주일, 십일 또는 그 이상 금식하며 기도 하신 걸로 나는 알고 있다. 정승회 목사님의 선교사로서의 대 성공의 역사가 어찌 어머니의 기도 없이 되었으리요. 그러나 최권사님은 그와 같은 고귀한 기도도 언제나 선후가 있다 하셨다. 반드시 우리교회 목사님, 즉 나를 위해 먼저 기도하고 정 목사를 위해 기도한다고 하셨다. 목회자에게 최고의 동역자는 누구이겠는가. 두말 할 것 없이 기도의 동역자가 아니겠는가. 사도바울은 그의 서신에서 이를 여러 번 강조하고 있다. 물론 우리교회 모든 성도 중 하나인들 나의 목회를 위해 기도하지 아니한 분이 어디 있었겠는가. 지금도 나를 위해 기도하고 있음을 나는 멀리서 듣고 있다. 나도 하루도 잊지 않고 우리교회 위해 기도하고 있다. 그런데 최권사님의 이 한 말씀 "나는 반드시 우리 목사님 위해 먼저 기도하고 그 다음 정목사 위해 기도합니다." 하신 그 말씀이 너무너무 고마웠다.

최권사님은 평소에도 부지런하셨다. 심방에도 많이 동행해주셨다. 초상집에 가서는 험한 시신을 사모와 함께 잘 거두어 주었다. 대부분의 교회 모든 궂은일은 그의 몫이었다. 목사의 이발비까지도 최권사님이 부담해 주시기도 하였다. 지금은 천국에서도 교회를 위하여 기도해 주시리라고 나는 믿는다. 그의 사랑을 나는 잊을 수가 없다. 그리고 최권사님은 말년의 소원이 우리 막둥이 아들 정회원이 장로 되는 것 보고 죽는 것이 소원이라 하셨다. 하나님은 그의 소원대로 이루어 주셨다 .

최종훈 장로님

내가 부임하고 대심방을 실시하여 첫 번째 방문한 집이 최종훈 선생의 집이었다. 그때 "우리 집에 복 들어 온다." 하며 큰 소리로 외치시는 할머니가 계셨다. 그가 바로 이소옥 권사님이셨고 최종훈 선생의 할머니시다. 최종훈 선생은 아직 집사가 되기 전 본 교회에서 찬양대를 지휘하고 있었고, 글재주가 뛰어나 교회 주보 등 온갖 유인물의 인쇄로 봉사하고 있었다.

특별히 나의 사역에는 여러 종류의 유인물 (인쇄물)들이 많았다. 교회 요람 외에 매월 월말보고서 및 계획서, 또 노회문서까지노 그의 몫이었다. 그러나 최종훈 선생은 이

최종훈 선생과 나

일까지도 잘 협조해주셨다. 사도바울은 이런 자들을 향하여 동역자(고후8:23)라 또는 함께 수고한 자라 칭하였던 것이다(빌2:25, 롬 6:21).

그리고 고전 3:9에서는 우리 모두를 "하나님의 동역자"라 칭한 것을 볼 수가 있다. 최 장로님은 1979년 2월 본 교회에서 최연소 장로로 장립을 받은 후 어느 분야 어느 부서 한 곳도 빠진 곳 없이 다 거치면서 참으로 나의 귀한 동역자였고 성역의 동료였다. 뿐만 아니라 사도바울에게 실라와 같은 존재가 아니었나 생각한다(행 16:1~40).

나는 은퇴한 후 최 장로님의 지병 소식을 듣고 안타까워 지금까지 계속 기도하고 있다. 하나님의 영광을 위해 치유해 주시리라 믿는다. 하나님은 장로님의 후예로 그 아들 최성진 목사를 세워 대를 이어 가문의 영원한 영광으로 주의 성역을 더 크게 이루시리라 확신한다.

박정현 권사님

박정현 권사하면 본 교회 음악봉사자(반주, 지휘, 독창)로 인식이 되어 있지만, 기도의 봉사자요, 뿐만 아니라 물질적으로 그 누구보다도 많이 봉사한 참으로 모범적인 봉사자였다. 내가 동부교회에 부임하던 1970년도에 본 교회 반주자였으며, 그 후에는 임마누엘 찬양대 지휘자로서 충성스럽게 봉사하였는데, 안타깝게도 어느 날 찬양대를 지휘하는 중에 쓰러지셨다. 그러나, 그 후에도 얼마 동안은 불편한 몸을 이끌고 특별찬송을 하면서 많은 사람을 감동시켰다. 박 권사는 남달리 기도도 많이 하는 좋은 권사님이었다. 자주 예배당에 찾아와서 엎드려 기도하는 모습을 흔히 볼 수 있었으며, 특별한 경우에는 기도원도 찾았다. 교회가 정한 철야기도회나 특별기도회 때는 항상 앞장서서 주도적인 역할을 하였으며, 또 물질적인 봉사도 많이 하였으니 교회 전자오르간, 강대상, 성찬상, 고급샹들리에 등도 그 가정에서 바친 성물들이다. 그리고 예전에 피아노 개인지도로 번 돈으로 노회 경내 미자립교회에 오르간도 사서 기증했던 사실도 있다. 또한 남상훈장로 박정현권사 부부는 내가 삼례동부교회 부임하여 집례한 결혼 주례 제1호 부부였고, 그들의 자녀 남사라 양과 남안나 양도 내가 주례를 하였으니, 실로 대를 이은 깊은 인연이라 할 수 있겠다. 해마다 결혼기념일이 되면 고급 선물도 마련해주어 요긴하게 사용하기도 하였다. 내가 이 글을 쓰고 마지막 탈고를 하고 있던 즈음, 남상훈 장로님이 제97회 총회에서 부총회장으로 당선되었다는 반가운 소식이 들려왔다. 이전에도 그러하였듯이, 주를 위하여 충성봉사 하시리라 믿는다.

김금례, 김용례 모녀 권사님

김금례 권사는 본 교회 바로 뒤편에서 금방이라도 쓰러질 것 같은 아주 작은 초가 단칸방에서 외아들 김용석과 둘이서 살고 있었다. 그때도 김 권사님은 중병을 앓고 있어서 오래 살지 못하고 곧 죽게 될 것이라고 하였다. 늘 가슴이 터질 것 같고 열이 심하며 숨이 가빠해 하였다. 그러나 새벽예배 한번 거르는 일 없었고 열심히 기도했다. 교역자들을 열심히 사랑하며 섬겼다. 교회 관리 집사를 자청하며 봉사하였지만 교회는 봉급도 지급하지 못하였다. 김 권사님은 본교회가 모범자에 수여하는 마리아상을 수상한 바가 있으며, 2005년 교회설립 70주년 기념식 때는 유일하게 공로패를 수상한 바가 있다. 금방 돌아가실 것 같았던 분이 지금까지 생존해 있으면서 98세를 향수하고 계신다.

그의 따님 되시는 김용례 권사는 불신 가정에 출가하여 모진 핍박 속에서도 신앙생활을 지켜오면서 필경은 시부모님을 구원시키고 도박에 빠졌던 남편도 회개시켜 전 가정이 다 예수 믿는 모범가정으로 이끈 훌륭한 어머니요, 며느리요, 아내요, 딸이다. 따라서 자녀들도 잘 양육하여 다 권사요, 집사요, 목사사모의 가문이 되었으며 지금은 사위 박정배 목사님의 교회에 출석하고 있다. 김용례 권사는 가정이 그리 넉넉한 것도 아닌데 논 팔아 십일조로 거금을 바쳐 교회 묘지를 마련 할 때 그 자금이 기초가 되어 요긴하게 사용할 수 있었기에 여기에 기록하여 남기고자 한다.

나의 어머니와 아내

사실 나의 목회에 있어서 가장 힘이 되어 주었던 사람은 다름 아닌 나의 아내였다. 나의 목회 현장에 언제나 그림자같이 따라 주던 아내였고, 항상 기도로 후원해 주었으며, 또한 교인들을 나보다 더 사랑해주고 더 살펴보며 필요할 때마다 교인들에게 적절히 도움을 주는 손길이 바로 아내였다. 교인들도 아내를 많이 의지하였으며, 신앙생활 뿐 아니라 일반적인 가정사까지도 아내에게 의논하며 아내의 도움을 청하기도 했다. 성격이 모질지 못한 나와는 달리, 아내는 진취적이고 매우 활동적이며 의사결정이 빠른 성향이었다. 이런 아내는 나의 부족한 점을 잘 채워 주었으며, 아내가 없었다면 아마 나의 목회 활동은 순탄하지 않았을지도 모르겠다.

그리고 또한 이렇게 아내가 나의 곁에서 항상 그림자같이 내조를 할 수 있었던 것은 어머니의 크신 희생이 있었기 때문이다. 아내가 나와 함께 심방을 하고 늘 구석구석을 잘 살필 수 있도록 어머니께서는 집안살림을 도맡아 주셨고, 아이들 뒷바라지도 어머니가 많이 해 주셨다. 교회일로 항상 바빴던 아내 대신 아이들이 학교에서 돌아올 때면 늘 어머니께서 맞이해 주셨기에, 아이들은 언제나 "할머니~" 하고 부르며 들어오곤 했다. 겨울이면 등교할 때 따뜻한 신발을 신겨 보내시려고 아랫목에 신문지를 깔고 아이들 신발을 가지런히 놓으신 후 헌 이불로 그 위를 덮어 놓으시기까지 하셨었다. 또한 아이들이 중3 고3의 수험생 시절을 보낼 때 학교에서 야간 자습을 마치고 늦게 귀가하는 아이들을 사거리까지 마중나가 기다리셨다가 함께 들어오기도 하셨다. 어머니가 계셨기에 아이들이 어릴 때에도 우리 내외는 마음껏 새벽 제단도 지킬 수 있었다. 어머니는 우리 내외가 새벽예배를 마치고 둘 중 하나라도 돌아오면 그 때서야 교회에 나가셔서 기도하셨다. 가정예배 시간이나 주무시기 전이나 새벽 기도에 가서도, 기도하실 때마다 항상 아들의 목회에 누가 되기 않도록, 자리에 눕는 일 없이 또한 장례 기간도 주일날이 끼지 않도록 데려가 달라고 하시던 어머니는, 정말 돌아가시던 날 아침식사까지도 내게 차려주시고 잠시 어지러워 누워야겠다 하시더니 그 날 오후에 하나님의 부르심을 받았다. 정말 어머니의 기도대로 화요일 오후에 돌아가셔서 우리 자녀들은 어머니 장례를 치르면서도 주일을 잘 지킬 수 있었다.

어머니께서는 아버지 생전에도 온갖 사람들에게 베푸시며 사셨고, 아버지께서 돌아가신 후 기울어진 가세 때문에 갖은 고생 다 하시며 아들 뒷바라지를 해 주셨고, 그 아들이 목회자가 된 후에는 집안 일 걱정 말고 목회 잘하라시며 조용히 우리 내외와 아이들을 위해 끊임없이 본인을 희생하셨다. 어머니의 이런 희생이 없었다면 목회 현장에 아내는 있을 수 없었을 것이며, 그랬다면 나 또한 목회 현장에서 이루 말할 수 없는 어려움을 겪었을 지도 모른다. 아내는 내 평생의 가장 큰 동역자였지만, 그런 아내를 있게 해 주신 분이 바로 어머니시다.

이 밖에도 나에게 가장 소중한 동역자였던 장로님이 있다. 교회 전반적인 모든 사역에서 대내외적으로 버팀목이 되어주셨던 이정로 장로님과 김영태 장로님 그리고 남상훈 장로님이 계셨기에 나는 굳게 서서 목회에 임할 수 있었으며, 나양한 재능이 있어 교회의 절기 때마다 좋은 아이디어로 모든 행사를 성황리에 거행할 수 있도록 하였던 박창근 장로님에게 고마움을 느낀다. 그리고 나의 선교정책

수행에 있어서 물심양면으로 협조한 김한춘 장로님, 교회 건축시설에 있어서 몸바쳐 수고하신 고 고종만 장로님과 김석두 장로님, 병약한 나를 위해서 주치의처럼 의약을 조제하여 치료를 전담해 주었던 허진석 장로님, 그리고 우리 자녀들을 서울로 유학을 보내고 재정적으로 어려움이 있어 긴급할 때마다 변통해주신 박순자 권사님 모두 고마우신 분이시다. 또한 김종용 집사님을 말하지 않을 수 없다. 장애를 딛고 교회의 궂은 일을 자원해서 많이 봉사한 집사님이시다. 교회의 크고 작은 기물들도 많이 마련하면서 담임목사의 필요한 생필품도 많이 제공하였다. 그 밖에도 김금철, 박칠규, 이근우 집사님 등 또 여기에 기록되지 아니한 모든 이들도 다 동역자요, 충성된 주의 일꾼들이다.

이제 여자 성도 중에서 몇 분을 말씀드려 본다.

그 첫 번째가 고 김인희 권사님이다.

내가 본 교회 부임해 오던 날에 몸이 많이 불편해서 교회로 먼저 가지 못하고 장로님 댁에서 잠시 쉬었다가 교회로 가게 되었다. 그런데 새 목사님 오신다고 꽃다발까지 준비해 기다리고 있었는데 교회로 먼저 오지 않고 장로님 댁에 갔다는 것으로만 알고, 환영하려고 준비한 꽃다발을 김인희 권사님이 찢어 던져버리고 집에 가셨다고 한다. 그 후 1년쯤 지나 김 권사님이 찾아와 이를 사과하고 하시는 말씀이, "이 목사님은 아무리 보아도 여기 오래 있을 분 같지 않고 서울로 가실 것 같다"고 하면서 나를 퍽 존경하게 되었다. 그 이후 그 가정에 좋은 일이 있을 때마다 가정부를 시켜 자주 우리를 대접해 주었다. 그런데 내가 총회신학교에 갈 때마다 학교 당국에서 김인희 권사의 안부를 묻곤 했는데, 알고 보니 전에 신학생들을 많이 도왔으며, 신학교 건축 헌금도 상당히 바쳤다고 한다. 이렇게 김 권사님은 우리교회 명예를 많이 빛내신 분이시다.

또 고 이원희 권사님을 잊을 수가 없다. 그 곤란한 생활 속에서 삼례 읍내에서는 물론이고 장날을 따라다니며 봉동, 고산 등지로 가서 행상을 하면서도 새벽예배에 꼭 참석하고 그 구역을 위하여 열심히 전도하며 선한 일을 많이 했다. 당시에 그 지역에서는 유일하게 그 가정만 교회에 나왔으나, 이 권사님의 헌신적인 노력으로 지금은 3 구역 40여 가정에 이른다.

다음은 고 이입분 권사님이시다. 이 권사님은 자녀들을 위해 일평생 을 사신 분이시지만 나를 무척 사랑하셨다. 하루가 멀다하고 자녀 들을 위해 기도받으러 오시면서 꼭 예물을 지고 오신다, 아들 며느리 (김철용 집사와 이진순 권사)를 위한 기도부탁이기도 하지만, 특별히 장손자 김창석(목사)을 위해서다. 손자 김창석 목사는 그의 할머니 이입분 권사님의 기도의 열매이다. 자녀 위해 기도원에 가시던 중 소천하시니 순교적 죽음이셨다.

그리고 원래 연약하게 태어난 나는 만가지 질병을 다 겪었다. 여러 번 대수술을 받은 것이다. 피곤하고 지쳐 있을 때마다 내 목회에 큰 힘이 되어주었던 여전도회 한현숙, 오복주, 최연순, 김채순, 오옥님, 이금순 권사님 등 여러분들의 성원에 감사하지 아니할 수 없으며, 특별히 자신의 경제적 사정도 어려운데 수양회, 세미나 등 또 나의 생일이나 명절, 크리스마스 절기 등 한때도 거르지 않고 금전으로 후원해주신 유봉자 권사님의 그 정성 어린 사랑을 나는 잊을 수 없다. 당시 경제적으로 취약했던 우리에겐 얼마나 큰 도움이 되었는지 모른다. 그 밖에도 서정숙, 최부월 권사님, 고 배성옥 집사님 등은 선교지 개척교회 설립에 동참하면서 선교적 사명을 감당하여 우리를 흐뭇하게 하였다. 김영숙 권사님은 예수 믿는다는 이유로 가정적인 핍박을 받으면서도 굳건한 믿음으로 감화력을 발휘하여 그 완고한 시부모와 또 알코올에 중독된 남편을 구원시킨 그의 신앙은 교회에 귀감이 되고 있어서 여기에 기록하여 둔다. 그리고 내가 시무하는 동안에 배출된 본 교회 출신 목사님들 고기성, 임근석, 이승기 (선교사), 박희준(미국), 임성환(미국), 최성진(미국유학), 김창석,

이규상, 신철성, 최철귀 목사님 등 열 분을 위하여 나는 늘 기도한다. 또 우리교회에서 믿음으로 나서 의사가 되어 주의 일을 위해 역사하는 실로암세계선교회 회장 김인수 장로님의 위대한 사역과 이승현 집사님의 의료전도(선교), 또한 황호민 집사님 등의 모범적인 교회 봉사 등, 이들의 자랑스러운 사역을 보며 나는 큰 보람을 느끼면서 늘 감사하고 늘 기도한다.

"사랑하는 자여 네 영혼이 잘됨 같이 네가 범사에 잘되고 강건하기를 내가 간구하노라" (요한 3서 1:2)

※추기 ; 겨울에도 피는 사랑의 꽃들

내가 42년의 목회를 마치고 먼 곳에서 생활하게 되니, 처음 얼마 동안은 너무너무 허무하고 생활에 적응이 되지 않아 정말 외롭고 쓸쓸함을 무엇으로 표현하기조차 어려울 정도로 적적하기 그지 없었다. 이것은 내가 목사이지만, 또한 한 인간이기 때문이었으리라.

그 때 나에게 크게 위로해 주시는 분들이 있었는가 하면 또 크게 서운하게 한 사람도 있어서 인간 세계는 두 부류의 사람이 뚜렷하게 나타나는 것을 나는 확실하게 보았다. 이와 같은 사실을 기록할까 말까 몇 번이고 망설이다가, 선후배간에 좋은 교제가 이루어졌으면 하는 마음으로, 진심으로 감사하는 글과 함께 여기 말미에 기록하고자 한다.

먼저 전주북문교회 담임목사요, 본총회 총회장이신 이기창 목사님을 말씀하지 않을 수 없다. 이 목사님은 수년 전 교회 설립 50주년 희년기념감사예배와 각종 행사시에 나를 강사로 초청한 것이다. 50주년 희년기념행사는 교회 최고의 행사이므로, 총회의 저명한 인사들을 초청할 만한 행사가 아니던가. 너무나 감사한 일이었다. 그리고 나를 수양림으로 유명한 성수산기도원에 초청하여 자신이 거처하는 방을 내어주고 편히 쉴 수 있도록 배려해 주어 일주일 동안 쉬면서 기도할 수 있게 해 주셨다. 뿐만 아니라, 5월이 되면 자신들의 주례목사이신 박요한 목사님과 총신대학원 석·박사원 지도교수인 정성구 박사와 존경하는 이은익 목사에게만 보낸다는 꽃바구니를 선물로 보내주곤 한다. 나는 이렇게 큰 선물을 받고 있다. 그리고 가을이면 또 과일박스를 선물로 보내오고 있는데, 참으로 감당할 수 없는 과분한 대우에 나는 너무너무 감사해 여기에 첫 번째로 기록하고 있다.

다음은 서울염창중앙교회 김원선 목사의 변함없는 사랑이다. 김 목사님은 나의 사랑하는 제자 목사이다. 그가 이 의리를 잊지 않고 해마다 1월 첫 주가 되면 나를 강사로 초청하여 전교인 헌신예배를 드리는데, 물론 스승이요 믿음의 아버지 같은 나의 교훈으로 전교인이 새해 첫 주일부터 은혜를 받고 새롭게 출발하고자 하는 목적도 있겠으나, 일년에 한번씩이라도 나를 경제적으로 대접하고자 하는 마음으로 하는 것이다. 그리고 설 명절 때마다 꼭 전화로라도 문안하기도 하였다. 참으로 고마운 일이다.

다음은 우리 북전주노회 양정교회 박제신 목사님의 사랑에 고마움을 표인다. 나의 은퇴 후 몇 차례 초청하여 융숭한 대접을 해 주셨고, 또한 북전주노회 원로목사 내외(오인선, 이은익, 윤병은, 이동근,

한창현)를 초청하여 점심을 대접하고 영화관으로 인도하여 명화를 관람케 하였으며, 여비까지 마련해 주신 일 또한 큰 위로가 되었기에 그 고마움을 여기에 기록하며 감사의 마음을 전한다.

다음은 경기도 남양주시 백봉교회 이재 목사님의 이야기다. 수차례 헌신예배 강사로 초청을 받았고, 교회 주요행사에도 강사로 초청을 받고 설교를 하였다. 그리고 아들 은국이 결혼 주례도 맡아 융숭한 대접을 받았다. 참으로 감사한 일이다. 그리고 그 교회 문성민 장로님은 협동산업 회장이시다. 7개 회사를 거느린 큰 재벌의 회장이며, 매월 한 차례씩 그룹 산하 사장과 임직원들이 모여 예배를 드리는데, 나를 강사로 초청하여 설교를 듣고 큰 은혜를 받았다며 사례비로 과분하게 대접해 주었고, 나의 아내가 특송을 하였는데, 아내에게까지도 사례하였다. 참으로 감사한 일이다.

다음은 완주군 구이면 구암교회 이근 목사님을 잊을 수 없다. 구암교회는 통합측 교회이다. 그런데도 나를 제직세마나 겸 부흥회 강사로 초빙하여 4일간의 집회를 개최한 바 있다. 참으로 큰 은혜를 받았다고 하였다. 이 기간 동안 교회는 정성을 다해 나를 대접하였고, 집회를 마친 후에는 하루 동안 마이산으로 소풍을 다녀오기도 하였다.

그 밖에도 이름 모를 많은 분들, 나를 안다고 하여 헌신예배에 초청도

해 주었고, 또 어떤 교회에서는 제직세미나에 강사로 불러주기도
하여 한 때는 한 달에 두 세 번씩 강단에 서기도 하였다. 참으로
감사한 일이었다.

특별히 고마운 마음을 두는 것은 본 교회 이강률 목사님을 빼 놓을
수가 없다. 내가 병약하기 전, 나에게 매월 한차례씩 본 교회에 오셔서
설교도 해 주시고 축도도 해 주시라고 부탁하는 것이다. 그러나,
나는 설교는 거절하였고 축도만 허락한 채로 한 때 매월 한 번씩
방문하였는데, 그 때마다 교통비 명목으로 대접해 주었다. 그리고
매해 나의 생일이면 전 당회원이 참석하여 자리를 마련하고 식사를
같이 하면서 꽃다발과 축하금을 우리 내외에게 안겨주었으며, 내가
병이 나서 병원에 입원하거나 수술을 받게 되면 치료비까지 전담해
주는 등 이것이 우리 삼례동부교회 이 목사님과 교회가 베풀어준
큰 사랑이며, 그 사랑은 지금도
계속되고 있다.

뿐만 아니라, 매해 설날이 되면 이
목사님은 부교역자들과 직원들 그리
고 자기 자녀들까지 데리고 세배하러
오시는데, 선물과 위로금을 갖고

이강률 목사와 함께

와서 남겨두고 가곤 하였다. 지금까지 이 목사님과 사모님은 자주 안부를 묻는 전화도 잊지 않으신다.

그리고 때로는 은퇴 장로님들과 시무 장로님들, 또 은퇴 권사님들과 시무 권사님들이 찾아와 예물과 위로금을 주고 가시는데, 우리는 그 큰 사랑에 그저 눈물 어린 감사가 있을 따름이다.

다음은 새한교회 임익곤 목사님의 배려에 감사드린다. 병약한 은퇴목사인 나에게 많은 관심을 보여 주신다. 성탄절이나 명절 때마다 선물과 적지 않은 금액으로 위로해 주신다. 그리고 나의 아내를 통하여 자주 나의 건강상태를 물으시고 늘 염려해 주신다고 한다. 또 여름 동안 건강하게 지내시라고 위로금까지 주셨다고 한다. 그리고 새한교회 장로님 권사님들도 특별한 관심을 갖고 교제를 해 주시며, 몇 분의 집사님들은 예배당에 갈 때마다 나를 부축하여 안내해 주시기도 한다. 나는 이렇게 특별한 사랑을 받으며 오늘도 예배에 참석했다.

그리고 본 교회에서 나와 함께 동역했던 부교역자들 김기환 목사님 내외분과 오치용 목사님 내외분, 이창우 목사님, 그리고 여전도사님으로 수고하셨던 추성실 전도사님, 이복순 전도사님이 함께 찾아와 하루 종일 머무르며 옛 정담을 나누면서 점심 식사도 함께 하고 크게 위로해 주었다. 고기성 목사님과 방관전 목사님도 다녀가셨다.

또한 노회에서도 임원들이 두 번이나 찾아와서 병문안을 해 주셨고, 금번 73회 노회 후 박정배 노회장과 이정현 서기 목사님 두 분이 친히 찾아와 위로해 주셔서 감사한 마음이며, 특별히 노회장 박정배 목사님은 우리 노회 원로목사와 은퇴목사 9명의 내외분을 초청하여, 오는 11월 19일부터 2박 3일간 제주도 여행을 계획하고 계시다고 한다. 참으로 감사한 일이다. 또한 이병선 목사님은 노회시 여비까지 주시며 위로해 주시어 잊지 못하고 감사드린다.

그런데 유감스럽게도, 내가 은퇴하기 전 나에게서 많은 도움을 받았던 사람들 중에 의리를 저버리는 사람이 있음을 나는 볼 수가 있었다. 그들 중에 어떤 이는 우연히 한 모임에서 만났을 때 깜짝 놀라면서, "아이고, 목사님, 지금 어디 사십니까?", "전화번호가 어떻게 됩니까, 언제 꼭 한 번 모시겠습니다." 하면서 열심히 전화번호를 적는다. 그리고는 깜깜 무소식이다. 이게 세상 인심 아니던가?

그 들 중에는 어떤 유명 신학교 교장도 있다. 상당한 교회의 담임목사도 있다. 지난 날 나에게 많은 도움을 받았던 사람들이다. 그러나… …

늙으면 어린아이가 된다는 이야기가 있는데, 그래서인지 소소한 일에도 큰 위로가 되기도 한다.

삼례동부교회에서 어린 시절과 청년기를 보내고 지금은 수도권으로 이주해서 사는 이들 중에 이상원 집사·설명희 집사 부부는 본인들의 결혼기념일이면 어김없이 찾아와 주례목사였던 우리 부부를 꼭 대접한다. 그리고 한미화 집사, 김성준 집사, 정미숙 집사, 유순주 집사, 박장숙 집사, 김영순 권사, 한옥자 권사 등 여러분들이 가끔씩 찾아와 위로해 주고 있어 늘 고마워 하고 있다.

또한 진정만 전도사는 스승의 날이면 한 번도 거르지 않고 위로금을 가지고 찾아와 사은의 뜻을 표하고 있으며, 황호민 집사도 명절이나 5월엔 꼭 예의를 표하는데, 나는 늘 고마운 마음을 갖고 있다.

삼례에서도 변함없는 사랑으로 오늘까지 나를 위로해 주시는 손길이 있다. 김영태 장로님과 이정로 장로님은 일주일이 멀다 하고 늘 전화로 안부를 묻고 또한 매일 염려하며 기도하신다며 사랑의 교제를 나누고 있어 정말 감사의 마음을 표하지 않을 수 없다. 김 장로님은 내가 시무할 때에도 항상 나의 정책에 적극적으로 협력했던 일을 나는 잊을 수 없다. 그리고 해마다 명절 때마다 선물로 위로해 주시는 최종훈 장로님, 남상훈 장로님, 박창근 장로님, 정진호 장로님,

김영숙 권사님, 서정숙 권사님, 최부월 권사님, 박칠규 집사님, 최성민 집사님, 이동현 집사님 등에 감사한다. 그리고 권일용 집사님·이성순 권사님 가정에서는 고추장과 된장 등을 담아 보내 주시는데, 이것 역시 보통 정성으로 감당하기 어려운 일일 것이다. 또한 김창석 목사님 가정과 박정수·김미숙 집사님 가정에서도 때때로 귀중한 선물을 보내주고 있으며, 이승현 집사님은 귀중한 의약품을 보내주며 나의 건강에 많은 관심을 보여주고 있다.

우리 내외는 이렇게 주의 이름으로 많은 사랑을 받으며 큰 위로 가운데 감사하며 하루하루를 살아가면서 하나님을 늘 찬양하고 있다. 나는 이렇게 하나님의 은혜로 분에 넘치는 사랑을 받으면서 노후 생활을 행복하게 보내고 있지만, 많은 은퇴 목사님들은 너무나 고독하게 살고 계시다고 한다. 바라기는, 노회에서나 각 교회에서 이 분들에게 관심을 갖고 조금이라도 배려해 준다면 큰 위로가 되리라고 믿는다.

"피차 사랑의 빚 외에는 아무에게든지 아무 빚도 지지 말라 남을 사랑하는 자는 율법을 다 이루었느니라" (롬 13:8)

| PART10 |

고별설교

성도의 고상한 품위는 이런 선진들이 물려준 바른 신앙을 지켜 행하며 예배의 정신이 바로 되어 있는 데서 시작합니다. 경건한 생활의 향기를 가지고 노아와 같은 미래를 준비하면서 아브라함 같은 순종의 생활 속에서 늘 승리하는 성도들이 되시기를 주 예수님의 이름으로 축원합니다.

사도 바울은 "내가 로마도 보아야 하리라(행 19:21)" 하고 복음으로 로마 정복을 목표하여 달성함과 같이 우리도 "우리가 북한을 보리라"는 꿈을 가지고 기도하면서 힘차게 전진합시다.

하나님의 절대 주권 (롬 11:33~36)

"깊도다 하나님의 지혜와 지식의 풍성함이여, 그의 판단은 헤아리지 못할 것이며 그의 길은 찾지 못할 것이로다 누가 주의 마음을 알았느냐 누가 그의 모사가 되었느냐 누가 주께 먼저 드려서 갚으심을 받겠느냐 이는 만물이 주에게서 나오고 주고 말미암고 주에게로 돌아감이라 그에게 영광이 세세에 있을지어다 아멘"

우리 장로교회를 칼빈주의라 하는데, 칼빈주의란 무엇인가?
① 좁은 의미로는 칼빈 자신의 교훈을 의미합니다.
② 넓은 의미로는 개혁주의 신앙의 교리체계를 의미합니다.
③ 그리고, 그 사상은 하나님을 절대적으로 높이는 사상입니다.

그래서 우리 칼빈주의의 핵심은 하나님의 절대 주권을 믿는 것입니다. 그러므로 우리 그리스도인들은 비록 이 세상에 살지만, 인생의 삶을 하나님의 절대 주권을 믿고 그의 영광을 위하여 살아야 합니다.(고전 10:31)

하나님의 주권 아래에서 말씀도 증거하고, 역시 하나님의 주권 아래에서 말씀도 듣고, 나아가 모든 성도들의 일상 생활도 다 하나님의 주권 아래에서 이루어져야 합니다.

사도 바울은 본문 로마서 11:36에서 "이는 만물이 주에게서 나오고 주로 말미암고 주에게고 돌아감이라" 는 말씀을 믿기 때문에,

- 경건한 마음으로 예배드립니다.
- 겸손한 마음으로 기도합니다.
- 감사한 마음으로 헌금도 합니다.
- 그리고, 보람된 마음으로 봉사하며 선한 일을 합니다. 기꺼이 헌신하게 되는 것입니다.

그러면, 하나님의 주권이란 무엇입니까?

A. A. 하지는 "그(하나님)가 모든 피조물을 그의 기쁘신 뜻대로 창조하시고 섭리하시며 다스리시는 주권이니 이는 절대적이시다" 하고 하였습니다.

그렇다면, 마귀가 하는 일도 하나님의 주권 아래에서 하는 것일까요? 그렇습니다.

역대상 29:11~12에는 "여호와여 위대하심과 권능과 영광과 승리와 위엄이 다 주께 속하였사오니 천지에 있는 것이 다 주의 것이로소이다 여호와여 주권도 주께 속하였사오니 주는 높으사 만물의 머리이심이니이다 부와 귀가 주께로 말미암고 또 주는 만물의

주재가 되사 손에 권세와 능력이 있사오니 모든 사람을 크게 하심과 강하게 하심이 주의 손에 있나이다" 하였습니다.

특히 욥기 1:6~12에서 보면, 사탄(마귀)이 욥을 그렇게 혹독하게 시험하여 괴롭힌 것도 오직 하나님의 주권 아래에서 하나님의 허락 하에 행한 것입니다. 그러나, 하나님의 주권 행사는 ①절대 의롭고, ②절대 선하시며, ③절대 자비롭고, ④절대 거룩하시며, ⑤절대 불의가 없으십니다.

그렇다고 독재가 아닙니다. 사람들처럼 이랬다 저랬다 하지 않으십니다. 하나님의 주권 행사는 절대 변함이 없으십니다. 그리고, 하나님의 주권 행사는 절대 질서이며 법입니다. 창조의 역사에도 계획과 법이 있었습니다. 절대 흔들리지 않으셨습니다.

그러면, 하나님의 주권 행사를 세 방향에서 생각해 보겠습니다.

1. 창조의 역사 속에 나타난 하나님의 절대 주권

창세기 1:1은 "태초에 하나님이 천지를 창조하시니라" 입니다. 이 말씀은 절대적이요, 선언적이며, 그 이유를 설명하려 하지 않습니다.

칼빈은 그의 기독교강요 제 1권 15장에서 "하나님께서 말씀과 능력으로 천지 만물을 무에서 창조하셨다. 그리고, 놀라운 지혜로서 사람을 동물 중에서 구별하셨으며, 성정을 주어 아름답게 하셨다. 하나님은 모든 피조물에 임무를 주셨고, 또 처소와 위치를 정해 주셨으며, (물고기는 물에서, 새들은 공중에서, 초목들은 흙에서) 그리고 창조를 끝내시고 "좋았더라"고 하셨습니다.

이렇게 창조의 역사 속에 나타난 하나님의 주권 행사는, ①위대한 능력이요, ②위대한 정확성이며, ③위대한 미요, ④위대한 신비 등 실로 인간으로서는 측량할 수 없는 주권 행사입니다. 그렇기 때문에 칼빈주의자는 그 위대하신 정확성에 놀라지 않을 수 없으며, 그 위대하신 질서에 탐복하지 않을 수 없으며, 그 위대하신 미에 찬미하지 않을 수 없으며, 그 위대하신 신비를 믿지 않을 수가 없는 것입니다.

우선 사람의 신체적 구성만이라도 보십시오. 저 궁창의 수많은 성좌를, 그 웅장한 광경, 그 신비스런 모습들, 산마다 골짝마다 그 아름다운 경관들… 그러므로 세상은 마귀가 득실거리는 곳, 마귀의 무대가 아닙니다. 하나님의 위대하신 미(아름디움)기 있는 곳입니다. 그리므로 우리 그리스도 인늘은 산에 가서노 바다에 사서두 그 아름다움에 찬송하지 않을 수가 없습니다.

(찬송가 79장) 주 하나님 지으신 모든 세계

주 하나님 지으신 모든 세계 내 마음 속에 그리어볼 때
하늘의 별 울려 퍼지는 뇌성 주님의 권능 우주에 찼네
주님의 높고 위대하심을 내 영혼이 찬양하네
주님의 높고 위대하심을 내 영혼이 찬양하네

2. 섭리의 역사 속에 나타난 하나님의 절대 주권

하나님은 천지 만물을 창조하시고, 그대로 방임하시는 분이 아니십니다. 섭리하십니다.

섭리란, 다스리심을 의미하는데, ①자연법칙을 통해서, ②사람의 손길을 통해서, 또 하나는 ③하나님의 직접 섭리 즉, 이적을 통해서 다스리시는데, 이것을 하나님의 비상 섭리라 말합니다.

하나님께서는 섭리하심으로 모든 피조물을 보호하십니다. 이 섭리 속에 우리 그리스도인은 하나님의 절대 주권 행사를 체험하게 되기도 합니다.

칼빈은 그의 기독교강요 제1권에서는 "하나님은 그가 예정하신 대로 모든 일을 지금도 수행하고 계신다." 고 하였습니다. 하나님은 졸지도 주무시지도 아니하시고 일하십니다. 시편 121편에 보면, 우리를

실족지 않게 하시며 상하게 하지 아니하시며 또 환난을 면케 하시며 우리의 영혼을 영원까지 지키신다 하셨습니다. 이 얼마나 감사한 일입니까!

또 기독교강요 제2권에서는 "하나님의 지시가 없이는 무슨 일이라도 생기지 않는다"고 하였습니다. 비록 어는 때는 세상이 크게 불행한 것 같아도 하나님은 은혜롭게 결론지어 주십니다.(롬 8:28)

웨스터민스터 신도개요 제42장 1항에는 "가장 큰 것에서부터 가장 작은 것에 이르기까지 모든 피조물을 보존하시되 가뭄과 비 오는 것과 흉년과 풍년, 빈곤과 부요, 병약과 건강 등 그 곳에도 하나님의 자비가 있으십니다.

많은 성도들 중에서는 이런 불행 속에서 하나님의 섭리를 깨닫고 체험함으로써 더욱 그의 신앙이 돈독하게 되는 경우를 많이 보게 됩니다.

실패를 통해서, 가난을 통해서, 병약을 통해서, 하나님을 발견하고 인산 승리로 이끈 이들을 많이 보게 됩니다. 그래서 우리 그리스도인들은 범사에 감사하게 됩니다.

욥을 보십시오(욥1:20~22, 42:10~17). 요셉을 보십시오(창39:1~3,

49:22~26). 칼빈은 제네바교회에 부임한 지 1년 만에 배척을 받고 밀려났다고 합니다. 이유는 설교가 너무 길다, 딱딱하다, 또 너무 엄격하다, 사랑이 없다는 것이었습니다. 그 때도 칼빈은 하나님께 감사했습니다. 그 기간에 칼빈은 친구의 도움을 받아 그 위대하고 전무후무한 "기독교강요" 라는 대교리서를 집필할 수 있었습니다. 그 이후에 다시 제네바교회의 청빙을 받고 부임할 수 있었습니다. 어떻게 보면 줏대가 없는 것 같습니다. 그러나, 그는 누구보다도 줏대가 있는 분이요, 하나님의 절대주권만은 의심없이 믿고 변함이 없었습니다.

그러면 여러분, 하나님의 주권적 섭리는 어떻게 나타날까요?

(1) 자연법칙을 통해서 섭리하십니다.

창8:22에 "땅이 있을 동안에는 심음과 걷음과 추위와 더위와 여름과 겨울과 낮과 밤이 쉬지 아니하리라" 하였습니다. 하나님은 이렇게 만물을 창조하시고 모든 피조물 안에 법과 질서를 정해주셔서 균형있게 보호하십니다. 하늘의 수많은 성좌, 우주의 이 삼라 만상은 너무너무 신비한 법질서 대로 운행하고 있습니다. 어찌 이를 다 인간의 적은 두뇌로 파악할 수가 있겠습니까?

지금은 우주과학의 발달로 인공위성을 쏘아 올리고, 우주정거장을 만들어 놓고 우주선을 보내어 도킹을 시도하는 이와 같은 것이 대단한 것 같지만, 이 방대한 전 우주에 비하면 돌멩이 하나 던진 것에 불과한 것입니다. 푸른 하늘과 바다와 육지, 동식물의 번식, 또 약육강식 같으나 맹수 같은 동물은 번식을 둔하게 하시고 유약한 동물의 번식은 많게 하셔서 존재의 균형을 유지하십니다. 모두가 다 하나님의 솜씨입니다.

(2) 인간을 이용하십니다.

창세기 12장에서 아브라함과 선민의 역사를 이루게 하시고, 출애굽기 2장에서는 모세를 택하사 이스라엘을 구하는 출애굽의 역사를 이루십니다.

사도행전 27장에서 보면, 바울이 로마로 끌려갈 때 배를 타고 가는 중에 유리굴로라는 광풍에 열나흘 동안이나 먹지도 못하고 크게 시달리게 하였습니다. 어느 육지에 가까워오자 사공들이 도망가고자 하였습니다. 그 때 바울은 백부장에게 그들을 도망치지 못하게 하라고 했습니다. 사도행전 27장 31절에 보니 "이 사람들이 배에 있지 아니하면 너희가 구원을 얻지 못하리라" 고 했습니다.

이렇게 사람을 통해서 섭리하십니다.

이는 자연법칙에서 벗어나 하나님이 특별이 필요하다고 하실 때 행하시는 섭리로서, 사도행전 12장에서 베드로를 옥에서 끌어내신 일과 사도행전 16장에서 빌립보 옥 중에서 바울과 실라를 끌어내신 일 등 하나님은 이렇게 지금도 이 비상섭리인 이적으로서 하나님의 자녀들을 보호하십니다. 혹은 질병에서 혹은 핍박에서 혹은 어떤 역경과 시련 속에서 건져주십니다. 수많은 간증자들이 증거하고 있는 것입니다.

3. 구원의 역사 속에 나타난 하나님의 절대 주권

이는 칼빈주의의 핵심입니다.

천지창조는 6일 창조입니다. 그리고 모든 만물은 말씀으로 창조하였습니다. 그러나 구원계획은 어떠했습니까? 수천 년의 역사를 통하여 이루신 것입니다.

우선 이스라엘 백성에게 성막을 가르치는 데만 40일이 걸렸습니다.

천지창조보다 무려 7배 가까이 걸린 것입니다. 사람이 범죄하여 영원히 멸망받게 되었을 때 하나님은 이런 인간을 구원하실 계획을 세우십니다. 그리하여 벌거벗고 부끄러워 숨어있는 그들에게 가죽옷을 지어 입히십니다(창3:21). 이 때 벌서 한 짐승의 피가 흘린 것입니다.

원시 복음이라 할 수 있는 여자의 후손(창3:5)이 약속됩니다. 아벨의 제사(창4:4)로 이어지더니, 유월절 이후에는 피의 제사로 속죄의 제사를 드리게 했습니다. 왜 피의 제사입니까? 히9:22에서는 "율법을 따라 거의 모든 물건이 피로서 정결하게 되나니 피흘림이 없은 즉 사함이 없느니라" 하였고, 또 히9:7에서는 "오직 둘째 장막은 대제사장이 홀로 일 년에 한 번 들어가되 자기와 백성의 허물을 위하여 드리는 피 없이는 아니하나니" 했습니다.

이렇게 구약에 예시된 대로 예수님은 십자가에서 단 번에 자기 피로 영원한 속죄를 이루신 것입니다(히9:11~15, 10:10). 구약시대에 있어서의 제사장은 매일 서서 섬기며 자주 같은 제사를 드리되 이 제사는 죄를 없게 하지 못하였거니와 오직 예수 그리스도는 죄를 위하여 영원한 제사를 드리시고 하나님 우편에 앉으셨다고 하였습니다(히10:11~12). 그리고 한 번의 제사로 영원히 온전케

하신 것입니다(히10:14).

특별히 우리의 구원은, ①성부 하나님의 예정(엡1:4~6), ②성자 예수님의 구속(엡1:7~12), ③성령의 보증(엡1:13~14)으로 확실한 것입니다. 이를 믿으면 구원 받습니다(요3:16). 이것이 복음입니다.

※구원에 대한 칼빈주의의 5대 강령 (The Five Points of Calvinism)

(1) 인간의 전적 부패(타락) (Total Inability)

롬3:10~12 "의인은 없나니 하나도 없으며 깨닫는 자도 없고 하나님을 찾는 자도 없고 다 치우쳐 함께 무익하게 되고 선을 행하는 자는 없나니 하나도 없도다"

엡2:1 "그는 허물과 죄로 죽었던 너희를 살리셨도다"

요6:44 "나를 보내신 아버지께서 이끌지 아니하시면 아무도 내게 올 수 없으니 오는 그를 내가 마지막 날에 다시 살리리라"

(2) 무조건 선택 (Unconditional Election)

엡1:5 "그 기쁘신 뜻대로 우리를 예정하사 예수 그리스도로 말미암아 자기의 아들들이 되게 하셨으니"

행13:38 "그러므로 형제들아 너희가 알 것은 이 사람을 힘입어

죄사함을 너희에게 전하는 이것이며".

롬11:29 "하나님의 은사와 부르심에는 후회하심이 없느니라"

이렇게 하나님의 선택하심에는 완전한 선택, 변함없는 선택이니 믿지 않을 수가 없습니다(엡1:3~5, 행13:48).

(3) 제한 속죄 (Limited Atonement)

마22:14 "청함을 받은 자는 많되 택함을 입은 자는 적으니라"

특히 마17:9에 보면, 선택과 결부된 하나님의 백성만이 구원을 받게 됩니다. 우리가 더욱 기도하고 전도할 것은, 요한복음 10장 말씀에 "내 양 자기 백성" 즉, 주님의 양 중에 아직도 우리 밖에 있는 택한 양을 위해 더욱 더 기도하고 전도해야 합니다.

(4) 불가항적 은혜 (Irresistible Grace)

시115:3 "오직 우리 하나님은 하늘에 계셔서 원하시는 모든 것을 행하셨나이다"

특별히 롬9:21 이하의 토기장이 비유 말씀에서 잘 보여주는 대로 하나님이 주시기로 작정된 은혜는 인간이 거부할 수 없는 것입니다 (엡1:11).

(5) 궁극적 구원 (Perseverance of Saints)

엡2:4~5 "긍휼이 풍성하신 하나님이 우리를 사랑하신 그 큰 사랑을

인하여 허물로 죽은 우리를 그리스도와 함께 살리셨고(너희는

은혜로 구원을 받은 것이라)"

우리의 구원은 풍성하신 하나님의 사랑과 그의 은혜로 아무 공로 없이 값 없이 거저 주시는 구원이요, 선물입니다(엡2:8).

4. 결론

이와 같은 변함없는 신앙으로 살아갈 때 구원받은 우리는,

①조금도 교만할 수 없습니다.
②불평하려 할 수도 없습니다.(구원받지 못한자)
③우리의 구원이 이렇게 조건없이 된 것이니,

절대 안전합니다. 감사가 있을 뿐입니다. 송구한 마음과 겸손한 마음으로 충성할 것 뿐입니다. 할렐루야!

지켜야 할 신앙 (히 11:1~10)

"믿음은 바라는 것들의 실상이요 보이지 않는 것들의 증거니 선진들이 이로써 증거를 얻었느니라 믿음으로 말미암아 모든 세계가 하나님의 말씀으로 지어진 줄을 우리가 아나니 보이는 것은 나타난 것으로 말미암아 된 것이 아니니라 믿음으로 아벨은 가인보다 더 나은 제사를 하나님께 드림으로 의로운 자라 하시는 증거를 얻었으니 하나님이 그 예물에 대하여 증언하심이라 그가 죽었으나 그 믿음으로써 지금도 말하느니라 믿음으로 에녹은 죽음을 보지 않고 옮겨졌으니 하나님이 그를 옮기심으로 다시 보이지 아니하였느니라 그는 옮겨지기 전에 하나님을 기쁘시게 하는 자라 하는 증거를 받았느니라 믿음이 없이는 하나님을 기쁘시게 하지 못하나니 하나님께 나아가는 자는 반드시 그가 계신 것과 또한 그가 자기를 찾는 자들에게 상 주시는 이심을 믿어야 할지니라 믿음으로 노아는 아직 보이지 않는 일에 경고하심을 받아 경외함으로 방주를 준비하여 그 집을 구원하였으니 이로 말미암아 세상을 정죄하고 믿음을 따르는 의의 상속자가 되었느니라 믿음으로 아브라함은 부르심을 받았을 때에 순종하여 장래의 유업으로 받을 땅에 나아갈새 갈 바를 알지 못하고 나아갔으며 믿음으로 그가 이방의 땅에 있는 것 같이 약속의 땅에 거류하여 동일한 약속을 유업으로 함께 받은 이삭 및 야곱과 더불어 장막에 거하였으니 이는 그가 하나님이 계획하시고 지으실 터가 있는 성을 바랐음이라."

현대인들은 새 것을 좋아합니다. 새 물건, 새 사람, 새 학문, 새 역사 등, 그래서 새 것을 찾고 있는 것이 현실입니다. 그러나 새 것이라고 다 좋은 것은 아닙니다. 부모를 섬기는 아들이 아무리 새 것이 좋다고 하여도 새 엄마, 새 아빠를 요구할 수 없는 것처럼 믿음도 마찬가지입니다. 옛 성도들이 지켜온 믿음을 저버리고 새 믿음이 좋다고 이것을 취하여 섬긴다면 그것을 바른 신앙이라 할 수가 없습니다. 그러므로 우리는 성경이 가르치는 옛 선진들이 지켜온 그 신앙을 본받고 진리를 보수하면서 바른 신앙을 지켜야 할 것입니다.

1. 왜 지켜야 합니까? (이유)

(1) 자신들이 바른 믿음을 소유하기 위하여 지켜야 합니다.

기독교는 어디까지나 역사적인 종교입니다. 마태복음 1장 1절에서는 "아브라함과 다윗의 자손 예수그리스도의 계보" 라고 하였습니다. 이 신약성경 초두의 짤막한 말씀 속에서 기독교의 특성이 발견됩니다. 그것은 기독교는 역사적인 배경에서 이루어졌다는 것입니다. 즉 하나님께서는 선지자들을 통하여 예언하게 하시고 예수 그리스도를 통하여 그 예언을 성취하게 하셨습니다. 이 예언과 그 성취 과정에 있어서 하나님은 이스라엘 민족을 선택하시고 믿음을 주셨습니다. 그리고 그들을 역사의 무대 위에서 이 일을 완성케 하시고 아브라함과 다윗 같은 위대한 인물들을 택하여 믿음의 본을 보이도록 하셨습니다. 그러므로 구원에 이르는 믿음에 있어서 시대적인 표현의 차이는 있어도 그 본질적인 차이는 있을 수가 없는 것입니다. 그런데 현세엔 바른 믿음도 있는가 하면 잘못된 믿음도 있습니다. 그러므로 우리는 이 시대에 선진들이 지켰던 바른 믿음을 본받고 먼저 우리 믿음을 바로 정립하는 것이 중요하다는 것을 명심하여야 합니다.

(2) 교회에 바른 믿음을 지켜 이단자를 막기 위하여 지켜야 합니다.

창세 이래로 인류 종말에 이르기까지 진리는 계속 흐르게 될 것이며, 믿음의 본 줄기 역시 변함없이 흐르게 될 것입니다. 성경에 보면 초대교회에서부터 오늘에 이르기까지 계속 비진리 운동이 일어나 믿음의 본 줄기에서 이탈한 일이 있었습니다. 종교개혁이란 의미가 무엇입니까? 돌아가는 운동입니다. 즉, 예수님과 사도들에 의하여 정립된 믿음의 본 줄기에 바로 서서 믿자는 운동입니다. 이것이 본문에서 가르쳐주는 선진들의 믿음이요, 바로 이 믿음을 지키자는 것입니다. 그래야만 지금이나 앞으로도 거세게 일어나는 이단자를 막을 것입니다.

(3) 후대들에게 바른 믿음을 물려주기 위하여 지켜야 합니다.

오늘 우리 기성 교인은 후대들에게 바른 믿음을 물려주어야 할 의무가 있습니다. 히11:40에 "이는 하나님이 우리를 위하여 더 좋은 것을 예비하셨은즉 우리가 아니면 그들로 온전함을 이루지 못하게 하려 하심이라" 는 말씀이 있습니다. 이 말씀에서 우리들도 선진들처럼 한 세대를 살다가 가겠지만 우리도 바로 믿고 그 만큼 잘 지키다가 그 믿음 그대로 물려주고 가야 할 책임이 있는 까닭에 우리의 사명으로 알고 임해야 하겠습니다.

2. 우리가 본받고 지켜야 할 신앙이 어떤 것입니까?

(1) 예배의 모범인 아벨의 믿음입니다.(4절)

신자의 생활 중 첫째가 예배입니다. 왜냐하면 신자에게 있어서 예배에 실패하면 모든 것에 실패하기 때문입니다. 신자의 기본이 예배입니다. 예배의 질서는 곧 경건의 표이며 하나님 영광의 최상의 행위입니다. 너무 형식만 찾아서도 안되겠지만 그 형식을 무시해서도 아니 될 것입니다. 왜냐하면 예배엔 질서가 있기 때문입니다. 그 예배엔 합당한 절차가 있으니 반드시 준비가 있어야 합니다. 예배란 은혜 받는 일도 되지만 그 은혜에 대한 감사이며, 예배는 하나님께 드리는 것이니 정성이 있어야 합니다.

①시간을 드리는 정성이 있어야 합니다.

바쁘다고 예배 시간에 빠지거나 지각하거나 또는 축도시간 전에 예배당 문을 나서는 일이 있어서는 안됩니다. 적어도 예배시간 30분 전에 나와 준비기도하고 주보에 적힌 성경을 찾아 읽고 예배를 준비함이 좋습니다.

②물질을 드리는 정성이 있어야 합니다.

감사하는 마음으로 하나님께 바칠 십일조와 감사헌금을 미리 준비하고 인색한 마음이나 소홀함이 없이 바쳐야 합니다.

③몸을 드리는 헌신의 정성을, 즉 우리의 몸을 거룩한 산 제물로 드려야 합니다(롬12:1).

그리고 정성보다 더 귀한 것은 믿음으로 드리는 것입니다. 아무리 정성을 드려도 믿음 없는 정성은 이방종교의 그것과 같은 것입니다. 하나님이 아벨의 믿음 있는 예배를 받으심은 너무나도 당연한 것입니다.

(2) 생활의 모범이 된 에녹의 믿음입니다(5절).

에녹의 생활은 경건의 생활이었습니다. 유다서 1:14~16에서 에녹에 대하여 기록하면서 경건에 대하여 강조하고 있습니다. 신자의 신앙생활 중 가장 아름다운 모습은 경건에 있습니다. 경건이란 점잖다던가 무슨 이상한 모습을 하는 등 형식적이고 어떤 틀에 박힌 듯한 모습이나 말하는 습관이 아닙니다. 에녹처럼 하나님과 동행하는 생활에서 나타나는 것입니다. 그러면 하나님과 동행하는 에녹은 어떻게 생활했습니까?

가정을 떠나 심산유곡에 들어가 기도만 하는 에녹이었습니까? 아닙니다. 평소에 평범한 생활을 하면서도 항상 하나님과 교통하는 기도의 생활이었습니다. 하나님과 같이하는 사람은 죄와 상관없는 사람입니다. 시편 5:4에 "주는 죄를 기뻐하시는 신이 아니시니 악이 주와 함께 머물지 못하시느니라”고 하였습니다. 에녹은 언제나 죄와 싸우며 하나님의 뜻을 따라 살면서 하나님의 사람으로 살았다는 말씀입니다.

(3)준비의 모범이 된 노아의 믿음입니다(7절).

신자는 과거나 현재에 묻혀 사는 존재가 아닙니다. 과거와 현재를 뚫고 미래를 창조하는 지혜를 갖고 날마다 소망하며 사는 사람입니다. 그러므로 우리 그리스도인들에게 있어서의 미래는 실로 위대한 것입니다. “미래가 없는 사람은 사형수와 같다”는 말이 있습니다. 찰나적인 현실주의나 저속한 감각주의나 퇴폐한 향락주의에 젖어 살면 미래의 눈은 어두워집니다. 누가복음 13장에 나타난 어리석은 부자와 같이 현실주의를 추구하다가 세상 연락을 좋아하고 살았다는 이름만 있지 실상은 죽은 자와 같은 자로 살다가 가고 마는 것입니다. “소망은 제2의 생명이다”는 말과 같이, 미래의 소망이 없는 자가 어떻게 큰 일을 할 수 있겠습니까!

노아가 120년 후의 홍수를 대비하여 방수를 싯는다고 하는 것은 당시 상황으로 볼 때 보통 정도의 어려움이 아니었을 것입니다. 120년 동안

밤낮없이 시대 변천도 아랑곳없이 방주만 만드는 일을 한번 상상해 보십시오. 얼마나 어려웠겠습니까? 그러나 노아는 미래의 소망이 있기에 이 일을 감행했습니다. 오늘날도 마찬가지입니다. 예수님의 재림을 믿고 그 날을 준비하는 일이 불신자들에게는 얼마나 우스운 일이겠습니까? 노아가 방주를 예비하며 홍수 심판 때에 화를 면한 것처럼 우리도 믿음의 안목으로 앞을 바라보면서 환란 날을 대비하고 주님 다시 오시는 날에 무서운 심판에 빠지지 않도록 미리 준비하는 믿음을 가집시다.

(4) 순종의 모범이 된 아브라함의 믿음입니다(8절).

사람은 누구나 미지의 길을 걸어가고 있는 나그네입니다. 내일 일을 모르는 인생입니다(약4:14). 고집스럽게 산다는 것은 정말 어리석은 일 중에 제일 어리석은 일입니다. "믿음으로 아브라함은 부르심을 받았을 때에 순종하여 장래의 유업으로 받을 땅에 나아갈 새 갈 바를 알지 못하고 나아갔으며" 라고 하였습니다. 이 얼마나 현명한 일입니까? 나의 생사화복과 인류역사를 주장하시며 섭리하시는 하나님께 전적으로 의탁하면서 믿음으로 전적 순종하는 신앙, 이 길만이 사는 길이며 이것으로 하늘과 땅의 축복을 받는 것입니다.

후손에게 물려줄 신앙의 유산이요, 축복의 유산인 것입니다. 우리와 우리 가정이 아브라함의 후손으로 복을 받으려면 이 믿음을 바로 지켜서 우리 후대들에게 물려줄 수 있어야 할 것입니다.

사랑하는 성도 여러분

성도의 고상한 품위는 이런 선진들이 물려준 바른 신앙을 지켜 행하며 예배의 정신이 바로 되어 있는 데서 시작합니다. 경건한 생활의 향기를 가지고 노아와 같은 미래를 준비하면서 아브라함 같은 순종의 생활 속에서 늘 승리하는 성도들이 되시기를 주 예수님의 이름으로 축원합니다.

복음선교 (롬10:13~17)

"누구든지 주의 이름을 부르는 자는 구원을 받으리라 그런즉 그들이 믿지 아니하는 이를 어찌 부르리요 듣지도 못한 이를 어찌 믿으리요 전파하는 자가 없이 어찌 들으리요 보내심을 받지 아니하였으면 어찌 전파하리요 기록된 바 아름답도다 좋은 소식을 전하는 자들의 발이여 함과 같으니라 그러나 그들이 다 복음을 순종하지 아니하였도다 이사야가 이르되 주 여 우리가 전한 것을 누가 믿었나이까 하였으니 그러므로 믿음은 들음에서 나며 들음은 그리스도의 말씀으로 말미암았느니라"

복음선교는 하나님께서 이스라엘 백성과 이방인 구원을 위하여 일찍이 아브라함을 택하사 (창12:1~3) "너는 복이 될지라", "땅의 모든 족속이 너로 말미암아 복을 얻을 것이라" 하시며 계획하신 일입니다. 그리고 아브라함 이후 많은 선지자들을 통하여 예언하셨고, 사도들에게 성령을 보내주시며 명하신 말씀이 땅끝까지 증인이 되라 하신 것입니다(행1:8).

이 일을 이루시기 위하여 예수님께서는 친히 이 땅에 오셔서 구원 사역을 이루시고, 최후의 명령 또한 "너희는 가서 모든 민족에게 복음을 전하여 제자로 삼으라" 는 것이었습니다(마28:18~20).

그래서 사도 바울은 주님의 이 크신 뜻을 알기에 자기 스스로가 최초의 선교사가 되어 로마에서 순교하기까지 예루살렘에서 시작하여 온 유대와 사마리아와 나아가 지중해 연안의 모든 나라들을 누비면서 선교한 것입니다.

오늘 우리는 본문 말씀을 이해하기 위하여 로마서 9장~11장까지의 말씀을 이해하셔야 합니다. 여기서 주로 가르치는 말씀의 요지는 하나님께서 세계 만민을 구원하시기 위한 선교계획을 세우신 일입니다. 하나님은 이 일을 수행하시기 위하여 ①이스라엘을 택하셨고 ②예루살렘 교회를 설립하셨습니다. 그러나 ③유대인이 복음을 배척하게 되고 ④이방인 교회를 세워 왕성하게 됩니다. 그러다가 다시 ⑤이스라엘을 회복시키시게 되는데 이 큰 비밀을 알게 됩니다. 그래서 사도 바울은 로마서 교리편을 마감하면서 로마서 11:33에서 "깊도다 하나님의 지혜와 지식의 풍성함이여, 그의 판단은 헤아리지 못할 것이며 그의 길은 찾지 못할 것이로다" 말씀하시고 그 유명한 말씀 36절에서는 "이는 만물이 주에게서 나오고 주로 말미암고 주에게로 돌아감이라 그에게 영광이 세세에 있을지어다 아멘" 한 것입니다.

그러므로 복음선교는 하나님께서 계획한 것으로 이스라엘은 물론이요, 원래는 이방인이었던 우리에게도 명하신 지상 명령으로써 절대적인 신적 권위의 말씀이자 의무인 것입니다. 이렇게 복음선교는 하나님께서 계획하셨을지라도 하나님께서 직접 하시지 아니하시고 신실하신 주의 종들과 그의 몸된 교회를 통하여 이루셨고 또 이루고 계신 것입니다. 그래서 본문 14절에도 "그런즉 그들이 믿지 아니하는 이를 어찌 부르리요 듣지도 못한 이를 어찌 믿으리요 전파하는 자가 없이 어찌 들으리요" 라고 말씀하십니다. 이렇게 복음선교는 참으로 중요한 과제입니다. 그러므로,

1. 모든 민족에게 선교해야 합니다.

주님은 "모든 민족에게(마28:19)" 라고 말씀하셨습니다. 특별히 사도 바울은 딤전2:4에서 "하나님은 모든 사람이 구원을 받기를 원하신다" 고 하였습니다. 그러므로 교회가 선교 못하면 존재 가치가 없습니다. 교회는 주님께서 친히 피로 값주고 세우셨고, 성령을 통하여 운영하시며 복음을 전하라 하신 것입니다. 이렇게 복음선교는 꼭 해야 할 과제입니다. 왜 그렇습니까? 우선, 롬10:12 말씀과 같이 "유대인에게나 헬라인(이방인)에게나 차별이 없이 구원하기 위해서" 입니다. 그리고 세상 모든 민족에게 복음이 온전히 전파된

후에 주님이 오신다고 가르치셨습니다(마24:14).

또 사도 바울은 이 복음선교에 대한 그의 의식은 빚진 자로서 롬 1:14~15에 보면 "헬라인이나 야만이나 지혜있는 자나 어리석은 자에게 복음으로 빚진다" 라고 고백합니다. 복음의 빚쟁이요, 그래서 그는 고전9:16에서는 "내가 복음을 전할지라도 자랑할 것이 없음은 내가 부득불 할 일임이라 만일 복음을 전하지 아니하면 내게 화가 있을 것이로다" 하였습니다.

그러므로 우리는 이 복음선교는 결코 소홀히 할 수 없는 사안임을 알고 온 힘을 다해 교회나 속회나 나 개인 할 것 없이 최선을 다해 감당해야 할 것입니다.

2. 총회 조직과 선교 사역

이제 우리가 참고로 하기 위해서 우리 총회가 100여년 동안 선교 사역을 어떻게 시행해 왔는지 그 역사적 배경을 알아보도록 하겠습니다,

1912년 9월 1일, 제1회 창립총회가 열림으로써 기구가 설립될 때, 외지 전도국을 선교부라고 명명하고 그 때부터 벌써 외국 선교의 첫

문이 열리는데, 중국 백성에게 선교사를 파송하기로 하고, 세 분의 선교사를 선택하였는데, 박태로·김영훈·사명순 목사였습니다. 이들은 1년간 훈련을 받고 이듬해에 정식으로 파송되었습니다. 그 후부터 45년 동안, 즉 중국에 공산 정권이 수립될 때까지 이대영·방지일 선교사 등 8명의 선교사와 1명의 여선교사, 의사·간호사·교사 등 평신도 선교사까지 파송하여 선교활동을 펴게 된 것입니다.

그 결과 중국 공산정권 이전까지의 중국 기독교사를 보면, 1933년 서양의 선교사들과 당당히 어깨를 같이 하면서 노회도 조직하며 선교 사역에 임한 것입니다. 그 뿐만 아니라, 중국이 공산화가 되자 서양 선교사 등 외국인 선교사들은 미리 다 철수하였으나, 방지일 선교사는 공산 정권이 수립된 후에도 계속 머물러 선교하다가 1957년 추방당하게 되었는데, 방 선교사가 바로 공산 정권에서 가장 오랫동안 머물며 선교한 선교사로서 중국 선교 역사에 영원히 남아 있습니다.

3. 선교 사역의 재정비 시기(50~60년대)

한국교회는 이후 독립운동의 주도적인 역할과 신사참배거부로 인한 심한 박해에 부딪쳐 있었음에도 중국 선교는 계속 되었고, 비록 선교사를 증원 파송하지는 못하였으나 우국 지사들의 해외 망명과 독립군들의 활동 등 그 곳에 적지 않은 기독교인들이 지도자로 있으면서 역시 복음을 증거하게 된 것입니다. 그러다가 1945년 8월 15일 해방이 되고, 이제 막 한국교회가 부흥이 시작되는 듯 하는 가운데, 1950년 6·25 전쟁과 수복 후 교단 분열로 어수선한 분위기 속에서도 우리 총회는 김순일·조찬영 선교사를 불교의 나라 태국에 파송하게 됩니다. 그리고 2년 뒤인 1957년에는 중국 본토 선교를 목표로 하고 계화삼 선교사를 일단 대만에 파송하게 됩니다. 그러다가 1960년대에는 통합측과의 분열에도 브라질에 양승만 선교사를 파송하고, 서서히 "선교한국"의 준비 단계에 이르게 되는 것입니다.

4. 선교의 전환 시대(70년대)

1970년대에 들어서면서 새로운 차원의 선교적 불길이 타오르게 되는데, 충현교회가 70년대초 인도네시아에 서만수 선교사를 단독 파송히게 되면서, 이로부터 지교회 선교사 파송시대가 열리게 됩니다. 아시아를 필두로 남미대륙, 북미, 유럽, 아프리카, 호주, 러시아, 동구권에 이르기까지 한국의 선교사 파송은 전세계 영역으로 확대되었습니다. 또 우리 선교사들은 가는 곳마다 그 곳의 형편에 맞는 선교사역으로 큰 호응을 얻게 되었고, 여러 나라에서 한국 선교사 파송을 강력하게 요구하게 되면서 선교기지 구축과 선교 개발이 활발히 이루어졌으며, 선교사는 급격하게 늘어나게 되었습니다.

5. 선교 확장시대(80~90년대)

이 시대는 확장되는 교단 선교 업무를 전담하기 위해 "선교국"을 상설기구로 설치하고 선교행정의 선구적인 역할을 맡게 되었고, 또한 선교사 훈련 기구인 선교훈련원을 개설하여 양질의 선교사를 배출하여 이들로 하여금 선교 일선에서 효율적인 선교사역을 담당하게 함으로써 우리나라의 선교사역은 큰 효과를 보게 되었습니다. 우리 총회는 그 후 해외선교운영위원회를 조직하여 여기서 이 선교훈련원(MTI)을 후원하게 되었고, 더 차원 높은 선교사역을 위해 총신대학교에 선교대학원을 설립하여 전문적인 선교사 양성을 하고 있으며, 또한 선교정책연구소를 설립하여 열정만 가지고 마구 뛰어 들던 선교사역에서 벗어나 이제는 체계적인 연구활동을 통하여 구체적이고 실천 가능한 전략을 접목시켜 보다 성숙한 선교정책을 이룩하게 되었고, 선교 현장에서는 더욱 큰 효과를 얻고 있습니다. 태국과 필리핀을 필두로 각 선교 지부를 조직하고 팀 선교를 구체화시키는 등, 본부 선교부와 긴밀한 연락을 취하며 피선교지 국가들도 상대하면서 우리나라의 선교적 위상을 높여가기 시작하였습니다. 실제로 88 올림픽 이후 한국의 위상이 높아지면서 자연스럽게 선교 활동도 다소 유리하게 되었던 점도 있었습니다.

1990년대부터 공산주의가 서서히 몰락하고 러시아를 위시한 동구 공산국가와 중국 및 북한 선교에 이르기까지, 우리나라는 선교 한국의 깃발을 높이 들고 세계적인 대 선교국들과 어깨를 나란히 하게 된 것입니다.

6. 선교의 정착시기(90년대 후반~2000년대)

이렇게 발전을 거듭하며 나아가는 중에, 총회 부서의 한 조직에 불과한 선교부로서는 감당해야 하는 일이나 그 범위가 너무 넓다고 판단한 선교부는, 이젠 선교 정책을 더욱 효과적으로 수행하기 위해서, 선교부를 총신대학교나 기독신문사와 같이, 독립적인 하나의 기구로 발전시키자는 뜻에서 연구위원을 구성하게 되었습니다. 1992년 소위 "선교 기구 확장 연구위원"을 조직하였는데, 여러모로 부족한 저도 그 중 한 위원이 되어 활동할 수 있었습니다.

우리는 수년 동안 연구하고 수정하고 또 수정하여, 1995년에 "총회 세계 선교회"란 명칭으로 총회에 상정했으나, 당시에는 많은 총대들의 이해 부족으로 부결되었고, 그렇게 흘러 오다가 마침내 1998년 제83회 총회에서 축복받게 되어, 영문 명칭으로는 "Global Mission Society(GMS)"라 칭하게 되었습니다.

그러니까, 아직 독노회 조직 전이었던 1901년 공의회라는 이름의 '전도국'이 1907년에 독노회 때 '외지전도국'으로, 1912년 총회 조직 후 전도부 안에 '외지전도부'로, 다시 1925년 제14회 총회에서 '외지전도부'로 독립하게 되었고, 1940년 제29회 총회에서 '선교부'로 칭하여 계속 내려오다가 1998년 비로소 독립된 "세계 선교회"가 된 것입니다.

그러나, 세계 선교회가 출범하였어도 독립된 선교센터가 없어서 총회본부 한구석의 좁은 공간에서 그 복잡한 사무를 감당하고 있었습니다. 실제로 1990년대 초반부터 선교센터를 건립하고자 선교센터 설립위원회를 조직하고 기금을 조성해 오고 있었으며, 1990년대 후반이 되자 약14억 정도의 기금이 마련되었으나 선교센터를 마련하기에는 부족하기 짝이 없었습니다. 그런데 마침 우리 한국

선교역사의 큰 기둥이신 조동진 목사님이 운영하시던 선교센터(건물 1,200평, 대지 약 10,000평)를 인수하게 되었고, 1999년 12월에 화성군 월문리에 현대식 선교센터를 마련하고 여러 지구촌 선교지와 네트워크를 연결하여 새천년을 맞이하게 된 것입니다.

저는 1990년에 총회 선교부원이 된 후 연속하여 6년을 선교부원을 역임했고, 또한 세계선교위원회 부이사장으로 2년을 봉사하다가 임기를 마치게 되었으며, 목회 기간이나 은퇴한 후에도 선교지 현장을 방문하면서 선교사들을 위로해 왔으며, 세미나 등 변함없이 선교활동을 계속해 왔습니다. 앞으로도 끊임없이 선교 사역에 제 힘을 보태고 싶습니다.

7. 결론

결론으로 말씀드리자면, 통계를 볼 때, 1960년대 말 3가정 6명에서 1970년대에는 23가정 45명으로, 1980년대에는 125가정 227명, 1990년대에는 502가정의 907명이, 2000년에 들어서서는 574가정 1,025명의 선교사가 85개국에 파송되어 기여하게 되었습니다 그리고, 2012년 9월 1일 총회 설립 100주년인 현재 1,215가정 2,005

명이 102개국 선교 현장에서 온 힘을 다해 복음을 전파하고 있습니다.

여러분, 선교의 사명, 이는 우리 주님의 지상 명령입니다. 해도 되고 아니해도 되는 그런 사안이 아닙니다. 반드시 해야 할 신령한 사업입니다. 선교해야 교회가 삽니다. 선교 사역을 위해서는, ① 먼저 관심을 가집시다. 그리고, ②기도합시다. 하루에 한 번 이상 꼭 기도합시다. ③또한 비록 적은 금액이라도 선교헌금에 참여합시다.

우리 모두가 선교사로 직접 그들에게 찾아가지 못한다 하더라도, 관심을 갖고 기도로 참여하며 보내는 선교사가 된다면, 이것이 바로 우리 주님의 지상 명령을 따르는 길일 것입니다. 사도 바울은 "내가 로마도 보아야 하리라(행 19:21)" 하고 복음으로 로마 정복을 목표하여 달성함과 같이 우리도 "우리가 북한을 보리라"는 꿈을 가지고 기도하면서 힘차게 전진합시다.

저는 어느 누구에게나 스스럼없이 이렇게 말합니다. "내가 우리 부모님처럼만 이 세상을 살아간다면, 난 내 삶을 성공적으로 살았노라고 감히 자신있게 말할 수 있을 것이다."

지금까지도 교회 구석구석을 염려하시며 기도하시는 목사님·사모님 사랑합니다. 저희들은 정말 푸른 초장 쉴만한 물가에서 기름진 꼴을 먹는, 전혀 부족함이 없는 그런 양떼였습니다. 목사님, 사모님, 사랑합니다! 목사님 사모님은 진짓 선한 목자셨습니다.

그래서 목사님 사모님을 사랑함도 존경함도 날마다 더 깊어집니다.
진심으로 사랑하고, 저희의 어린 시절에 영적인 부모님이 되어주시고, 지금도 여전히 주님을 알아가는 데 귀한 통로가 되어 주셔서 감사합니다.

내가 우리 부모님처럼만 이 세상을 살아간다면

2002년 삼례동부교회
창립기념일 및 가정의 달을 맞이하여
편지쓰기 행사가 있었을 때
막내 보영이가 보내 온 편지

사랑하는 엄마, 아빠!

이제는 결혼도 하고 서른을 훌쩍 넘긴 나이이기에 어머니 아버지라고 불러야 하겠지만, 제 곁에 늘 계시는 엄마 아빠는 항상 젊으시고 제가 언제라도 어리광을 부릴 수 있는 유일한 분이시기에, 엄마 아빠라는 호칭이 더욱 친근하네요.

며칠 전 있었던 큰형부 연주회에서 아빠를 오랫만에 뵈었다는 새한교회 한 집사님이 저에게 "아버지도 이젠 연세 드신 것 같다"고 하시더군요. 그 말에 얼른 엄마 아빠께서 앉아계시던 자리를 돌아보았습니다. 그랬더니 아빠 모습이, 정말로 몇 년 전과는 많이 달라지신 듯 했습니다.

언제나 딸들에게는 역정 한 번 못내시는 젊고 다정하신 아빠인줄로만 알았는데, 어느 덧 고등학교에 다니는 손자가 있는 할아버지라는 걸 까마득히 잊고 있었던 것입니다. 그러면서 문득, 제가 고등학교에 갓 입학했던 시절이 생각났습니다.

"이젠 막내딸이 고등학교에 갔으니, 이 목사도 많이 늙었네, 그려..."

친구 목사님께서 그런 말씀을 하시더라면서 허허 웃으시던 모습이 떠올랐습니다.

큰언니는 아빠께서 마흔이 되시던 해에 소리내어 펑펑 울었다고 했습니다. 웬지 아빠께서 나이 드시는 게 서러웠다고 했습니다. 그런데 이제 그렇게 울었던 큰언니가 마흔 살이 되었습니다.

엄마, 아빠!

어제도 퇴근 후에 친구들을 만나서 이런저런 얘기를 하다가 저는 또 열심히 엄마 아빠 자랑을 했습니다. 평생을 주님만 섬기며 목회자로 살아오신, 너무도 순수하시고 사심이 전혀 없으신 우리 부모님, 저는 언제부턴가 그런 부모님이 제가 제일 존경하는 분이라고

거리낌없이 말을 하곤 했습니다. 친구들은 존경할 수 있는 부모님이
계셔서 좋겠다면서 저를 늘 부러워했습니다.

요즘 세상에는, 아니 요즘 세상이라고 할 것도 없이, 바로 우리
주위에도 자식이 부모를 원망하는 경우가 허다한 세태에, 저희들이
존경할 수 있는 부모님이 되어 주신 것, 진심으로 감사드립니다.

저희가 철이 든 이후, 그런 엄마 아빠께서 저희들에게 얼마나 큰
위로가 되고 힘이 되었는지 모릅니다. 세상에 나가 살아갈 때에도
언제나 주님께 간구하는 그 모습을 떠올리며 더 열심을 내기도
했습니다. 긴긴 세월 동안 주님 앞에 무릎 꿇고 기도하신 아빠, 그런
아빠의 발등 위에 엄지 손톱만한 크기의 굳은 살 덩어리들이 여러
개 생긴 것 만큼이나, 엄마 아빠의 그 기도의 힘이 지금도 저희들을
지탱하는 힘이 되고 있습니다.

그러하셨던 우리 엄마 아빠께서 어느 덧 할아버지 할머니가 되셨고,
얼마 후에는 평생을 바쳐 헌신하시고 받들어 섬긴 정든 이 교회를
떠나시게 됩니다.

그 동안 교회를 섬기시는 데, 행여 저희 딸들 때문에 걸림돌이
되지는 않으셨는지요?

못난 막내딸이지만, 철들면서 제일 먼저 결심했던 것이 그것이었

습니다.

"엄마 아빠의 목회에 도움이 되지는 못할망정 방해가 되어서는 안되겠다!"

그러나, 약한 인간의 모습인지라 결심이 그대로 실천이 된 건 아니어서 늘 엄마 아빠께 죄스러운 마음 뿐이었습니다.

물론 그런 부족한 모습까지도 엄마 아빠께서는 저희들을 사랑으로 덮어주셨다는 것을 잘 알고 있습니다.

이젠 저희들이 엄마 아빠께 기도로 힘이 되어 드리고 기쁨과 위로가 되어 드려야 하는데, 지금 저희들의 모습이 과연 그러한지... 돌이켜볼 때 부족한 것 투성이인 못난 자식들임을 고백하지 않을 수 없네요.

저희들이 이렇게 부족하기에, 때때로 엄마 아빠께서 은퇴하신 후 너무 적적해 하시지는 않을까, 행여나 교회를 떠나시어 병이라도 나시는 건 아닐까 걱정이 앞섭니다. 엄마 아빠께서 교회를 위하여 얼마나 충성하셨는지 누구보다도 잘 알고 있는 저희이기에 그 걱정이 더해가고 있는 것이지요.

그러나, 걱정만으로 저희가 어떻게 엄마 아빠게 위로가 될 수 있겠습니까?

이제 엄마 아빠께서 저희를 위해 주님께 간구하신 그 기도의 억만분의 일이라도 저희가 보답해야 할 때임을 이제서야 깨닫습니다. 다 늦게 다시 한 번 철이 드는 듯 합니다.

사랑하는 엄마, 아빠!
세상의 모든 부모님들을, 저는 "무조건적인 희생"이라는 말로 표현하곤 합니다.
그러나 엄마 아빠께서는 세상의 다른 모든 부모님들과는 분명 구별되는 점이 있습니다.
그것은 바로, 엄마 아빠께서는 그 무조건적인 희생과 더불어 어느 분과도 비교할 수 없는 "인격적"인 분들이라는 것입니다.
엄마 아빠께서는 저희들에게 사랑으로 가르치신 것 외에도, 당신들 서로를 존중하시고, 저희 자녀들은 물론 모든 사람들을 인격적으로 대하신 분들이셨습니다. 그 모습이 저희에게는 산교육이 되었고, 그러기에 저희는 자라면서 그 모습이 모든 어른들의 모습인 줄 알았으며, 저희들 또한 엄마 아빠께 똑바로 배워 인격적으로 성장했다고 자신합니다.
저희는 정말로 세상의 모든 부모님들이, 세상의 모든 어른들이 다 엄마 아빠와 같으신 줄 알았습니다.

그러나 실제로 그렇지 못한 경우가 있다는 것을 깨닫기 시작한
것은, 사회 생활을 시작한 이후였습니다.
한 가정에서도 남편이 아내를 인격적으로 무시하고, 부모가
자녀에게 함부로 대하고, 직장에서는 상사가 부하직원을 매도하고,
동료들끼리도 서로 상처를 주고...

그런 모습들을 보면서 저는 어느 누구에게나 스스럼없이 이렇게
말합니다.
　"내가 우리 부모님처럼만 이 세상을 살아간다면, 난 내 삶을
성공적으로 살았노라고 감히 자신있게 말할 수 있을 것이다."

엄마, 아빠!
이런 말이 있습니다.
　"부모님들은 자녀들을 키우면서 효도를 기대하지 않습니다.
자녀들을 키우면서 그 자녀들이 웃으며 자라던 그 모습으로, 이미
효도를 다 받으셨다고 생각하시는 분들입니다."
정말로 저희들이 자라면서 엄마 아빠께 효도가 되었는지 모르
겠네요.
하지만 엄마 아빠, 이제부터 시작입니다.

저희들이 공부한답시고, 아이들 키운답시고, 직장생활한답시고
미뤄놓았던 효도를 이제부터 다 드리고 싶습니다.
그래서 엄마 아빠의 그 무한한 사랑, 그리고 우리 교회의 장로님,
권사님, 집사님, 모든 교인들의 기도와 사랑으로 자란 저희들이
조금이라도 그 사랑을 보답할 수 있도록 노력할 것입니다.

그리고 이 시간, 엄마 아빠처럼 훌륭하신 부모님들을 저희에게
허락하신 참 좋으신 하나님께 진심으로 감사를 드립니다.
항상 영육간에 강건하셔서 두 분의 소망처럼 언제나 기도가 끊이지
않기를, 그리고 젊은 청년과 같은 교회에 대한 열정과 사랑을 늘
잃지 않으시기를, 두 손 모아 주님께 간절히 기도 드립니다.

엄마, 아빠, 사랑해요.

2002년 5월

서울에서 막내딸 올림

고희를 맞은 서귀례 사모님을 회고하면서

삼례동부교회 김영숙 권사의 편지

지난 10월 말인가 11월 초로 기억됩니다. 주보 제5면에 '칭찬합시다'를 읽고 칭찬할 사람을 생각해 보았습니다. 제일 먼저 서귀례 사모님이 떠올랐습니다. 존경하는 권사님, 우리 구역 식구 등 여러 사람이 생각났습니다. 그러고 보니 우리 교회도 꽤 괜찮은 교회구나 하는 생각이 들었습니다.

이들을 칭찬하고 싶은데 어떻게 쓸까, 이 생각 저 생각, 소위 말하는 거룩한 고민으로 한 밤을 꼬박 새웠습니다.

내 인생에 있어서 잠 못 이룬 밤은 그리 흔한 일은 아니었습니다. 중대한 일을 놓고 결단을 한다거나, 두 갈래 길에서 선택을 해야 하는 특별한 고민을 할 때 외에는 열 손가락 안에 들 정도로 드문 일이었습니다. 그런 때에는 비장함 어떠한 각오 등 기분 좋은 것들은 아니었습니다. 그런데 그 날은 날을 꼬박 세우고도 졸리거나 피곤하지 않고 맘에 기쁨이 가득했습니다. 그러니까 다른 사람을 칭찬하기 위하여 고민하는 일이 이렇게 기분 좋고 기쁜 일인지를 처음 알았습니다.

서귀례 사모님의 사역을 회고해 보려고 합니다. 내 생활에 얽매어 봉사다운 봉사 한 번 제대로 못해 보고, 부끄러운 일이지만 섬긴다는 말 자체가 어색한 나로서는 33년 동안이라는 긴 세월을 암탉이 병아리를 품듯이 온 성도들을 사랑으로 품어 주시던 사모님을 얼마나 글로써 표현할 수 있을지 막상 필을 들고 보니 두려운 마음이 앞섭니다. 제가 알 수 있는 것은 극히 일부분에 불과합니다. 아마 빙산의 일각이라고 생각하면 될 것입니다. 돌이켜보면 30여년 전 우상숭배하는 부잣집으로 시집왔던 저는 세상 물정 모르는 남편 때문에 삶이 무척 고통스러웠습니다. 5~6년이 지나서 시부모님 몰래 새벽기도회에 나가기 시작했습니다. 목사님·사모님은 저에게 큰 관심을 가져 주셨고, 그 때부터 목사님·사모님은 저의 의지가 되어 주셨습니다. 밤이고 낮이고 어느 때든지 달려오셔서 친부모님처럼 함께 걱정하시며 기도해 주셨습니다. 언젠가 가을이었습니다.

여름에 문에 모기장을 발라놓고 찬바람이 불어오는데도 미처 손을 대지 못하고 있었습니다. 밖에서 일을 마치고 돌아와보니 사모님이 계셨습니다. 창호지로 문을 다 발라 놓으시고, 어지러운 집안을 깨끗이 청소해 놓으시고, 살림살이까지 정돈해 놓으셨고, 몸이 불편하여 누워있던 남편에게 죽을 끓여서 먹이고 계셨습니다. 또 언젠가는 남편을 보살피시다가 다리를 다치셔서 몇 개월 고생하신 적이 있었는데, 저는 얼마 후에야 그 사실을 알게 되었습니다. 남편을 큰 누나처럼 다독거리며 격려하시고 바른 생활인으로 또한 신앙인으로 세우시기 위하여 무척 애쓰시며 늘 기도해 주셨습니다. 사모님의 사랑은 전교인들을 내 자식처럼 형제처럼 오히려 부모 형제보다도 더 챙겨주고 걱정하며 기도해 주셨습니다. 특별히 어둡고 소외된 곳, 곧 가난하고 불쌍하고 병든 자들 곁에는 언제나 사모님 손길이 있었습니다. 수년 전에 새터 동네였던 것으로 기억합니다. 불쌍한 모자 가정이 생각납니다. 그 할머니는 대소변 가리는 것이 시원치 않아서 늘 지린내가 났습니다. 교회에 오면 누구도 그 옆에 앉으려 하지 않았습니다. 그 아들은 얼마 동안을 안씻었는지, 항상 더러운 몰골이었습니다. 그 집안은 마당인지 방인지 분별하지 못할 만큼 지저분하고 냄새 나고 쥐와 함께 사는 그런 집이었습니다. 사모님은 그 집을 깨끗이 치워주시고 입을 옷가지와 이불 등을 가져다 주시고, 군청으로 읍사무소로 쫓아다니시며 생활 보호 대상자로 선정되게 해 주셨습니다. 이런 일은 이 집 뿐만이 아닐 것입니다. 환우들을 위해서 늘 죽을 끓여 나르기도 하셨고, 노인들을 돌아보며 목욕도 시켜주셨습니다. 그리고 황바위 부락이라고 생각되는데, 어느 성도가 폐병에 시달리다가 돌아가셔서 그 시신에서 고약한 냄새가 나고 또 각혈을 하여 온 방에 피가 흥건하여서 누구도 겁이 나서 감히 손을 대지 못하고 어찌할 줄을 모르고 있을 때, 사모님이 나서서 그 일을 해 내셨다고 합니다. 사모님은 진정한 사랑의 사도였습니다. 누구도 흉내 낼 수 없이 영혼을 사랑하는 그런 분이셨습니다.

저는 부실한 남편 때문에 때때로 목사님 댁에 찾아가서 위로를 받곤 했습니다. 언젠가는 빨래 줄에 걸린 사모님의 다 헤어진 내복을 보고 놀란 적이 있습니다. 당신은 근검 절약 하시며 생활하셔도 언제나 이웃들과 가난한 자들에게 아낌없이 나누어 주시곤 하셨습니다. 또한 성도들을 피를 나눈 형제처럼 생각하시던 사모님은 동생을 나무라듯이 하셨다가 상대 쪽에서 그것을 사랑으로 받아들이지 못하고 섭섭하게 생각하거나 직선적인 표현으로 인해 오해를 하면 사모님은 서슴없이, "그래, 내가 그랬지, 그럴 수 있겠네. 사과해야지." 하시며 당신의 실수를 인정하시는 그런 정직하고 겸손한 분이셨습니다. 그러나 사모님께서는 지금 생각하면 작은 자의 목소리에도 좀 더 귀 기울이지 못한 것이 후회된다고도 하시더군요.

또한 사모님의 적극적이고 총명하며 화통한 성품은 우리를 시원하게 해 주셨습니다. 우리 성도들 가정의 모든 문제들을 위해 기도하시며 지혜롭게 권면하여 해결해 주시는 해결사이기도 하셨습니다. 성도들을 위한 사모님의 자상하고 신실한 기도는, 때로는 예언자적인 권면과 책망을 하기도 하셨습니다. 들을 때는 섭섭한 마음도 있었지만, 지나간 후에는 "그 때 사모님께서 그렇게 말씀하셨었지…" 하고 깨닫곤 했었습니다. 가장 늦게까지 오래오래 들려오던 성도들을 위한 사모님의 애정 어린 기도소리는 우리들의 든든한 빽이었습니다. 새벽기도가 끝나면 문제 있는 집에 밤새 무슨 일이 있었나 살짝 돌아보시고는 안심하기도 하시고 때로는 같이 걱정하시기도 했던 사모님은, 멀리 학호부락까지도 걸어서 돌아보시곤 하셨습니다.

예수님의 사랑을 아낌없이 성도들에게 부어주신 사모님의 사랑을 되새겨 보는 것은, 이기주의에 극단적인 개인주의가 만연하며 저를 비롯한 우리 성도들까지도 사랑이 식어가는 이 때에 좋은 본보기가 되었으면 하는 바람입니다. 목사님께서는 삼례지역에서는 불신자들에게까지 존경을 받으셨고, 설교가로도 전북뿐 만이 아니라 교계에서도 존경 받으시는 분이셨습니다. 어느 권사님은 말씀하시기를, "목사님은 말씀은 별로 없으셨지만 모습만 뵈어도 예수님 같고 사랑의 사도 요한 같다"고 하셨습니다. 그런 목사님을 사모님은 또한 그림자처럼 따라 다니시며 더욱 빛나게 보필하셨습니다. 지금까지도 교회 구석구석을 염려하시며 기도하시는 목사님·사모님 사랑합니다. 저희들은 정말 푸른 초장 쉴만한 물가에서 기름진 꼴을 먹는, 전혀 부족함이 없는 그런 양떼였습니다. 목사님, 사모님, 사랑합니다! 목사님·사모님은 진정 선한 목자셨습니다. 건강하게 오래오래 사세요.

2007년 12월 22일

김영숙 권사 올림

주님을 알아가는 귀한 통로

삼례동부교회 출신 김창석 목사의 안부편지

사랑하고 존경하는 목사님, 사모님!

추운 겨울에도 어떻게 지내시는지요, 너무도 뵙고 싶습니다.

하루하루를 살수록 주님 아래에서 주님만을 의지하며 일생을 드리는 순종의 걸음을 걸으신 두 분의 모습을 떠올리는 것만으로도 은혜가 되었습니다. 가끔 이렇게 잠시 인사만 드리는 것이 여전히 마음이 편치 않고 면목이 없습니다.

그러나 작 년 한 해 동안, 골로새서 말씀을 통해 교회의 머리 되신 예수님을 인격적으로 깊이 만나고 교회가 무엇인지, 성노가 무엇인지, 지체가 무엇인지, 그 속에 나는 또 누구인지, 깨닫게 해 주시고, 함께하는 지체들과 그 속의 생명에 회복을 주시는 은혜가 있었습니다. 그래서 더욱 하나님의 때와 인도에 맡기게 되니, 목사님 사모님께 잘 섬기지 못하는 저희의 마음에 집중하기 보다는, 그런 부분에서도 주님의 선한 인도를 좀 더 자유롭게 구하게 됩니다.

교회 개척 전, 경험을 쌓는 유익의 권면을 깊이 헤아리지 못했는데, 그 후 줄곧 지내며 매번 깨닫게 되는 것은, 하나님의 통치 아래 어느 곳에서든 아버지께서 필요하시면 어떻게든 낮추셔서 다듬으시고 훈련시키시고, 하나님께서 처음 작정하신 기간이 있다면 그 기간을 채우신다는 생각이 들기도 했었습니다. 그리고 후회보다는 비록 허물과 실수가 있었을지라도, 이 삶 가운데서도 섭리해 주셔서 여전히 부족하지만 조금이라도 더 의지할 수 밖에 없었다는 게 감사할 뿐입니다.

처음엔 이렇게 하면 영혼이 변화되고 교회에 생명이 풍성할 것처럼 보였던 것들도, 그 영혼이 변화되는 것은 주님의 은혜와 능력으로만 가능한 것을 철저하게 깨닫게 해 주신 삶 그 자체였습니다. 물질의 어떤 필요가 있을 때, 주께 묻기 보다 쉽게 나의 삶을 나 스스로 계획하고 주장하기 쉬운 연약함을 보게 되었고, 그래서 더도 덜도 말고 정말 저희의 필요에 꼭 맞게 주심도 감사했습니다. 주님의 은혜를 알고 그 분을 만나는 건 아는 것보다 의지함이라는 것을

깊이깊이 고백하게 되고, 더디 갈지라도 주의 길이라면 감사할
뿐입니다.
그래서 목사님 사모님을 사랑함도 존경함도 날마다 더 깊어집니다.
진심으로 사랑하고, 저희의 어린 시절에 영적인 부모님이 되어주시고,
지금도 여전히 주님을 알아가는 데 귀한 통로가 되어 주셔서
감사합니다.
앞으로도 부디 오래오래 장수하시고, 이 땅 위의 많은 영혼들과
저희를 위해서도 아버지의 사랑을 알아가는 데 힘이 되어 주십시오.
하루하루 건강하시길 기도합니다.
평안하십시오.

2010년 1월

김창석, 정 미, 김사은, 김은종 가정 올림

아버지의 아름다운 마지막 사역

여느 해보다 유난히 무더운 여름이었습니다.

그 동안 아버지께 할아버지의 일생도 기록해 보시고 아버지의 목회 생활도 기록하셔서 저희들과 후배들에게 좋은 교훈을 남겨 주심이 어떻겠느냐고 여러 차례 말씀 드렸었는데, 쉽게 시작하지 못하셨습니다. 그런데, 올 여름 어느 날부터 글을 쓰기 시작하시더니 무서운 속도로 써 내려가셨습니다. 또한 손으로 쓰신 원고를 워드프로세서로 입력하는 작업도 빨리 하자고 다그치셨습니다. 자꾸만 자꾸만… 시간이 없다 하시면서 서두르셨습니다.

그러고 보니, 올 봄부터 부쩍 연약해지셨습니다. 걸음걸이도 더

불편해지셨고, 다리의 통증으로 밤잠을 못주무신 날이 많았던 것을 기억하였습니다.

그런데, 무슨 힘으로 그렇게 많은 원고를 며칠 만에 끝내셨는지 모르겠습니다. 읽고 또 읽고, 고치고 또 고치고, 여러 번 읽고 수정하시면서 여름을 그렇게 보내셨습니다. 거실 쇼파는 아버지께서 여름 내내 원고 작업을 하시느라 땀 흘리며 앉아 계셨던 탓에, 그 땀으로 얼룩져 누렇게 변해 있었습니다.

그렇게 준비하신 아버지의 원고를 한 줄 한 줄 읽으며 일일이 타이핑했습니다.

새벽 3시 30분경이면 어김없이 일어나셔서 세수하시고 양치하시던 소리, 환한 아침이 될 때까지 기도하시고 들어오시던 모습, 토요일이면 어김없이 서재에 앉으셔서 준비하신 설교 원고를 읽으시고 또 읽으시던 모습, 에어컨이 없던 시절 여름 철이면 설교 마치시고 들어와 땀에 젖은 양복 저고리를 뒤집어서 걸어놓으시던 모습, 어느 주일 오후 당회를 마치고 들어오셔서 많이 괴로워 하시던 모습, 누구보다 열심이었던 제직이 무엇이 섭섭했는지 신년 첫 주일 예배부터 나오지 않았다며 예배 마친 후 십에 오시자마자 전화 걸어 달래시던 모습, 무거운 고민거리를 가지고 홀로 찾아와 아버지께 의논하는 성도와 함께 손 맞잡고 기도해 주시던 모습…

또 주일날마다 먼 길을 걸어오시면서도 단 한 주도 거르지 않고 목사관에 들러 가방 깊숙한 곳에서 목사님 드리라고 꼭 박카스 두 병을 건네시던 할머니, 텃밭에서 농사지은 것이라며 고추, 상추, 시금치와 같은 야채를 매주 가지고 오시던 할아버지, 우리의 믿음의 본보기가 되셨던 이원희 권사님께서 돌아가셨던 바로 그 날 수요예배에서 눈물로 대표 기도하시던 어느 권사님, 교회 본당을 지을 때 벽돌을 재활용한다고 온 교인이 모여 찬송을 부르며 벽돌을 다듬던 모습들, 사찰 집사님을 모시지 않고 구역별로 속회별로 돌아가며 토요일마다 교회 구석구석을 청소하던 모습들, 너무 재미있었던 여름성경학교의 기억들…

언제나 심방은 늘 두 분이 같이 다니셨기에 어릴 적 놀고 있다가도 저 멀리서 옆구리에 성경찬송을 끼고 심방 다녀오시던 모습을 보며 두 분께 달려갔던 기억, 이번 원고 작업을 하시면서 도대체 어디서 잃어버리셨는지 모르겠다며 찾고 찾으시던 군생활 당시의 문집, 아버지의 서재에서 어느 날 우연히 발견하여 읽어 보면서 히히덕 거리며 웃기도 하고 그 글에 나온 인물들이 궁금하여 묻기도 했었던 그 문집, 또 '언덕 위의 하얀 백합' 이라는 콩트는 학교 숙제로 베껴 써서 내기도 했었던 그 문집, 그리고 아버지께서 항상 즐겨 신으시던 하얀 고무신…

제가 아버지의 원고를 정리하면서 저 나름대로 떠올렸던 삼례동부교회의 은은한 기억들과 아버지의 추억입니다.

열과 성을 다하고 초대교회와 같이 순수하게 예수님을 섬기는 삼례동부교회 교인들 덕분에 아버지께서는 너무 재미있게 목회를 하셨습니다. 그래서 항상 하나님께 감사기도를 드리셨고 교인들을 축복하셨지요. 그렇지만, 누구보다 하나님 섬기기에 열심이셨던 교회의 중진 때문에 어느 때에는 참으로 마음 아파하셨습니다. 사람으로 인하여 너무 힘드셔서 며칠 동안 위장장애에 시달리시며 고통스러워 하시다가 병원으로 실려가셨던 기억도 여러 번 있습니다. 그러나 아버지는, 아버지를 기쁘게 하셨던 교인들에게나 마음 아프게 하셨던 교인들에게나, 그 누구에게나 항상 인격적으로 대하셨습니다. 그런 분이셨습니다.

그런 목회의 기억들을 이 책에 고스란히 담아 내셨습니다.

제가 태어난 지 6개월 만에, 막내딸인 지금의 저보다 한참이나 어리셨던 그 나이에 부임하셨던 삼례동부교회에서 백발의 노인이 될 때까지 최선을 다해 섬기시고 은퇴하신 부모님이 저희들에게는 언제나 자랑거리입니다. 입사 시험을 볼 때도 제일 앞에 소개하던 것이 "조용한 시골교회에서 30여 년간 목회하시는 부모님 밑에서 자란 저는..." 으로 시작했던 것을 기억합니다.

부모님께서 이 땅에서 가진 유일한 욕심은 예수 그리스도를 섬기는 것이요, 예수 그리스도를 전파하는 것이었습니다. 오직 이 외에는 전혀 사심이 없는 분들이셨습니다. 어려운 길임을 알면서도 그 길이 하나님께서 미리 예비하신 사명으로 알고 그 어려운 시절 목회자의 길을 가셨던 분들이십니다. 그렇게 하나님을 아름답게 섬김으로 인하여 인생의 황혼기인 지금, 비록 육신은 늙고 병 들었으나, 그의 영혼은 언제나 평온하고 마음은 늘 부유한 하나님의 축복을 누리고 계시리라 확신합니다. 또한 그것이 바로 목회자의 분복이라 확신합니다.

처음부터 끝까지 오로지 아버지께서 써 내려가신 글을 전문가가 아닌 사람이 편집을 도와드리다 보니, 부족한 점이 있을 줄 압니다. 너그러이 헤아려 주시고, 부디 아버지의 이 글 남김이, 이 글을 읽는 모든 분들에게 하나님을 전파하고 예수 그리스도의 사랑과 훈훈한 감동을 전할 수 있는, 아버지의 아름다운 마지막 사역이 되기를 간절히 기도합니다.

2012년 9월

이 보 영

목회자의 분복

초판 발행 2012년 12월 1일

지은이 ｜ 이은익
구 술 ｜ 서귀례
펴낸이 ｜ 배수현
디자인 ｜ 정정임(본문) · 박수정(표지)
기 획 ｜ 이창호
교 정 ｜ 이보영
편 집 ｜ 디프넷(주)

펴 낸 곳 ｜ 가나북스 www.gnbooks.co.kr
출판등록 ｜ 제2009-000012호
전   화 ｜ 031-408-8811 (代)
팩   스 ｜ 031-501-8811

ISBN 978-89-94664-17-0 (03230)

가격 23,000원